HISTOIRE

DES VIERGES

DU MÊME AUTEUR

IMPRIMERIE EUGÈNE HEUTTE ET Cⁱᵉ, A SAINT-GERMAIN.

LOUIS JACOLLIOT

HISTOIRE

DES

VIERGES

LES PEUPLES ET LES CONTINENTS

DISPARUS

PARIS

LIBRAIRIE INTERNATIONALE

A. LACROIX ET Cᵉ, ÉDITEURS

13, FAUBOURG MONTMARTRE

1874

INTRODUCTION

Les études ethnographiques commencent à prendre le pas
sur toutes les autres dans le grand mouvement scientifique de
notre époque, et cela se conçoit, *car, si l'homme a toujours
été avide de connaître l'homme,* aucune période du passé n'a
vu ses recherches récompensées par d'aussi intéressantes découvertes, et un prochain avenir, qu'on peut déjà entrevoir,
nous réserve une moisson plus abondante encore.

Avant peu, tous les vieux systèmes anthropologiques ver-
ront s'écrouler leurs classifications arbitraires, pour faire
place à une science plus large, plus tolérante des conceptions
nouvelles, et surtout plus en harmonie avec l'antiquité de notre globe et des races humaines qui l'habitent.

L'histoire de l'homme, de son développement intellectuel et
matériel est tout entière à refaire. Il faut la dégager d'une
part de la fiction biblique, et de l'autre des observations peu
scientifiques des voyageurs, dont la plupart, dans des excursions trop rapides, n'ont vu que la surface de civilisations tou-
ours étudiées au profit d'un système préconçu.

Combien de théories présentées dans les sociétés les plus savantes, et acquérant quelque valeur, grâce à la notoriété de ceux qui les soutiennent, n'ont souvent d'autre origine que les récits pleins d'erreurs et presque toujours superficiels des navigateurs.

J'ai lu à Bénarès, dans une relation du voyage que le rajah Jung-Bahadoor fit en France et en Angleterre en 1851, publiée par un de ses aides de camp, le fait suivant :

« Il existe dans certaines contrées de la France une coutume étrange. Lorsqu'un enfant appartenant à une classe élevée sort du temple où on l'a conduit à sa naissance, porté par ses parents , tous les enfants des castes les plus infimes se précipitent sur le cortége avec des cris sauvages, et les parents sont obligés de les éloigner en leur lançant des poignées de petites pierres blanches qu'ils portent dans des sacs... »

A un relais de chevaux de poste, l'aide de camp du rajah aura vu, dans quelque village de la Bourgogne, passer un baptême : parrain, marraine et assistants, jetaient, selon la coutume, des dragées aux enfants qui s'abattaient sur ces friandises comme une volée d'oiseaux sur des épis mûrs, et cela a suffi pour que l'*Indou* imaginât sur ce fait une *histoire indoue*

Toute la relation est de cette force.

Ne rions point : les trois quarts des observations européennes sur l'Inde, le centre Afrique et surtout l'Océanie ont la même valeur.

Pour étudier une civilisation étrangère, il faut auparavant se défaire des préjugés de la sienne ; ce n'est qu'après de longues années d'habitation, quand on parle la langue et qu'on commence à aimer les populations où l'on vit, qu'on arrive à bien comprendre leurs coutumes, leurs vieilles traditions civiles et religieuses, et à les décrire d'une plume scientifique, qui ne se laisse aller ni à l'enthousiasme irréfléchi, ni à l'invention ni au dénigrement de l'ignorance.

Ce que certaines gens appellent magistralement *la science !* en anthropologie, se construit parfois avec de bien minces matériaux.

Un jour, ceci se passait dans un institut quelconque d'Europe... inutile de le nommer, j'attaque les procédés scientifiques et non les hommes. Un membre de la société exhibe une poignée d'hameçons en os de poisson et en nacre, ainsi que quelques haches en forts coquillages, qu'un marin de ses amis avait rapportés des îles Sous le Vent, groupe d'Huaïhné et de Borabora en Océanie. S'appuyant sur ces instruments primitifs, notre homme occupa trois séances par la lecture d'un mémoire dont la conclusion fut :

1° Que la colonisation de ces îles devait être des plus récentes, puisque les habitants n'ayant encore découvert ni le bronze, ni le fer, ni aucun autre métal, en étaient réduits à se servir de ces engins primitifs qui sont la négation de toute civilisation avancée ;

2° Que, d'après les rapports de similitude existants entre les instruments de pêche des Océaniens de ce groupe et ceux des sauvages de l'Amérique du Sud, on devait conclure à des liens de parenté peu éloignés entre les deux peuples, classés tous deux du reste dans la race jaune ;

3º Que l'Amérique du Sud devait être regardée comme le berceau de la race jaune polynésienne.

Le savant, *puisqu'il faut l'appeler par son nom*, n'avait certes pas vu cela dans la poignée d'os qu'on lui avait rapportée, mais il avait profité de l'occasion pour rééditer à son compte une des plus manifestes et des plus grossières erreurs de l'anthropologie officielle.

Je puis affirmer que les engins de pêche des indigènes, trop primitifs de forme et de matière pour certains ethnographes, sont ceux qui donnent les plus beaux résultats, et que nos hameçons *civilisés* font triste figure en présence de l'hameçon kanaque.

Dans ces mers profondes et claires, l'appareil de pêche nacré est celui qui éveille le moins l'attention du poisson, dont les yeux sont habitués à cette nuance par les écailles de ses congénères et les coquilles des mollusques ; loin d'être le signe d'une infériorité, il le serait plutôt d'un progrès.

L'homme invente suivant les difficultés qu'il rencontre pour subvenir à ses besoins et les dangers qu'il lui faut repousser. De toutes les différentes branches de l'espèce humaine, le rameau polynésien est celui qui a, sans contredit, le moins senti la nécessité d'inventer. L'artocarpe ou arbre à pain lui donne sans culture un pain naturel qui, cuit sous la cendre, est des plus savoureux. Les marais regorgent d'ignames et de taro,

énormes racines pesant jusqu'à dix à douze kilos, et qui renferment un aliment aussi succulent que la pomme de terre.
D'innombrables cocotiers lui fournissent à profusion leur eau
parfumée et leurs fruits ; les forêts sont remplies de ces petits
porcs océaniens, dont la chair délicate et ferme ferait les dé-
lices des meilleures tables d'Europe. La mer est tellement
poissonneuse entre les récifs qui entourent les îles, qu'un seul
coup de filet amène de la nourriture pour plusieurs jours et
pour toute une famille.

Donc le Polynésien peut se servir d'instruments réputés primitifs, pour les bien rares travaux auxquels il se livre, sans
qu'il reçoive de cela une place inférieure dans la famille humaine, ou qu'on en puisse induire une colonisation récente des
îles qu'il habite.

Vivant sous le plus tempéré et le plus égal des climats du
globe, n'éprouvant ni le besoin de se vêtir ni celui d'habiter
d'autre maison qu'une case de feuillage, se procurant sa nourriture sans efforts, n'ayant à lutter avec aucun animal veni-
meux ou féroce, il n'a rien inventé, je le répète, parce qu'il
n'avait besoin de rien... Il y a environ une soixantaine d'années que les Européens se sont établis par là, eh bien, malgré
ce laps de temps déjà considérable, je n'ai pas trouvé, à part
ceux engagés sur les navires, deux indigènes faisant usage de
couteau, et ce n'est pas faute cependant qu'on leur en ait
donné. Ceux qui construisent les pirogues sont les seuls qui
aient voulu quelque chose de notre civilisation, ils nous ont
dris la hache et la scie, pour lesquelles ils ont marqué de suite

une profonde admiration. Mais je dois me hâter d'ajouter que les pirogues creusées à la hache dans les troncs d'arbre ont cinq fois moins de valeur et de durée que celles qui sont creusées par le feu.

A côté de cette enfance industrielle et artistique, on rencontre chez ces populations un extraordinaire développement intellectuel; vives, spirituelles, aimant la plaisanterie, promptes à la riposte, d'une imagination poétique, douées d'un sentiment musical exquis qui les porte à s'assembler et à chanter en chœur des airs pleins de mélodie qu'elles composent elles-mêmes, je les place fort au-dessus des populations les plus avancées des campagnes de France ou d'Angleterre, je ne parle pas de la brute germanique.

J'ai habité pendant plusieurs années cette partie de la Polynésie, qui comprend les groupes des Gambiers, des Poumoutou, des îles de la Société dont Taïti est la capitale, le groupe des îles Sous le Vent, Borabora, les deux Huaïhné, Raïatea, etc., et je dois déclarer que je n'y ai pas rencontré un seul individu ne sachant point lire, écrire et compter convenablement. Je puis affirmer aussi qu'il y a peu de peuples, même en Europe, sur lesquels les préjugés sociaux et la superstition religieuse aient si peu de prise. Si d'aventure, à ce sujet, vous consentez à descendre avec eux sur le terrain de la plaisanterie, vous êtes étonné du rare bon sens qui se cache sous les lazzis dont ils criblent certaines de nos coutumes européennes.

Pendant deux ans, j'ai fait une fois par mois le voyage de Taïti à l'île de Moréa ; je partais le soir en pirogue avec cinq

rameurs indigènes, dont l'un tenait la barre et veillait au ba-
lancier, nous n'arrivions que le lendemain matin. Je m'asseyais
d'ordinaire à côté du barreur et je le faisais causer. Chaque
fois, ces conversations me plongeaient dans des rêveries sans
fin... et j'arrivais à me demander si nos civilisations, toutes
plaquées de lois, de coutumes, d'égoïsme satisfait, d'appétits
à satisfaire, de respects et de vertus hypocrites, étaient un
progrès ou une décadence... Depuis, je me suis toujours défié
des sociologues, qui régentent l'humanité comme on professe la gymnastique, et qui donnent à l'homme l'habitude de
la conscience du bien et du devoir comme on lui apprend à
faire du trapèze ou du tremplin.

Ils ne voient pas que même d'après leurs propres théories, rien ne peut se développer sans germe, que le germe
est un tout, que le germe du bien c'est le bien lui-même,
que la sociologie ne saurait avoir la prétention de créer ce
qui n'existe pas, et que si la conscience du bien et du devoir existe dans l'humanité à l'état de germe, il faut remonter
à une cause première consciente d'elle et intelligente de tout,
qui est la réunion de toutes les lois, de toutes les puissances
de la nature...

Cette cause première dont tous les peuples ont eu la notion,
je dirai bientôt comment les anciens Océaniens de ces groupes
l'ont conçue.

Ainsi l'opinion de la science officielle est fausse de tout
point pour quiconque a vécu dans ces contrées.

Non-seulement l'Océanie polynésienne n'est pas de colonisation récente, mais encore on peut assigner aux peuples qui l'habitent l'antiquité la plus reculée qu'on puisse donner à l'homme sur la terre, quelques millions ou quelques centaines de mille ans, je ne me charge pas de le décider.

Ils n'ont découvert ni le bronze ni le fer, d'abord parce que leurs besoins ne les y ont point conduits, ensuite parce que ces métaux, qu'on rencontrera peut-être plus tard, à de certaines profondeurs, n'affleurent pas le sol dans ces îles.

Quant à l'hypothèse qui fait venir ces peuplades de l'Amérique du Sud, nous verrons qu'elle est scientifiquement et matériellement impossible.

Ayant d'étudier les rares vestiges qu'a laissés dans le monde le peuple le plus anciennement civilisé, et qu'un bouleversement géologique a fait disparaître, laissant seulement çà et là, sur des pics de montagnes ou des plateaux élevés, quelques groupes d'hommes qui ont reconstitué la grande famille humaine, il est un fait que je désire bien préciser, et qui résume toute ma pensée : La carte ethnographique des différents peuples qui couvrent le globe, telle qu'on la dresse aujourd'hui, est entachée de telles erreurs, fruit d'observations mal faites et de préjugés de races et de religions, si difficiles à déraciner, qu'il faut jeter bas le monument pour le reprendre par la base à l'aide de méthodes, moins étroites de principes, et plus sévères d'observations.

Il est temps de ne plus prendre les légendes du mosaïsme comme des documents scientifiques ; Noë, Sem, Cham et Japhet comme les ancêtres de peuples qui ont vécu des milliers d'années avant eux, et de se débarrasser de cette influence de la révélation à laquelle toute une école de savants n'a pas encore su se soustraire. Puis il faudra aller étudier sur place les différents caractères sur lesquels on fonde, avec plus ou moins de raison, la classification des races humaines.

Cinq ans de séjour d'un esprit véritablement scientifique dans les groupes polynésiens et mélanésiens, dans la Nouvelle-Guinée, dans le centre Afrique, qu'on ne semble étudier qu'au point de vue des sources du Nil et du Niger, en Corée, dans les îles de la Sonde, à Madagascar, au Thibet et dans les plaines de l'Amérique centrale, rendraient plus de services réels à la science que cinquante années passées à récolter et à classer des observations de voyageurs, dont la plupart valent celle de l'aide de camp de Jung-Bahadoor.

Toutes les sociétés anthropologiques, ethnographiques et autres ne seront que des pépinières de théories systématiques et d'hypothèses superficielles, tant qu'elles n'auront pas poussé à l'établissement d'écoles savantes formant des voyageurs linguistes dans toutes les parties du monde, tant qu'elles n'auront pas fait rayonner sur le globe toute une armée de missionnaires de la pensée et de la science.

Le progrès et la vérité dans la science sont à ce prix.

PREMIÈRE PARTIE

LES GENÈSES DE L'HUMANITÉ.

ÉTUDE

SUR LE PEUPLE PRIMITIF

ANCÈTRE DES INDOUS

CHAPITRE PREMIER.

LES CONTINENTS ET LES PEUPLES DISPARUS.

Une des légendes les plus anciennes de l'Inde, conservée dans les temples par la tradition orale et écrite, raconte qu'il y a plusieurs centaines de mille ans au moins, il existait dans l'océan Pacifique un immense continent qui fut détruit par un bouleversement géologique, et dont il faudrait retrouver les fragments dans Madagascar, Ceylan, Sumatra, Java, Bornéo et les principales îles de la Polynésie.

Les hauts plateaux de l'Indoustan et de l'Asie, suivant cette hypothèse, n'auraient été représentés dans ces époques reculées que par de grandes îles dépendantes du continent central.

Sans doute il serait puéril de donner à cette tradition une

réalité géographique, et de chercher à retracer les contours exacts de cette portion du globe disparue. Mais tout vient nous démontrer, lorsque nous étudions les souvenirs appréciables des primitives civilisations, la possibilité du fait conservé par la légende indoue.

D'après les brahmes, cette contrée était parvenue à une haute civilisation, et la presqu'île de l'Indoustan, agrandie par le déplacement des eaux, lors du grand cataclysme, n'a fait que continuer la chaîne des primitives traditions qui avaient pris naissance en ce lieu. Ces traditions donnent le nom de Rutas aux peuples qui auraient habité cet immense continent équinoxial, de la langue de ces derniers serait également sorti le samscrit.

Le radical samscrit *ru* signifie *bataille*. Rutas pourrait donc se traduire par les mots de *guerriers, vainqueurs, redoutables* ou *puissants*.

La tradition indo-hellénique, conservée par la population la plus intelligente qui ait émigré des plaines de l'Inde, relate également l'existence d'un continent et d'un peuple auxquels elle donne le nom d'Atlantide et d'Atlantes et qu'elle place dans la partie tropicale nord de l'Atlantique.

Bien que la supposition d'un ancien continent dans ces parages, dont on retrouverait les vestiges dans les îles volcaniques et au sol montueux des Açores, des Canaries et du cap Vert, ne soit pas dénuée de vraisemblance géologique, les Grecs, qui du reste n'osèrent jamais franchir les colonnes d'Hercule, effrayés qu'ils étaient par le mystérieux Océan, sont *trop tard venus* dans l'antiquité pour que les récits conservés par Platon soient autre chose qu'un écho de la légende indoue. De plus, lorsqu'on jette un regard sur une planisphère, à l'aspect de ce véritable semis d'îles et d'îlots, qui s'en va de la Malaisie à la Polynésie, du détroit de la Sonde à l'île de Pâques, il est impossible, dans l'hypothèse de continents prédécesseurs de ceux

que nous habitons, de ne pas placer là le plus important
de tous.

Une croyance religieuse, commune à la Malaisie et à la
Polynésie, c'est-à-dire aux deux extrémités opposées du
monde océanien, croyance sur laquelle nous aurons bientôt à
donner de curieux détails, porte « que toutes ces îles ne formaient autrefois que deux immenses contrées habitées par des
hommes jaunes et des hommes noirs, toujours en guerre, et
que les dieux, lassés par leurs querelles, ayant chargé l'Océan
de les mettre d'accord, ce dernier avait envahi les deux continents, sans qu'il ait été possible depuis de lui faire rendre
ses conquêtes. Seuls les pics de montagnes et les plateaux
élevés échappèrent aux flots par la puissance des dieux, qui
s'aperçurent trop tard de l'erreur qu'ils avaient com-
mise. »

Quoi qu'il en soit de ces traditions, et quel que soit le lieu
où s'est développée une civilisation plus ancienne que celle de
Rome, de la Grèce, de l'Égypte et de l'Inde, il est certain que
cette civilisation a existé, et qu'il est d'un haut intérêt pour la
science d'en retrouver les traces, si faibles, si fugitives qu'elles
puissent être.

D'autres étudieront et pèseront les possibilités géologiques.
Pour nous, nous allons réunir et comparer toutes les traditions religieuses et philologiques que nous avons pu rencontrer sur cet intéressant sujet, et qui nous paraissent se rattacher d'une manière étroite à cette civilisation antédiluvienne,
dont la civilisation indoue a été l'héritière directe.

Nous descendrons ensuite de ces temps reculés aux époques
historiques, en suivant la transformation des idées, beaucoup
plus que la transformation des radicaux, n'en déplaise à certaine école de linguistes ; l'histoire de l'humanité et la classification ethnographique des races se feront plutôt par l'étude
des traditions et des coutumes que par l'extraction souvent

plus arbitraire qu'on ne croirait de quelques douzaines de racines.

Éclairons-nous par la philologie, mais sans exclusivisme, et surtout ne faisons pas des cerveaux humains des moules à fabriquer des types invariables de langage.

CHAPITRE II.

DILUVIUM !

Aux premiers âges de l'époque quaternaire, pendant les périodes glaciaires, l'homme et le renne vivaient de compagnie dans nos contrées occidentales, ainsi qu'ils le font encore dans les régions polaires. La plus grande partie de l'Europe se trouvait dans une situation identique à celle du Groënland et de la Laponie, et ses habitants ne devaient guère dépasser le niveau intellectuel des Labradoriens et des Esquimaux. Aussi, ne doit-on pas plus porter un jugement sur la civilisation des autres parties du globe d'après les vestiges de ces temps reculés que nous rencontrons en Europe, qu'il ne faudrait en porter un dans cinquante à soixante mille ans sur l'Europe disparue, à l'aide des instruments grossiers que de nouvelles populations viendraient à découvrir dans les terres que baignent l'océan Glacial et la mer de Baffin.

Il est certain qu'à l'époque où les Alpes, les Vosges, le Jura, les Pyrénées, et toutes les autres grandes chaînes de montagnes occidentales, étaient couverts d'immenses glaciers, la présence scientifiquement constatée de l'homme et du renne dans ces parages inhospitaliers suffit pour indiquer *à contrario* à quel haut degré de civilisation avaient dû parvenir les populations qui, depuis des milliers d'années déjà, se développaient au milieu des splendeurs de la nature dans les pays tempérés. C'est à cette période primitive qu'il faut, n'en doutons pas, rattacher toutes ces grandes ruines qu'on rencontre dans le sud du Mexique, les marais du Darien, le centre Amérique, l'île de Pâques, et une foule d'îles de la Polynésie, Sumatra, Bornéo, Java, Ceylan, une partie de la côte malabare et Madagascar, *ruines qu'on dirait arrachées du même monument, qui indiquent le même développement artistique, les mêmes traditions, la même civilisation, et peut-être le même continent!*

L'histoire n'a pas une seule fois démenti ce principe que toute civilisation part du sud pour remonter vers le nord. Géologiquement, c'est sous l'influence du soleil que la terre s'est ameublie et est devenue féconde. Il n'y a donc rien d'impossible dans le fait de supposer que les terres habitables, l'homme et la civilisation qu'il apporte avec lui, se sont primitivement déroulés comme une guirlande autour du globe, dans le sens des tropiques.

C'est dans ce sens que se retrouvent toutes les grandes ruines dont nous venons de parler.

La fonte des immenses glaciers quaternaires, qui occupaient un sixième de la surface totale du globe, a dû profondément modifier la configuration des continents et des mers ; les vastes courants d'eau qui ont, à cette époque, raviné la surface de la terre, produit les vallées d'érosion, et déposé, un peu de tous côtés, d'énormes amas de sables et de galets, ont dû changer l'aspect général de notre planète, en enfouir certaines parties, en découvrir d'autres, et, tout en livrant, peu à peu, une plus grande surface habitable aux générations futures, entasser l'oubli et le silence sur les générations passées. Combien sont étranges les souvenirs de cette époque! Ici, dans les contrées du nord, au milieu des dépôts diluviens, pêle-mêle avec les sables granitiques, les cailloux roulés, les blocs erratiques et les coquillages, on rencontre des débris

de l'industrie humaine, des restes fossiles de l'éléphant primitif, du grand ours des cavernes, du renne et de l'auroch. Là,
en descendant vers le sud, apparaissent d'abord les vestiges
des vieilles cités lacustres qui dorment sous les eaux, et à
mesure qu'on s'éloigne des contrées glaciaires pour se rapprocher du soleil, surgissent les grandes ruines que nous avons
signalées, souvenirs des civilisations passées dont le secret
nous échappe, car le temps a nivelé tous ces blocs de pierre,
sur lesquels il ne reste plus que de vagues apparences de
sculptures...

Pendant cette période, l'homme disparut de l'Europe glaciaire, en compagnie des mastodontes, du mammouth, et plus
tard du renne, et il semble n'y être revenu que plusieurs milliers d'années après, par l'émigration asiatique, alors que le
sol, couvert d'immenses forêts que peuplait une faune nouvelle, offrait aux habitants des abris moins primitifs, et une
nourriture plus facile.

Il n'est pas, en effet, sans intérêt de remarquer qu'aucune
des nations, peuplades ou tribus, que nous rencontrons au début de la période historique, en Grèce, en Italie, en Espagne,
en Gaule, en Germanie et en Scandinavie, ne peut se dire
autochthone; leurs langues et leurs traditions leur assignent
une origine indo-européenne.

Tout concourt donc à placer le berceau des races humaines
dans les contrées tropicales que nous avons indiquées, dont
les plateaux élevés, dans l'Indoustan, l'Asie centrale et l'Amérique, auraient échappé à l'action directe des périodes glaciaires et diluviennes, tout en subissant de nombreuses modifications dans leur configuration continentale.

En Océanie, à part les grandes îles de la Sonde et l'Australie, le continent primitif n'aurait sauvé que les pics les plus
élevés de ses chaînes de montagnes. Madagascar est le seul
point étudié du monde africain qui recèle des vestiges de civi-

lisation antéhistorique. Quant au nouveau monde, l'Amérique centrale est couverte de ruines gigantesques dont le secret est à déchiffrer.

Les contrées occidentales, privées de leurs habitants, n'ont gardé qu'une tradition géologique des grandes périodes diluviennes qui les ont bouleversées; la tradition historique leur est revenue du sud, par les populations dont les ancêtres avaient assisté à l'étrange spectacle des transformations matérielles subies par une partie du globe.

Ces périodes diluviennes et glaciaires ont duré des milliers d'années, et la configuration actuelle de nos continents est le fruit des transformations qu'elles ont opérées.

La tradition d'un déluge inopiné et universel causé par une pluie de quarante jours est une de ces nombreuses absurdités de la légende mosaïque, la plus grossière de toutes les légendes de l'antiquité, que la science ne se donne même pas la peine de relever. La plupart des nations de l'Orient n'ont que des notions très-vagues sur ces bouleversements géologiques des premiers temps de l'époque quaternaire. L'Inde seule, ainsi que nous le verrons, héritière plus directe sans doute des civilisations primitives, a rejeté le fait d'un déluge universel, pour admettre celui d'une période diluvienne qui, peu à peu, aurait modifié géographiquement le globe et fait disparaître les vieilles civilisations, dont nous retrouvons les ruines imposantes dans les tourbières de Madagascar, de Ceylan et de Bornéo, sur la côte du Malabar, les plateaux du Mexique et de l'Amérique centrale, et jusque sur les rivages de l'île de Pâques.

C'est cette croyance de l'Inde que nous voulons dégager de la tradition fabuleuse, et introduire s'il se peut dans le domaine historique.

HYPOTHÈSE GÉOGRAPHIQUE

D'après les traditions et les ruines de la zone du monde civilisé à l'époque où une partie de l'Europe habitée par le renne et l'homme primitif était couverte de glaciers.

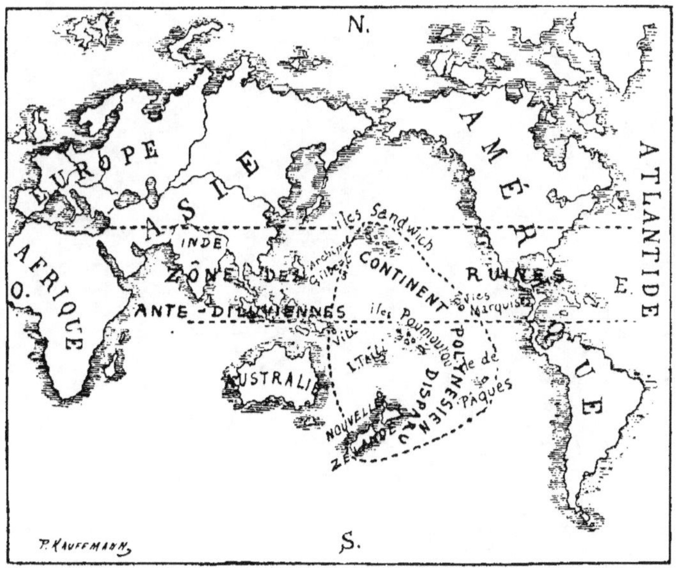

CHAPITRE III.

LES RUINES D'ELLORA DANS L'INDE ET DE CHICHEN ITZA AU MEXIQUE.

En donnant un corps géographique à cette croyance des Indous, sur l'existence d'anciens continents s'étendant autour du globe dans le sens du tropique boréal et du tropique austral, notre intention n'a été, le lecteur l'a déjà compris, que de grouper les civilisations éteintes, d'après les ruines qu'elles ont laissées, sans chercher pour cela à rétablir par des contours fictifs les continents disparus.

Nous ne pouvons dans cet ouvrage, dont le but est surtout de dégager la réalité historique par les traditions, donner la représentation de toutes les grandes ruines qui témoignent d'un art et de monuments religieux identiques sur les points les plus différents du globe, un pareil travail exigerait une étude spéciale qui sortirait du cadre que nous nous sommes imposé. Nous allons donner cependant deux spécimens d'architecture antéhistorique, empruntés l'un à l'Inde et l'autre à l'Amérique, contrées qui n'ont certainement eu aucune relation dans le passé, depuis la configuration géographique actuelle: ce sont les ruines du temple d'Ellora dans le Décan, et les ruines du temple de *Chichen Itza* au Mexique. Il est impossible de ne pas rattacher ces deux monuments à la même époque et à la même civilisation antédiluvienne, car les deux contrées où ils se trouvent sont *aujourd'hui* séparées par d'immenses étendues d'eau que les marins de l'antiquité n'auraient jamais pu franchir avec leurs moyens de navigation ; d'un autre côté, cette architecture suppose un niveau intellectuel si élevé, qu'on ne comprendrait pas comment cette époque n'aurait pas transmis son souvenir à celles qui l'ont suivie, si d'importants bouleversements géologiques n'étaient venus interrompre la chaîne des traditions. Il y a des études ethnographiques de la plus haute importance à faire dans le centre Amérique... Mais où sont les pionniers de la science ? on préfère discuter pendant un siècle sous la coupole de l'Institut sur les *Accadiens* et les *Summériens* plutôt que d'aller affronter le soleil de l'Indoustan ou celui du Mexique, et pendant ce temps-là les sociétés évangéliques et les missionnaires de tous les cultes rivalisent de zèle et d'aveuglement pour brûler les manuscrits, marteler les inscriptions, renverser les temples, et détruire partout les vieilles traditions de l'humanité qu'ils ne peuvent par courber sous la loi mosaïque. Ce n'est que par miracle, et grâce à leur masse de rochers et de pierres, qu'Ellora et Chichen Itza ont pu échapper au vandalisme religieux des Portugais et des Espagnols.

RUINES D'ELLORA DANS LE DÉCAN (INDOUSTAN).

RUINES DE CHICHEN ITZA AU MEXIQUE (AMÉRIQUE).

CHAPITRE IV.

LA GENÈSE DE TOUS LES PEUPLES.

GENÈSES INDOUES.

Si la tradition brahmanique sur les mondes disparus pendant les périodes glaciaires et diluviennes est née d'un fait réel, c'est incontestablement dans l'étude de toutes les légendes génésiques de l'humanité que nous rencontrerons les derniers vestiges de ces primitives époques.

Nous allons donner d'abord ces légendes, il nous sera facile ensuite de conclure.

GENÈSE INDOUE

(MANOU).

LIVRE PREMIER

Création.

« Manou était assis, ayant sa pensée dirigée vers un seul objet ; les maharchis l'abordèrent, et après l'avoir salué avec respect lui adressèrent ces paroles :

*
* *

« Seigneur, daigne nous déclarer avec exactitude, et en suivant l'ordre, les lois qui concernent toutes les classes primitives, et les classes nées du mélange des premières.

***

« Toi seul, ô maître, connais les actes, le principe et le véritable but de cette règle universelle existant par elle-même, dont la raison humaine ne peut apprécier l'étendue [1].

***

« Ainsi interrogé par ces êtres magnanimes, celui dont le pouvoir était immense, après les avoir tous salués, leur fit cette sage réponse : Écoutez!

***

« Ce monde était plongé dans l'obscurité imperceptible, dépourvu de tout attribut distinctif ; ne pouvant ni être découvert par le raisonnement ni être révélé, il semblait entièrement livré au sommeil.

***

« Quand le pralaya (dissolution, chaos) fut à son terme, alors le Seigneur existant par lui-même et qui n'est pas à la portée des sens externes, rendant perceptibles ce monde avec les cinq éléments, et les autres principes resplendissants de l'éclat le plus pur, parut et développa la nature.

***

« Celui que l'esprit seul peut percevoir, qui échappe aux

---

1. Loiseleur-Deslongchamps, dans sa traduction de Manou, fait suivre la fin de ce sloca des paroles suivantes qui ne sont pas dans le texte et qu'il ajoute à titre de commentaire « et qui est le Véda » ; cette appréciation n'est pas exacte. La grande cause universelle existant par elle-même, c'est Dieu ; le Véda, c'est l'écriture sacrée, c'est la parole de Dieu révélée aux hommes, et l'épithète *existant par elle-même* ne peut lui être appliquée.

organes des sens, qui est sans parties visibles, éternel, l'âme de tous les êtres, que nul ne peut comprendre, déploya sa propre splendeur.

*
* *

« Ayant résolu, dans sa pensée, de faire émaner de sa substance les diverses créatures, il produisit d'abord les eaux, dans lesquelles il déposa un germe.

*
* *

« *Ce germe devint un œuf brillant comme l'or*, aussi éclatant que l'astre aux mille rayons, et dans lequel l'Être suprême s'incarna lui-même sous la forme de Brahma, l'aïeul de tous les êtres[1].

*
* *

« Les eaux ont été appelées *naras*, parce qu'elles étaient la production de *Nara, l'Esprit divin*. Ces eaux ayant été le premier lieu de mouvement (ayana) de *nara*, il a en conséquence été nommé *Náráyana, celui qui se meut sur les eaux!*

*
* *

« Par ce qui *est*, par la cause imperceptible éternelle qui existe et ne peut être perçue par les sens, a été produit Pouroucha, ce mâle divin, célèbre dans le monde sous le nom de Brahma.

*
* *

« Après avoir demeuré dans cet œuf une année de Brahma, le Seigneur par sa seule pensée *sépara cet œuf en deux parts:*

---

1. Retenons bien cette tradition indoue de l'Être suprême se transformant dans un œuf, prenant une forme, s'incarnant pour donner naissance à l'univers, nous allons la retrouver au seuil de toutes les croyances cosmiques des peuples anciens.

*
* *

« Et de ces deux parts il forma le ciel et la terre ; au milieu il plaça l'atmosphère, les huit régions célestes, et le réservoir permanent des eaux.

*
* *

« Il exprima de l'Ame suprême — Paramâtmâ — le sentiment — Manas, — qui existe par sa nature, et n'existe pas pour les sens, et il en forma *le moi* — Ahancara, — moniteur et souverain maître.

*
* *

« Et il produisit le grand principe intellectuel — Mahat, — et tout ce qui reçoit les trois qualités, — *bonté, passion, obscurité*, — et les cinq organes de l'intellect destinés à percevoir les objets extérieurs.

*
* *

« Ayant uni des molécules imperceptibles de ces six principes — l'intelligence, et les cinq organes de perception — doués d'une grande énergie, à des particules de ces mêmes principes *devenus organes de sensation*, alors il forma tous les êtres.

*
* *

« Et parce que les six molécules *de l'intelligence et des organes de perception* de l'Être suprême, pour prendre une forme, sont obligés de s'unir aux organes des sens, à cause de cela les sages ont désigné la forme visible de Dieu sous le nom de Sarira — qui reçoit les six molécules.

*
* *

« Les éléments y pénètrent avec des fonctions qui leur sont

propres, ainsi que le sentiment — Manas, — source inépuisable des êtres, avec des attributs infiniment subtils.

« Au moyen de particules subtiles et pourvues d'une forme de ces sept principes générateurs — pourouchas, — doués d'une grande énergie productrice, l'intelligence, le moi et les principes des cinq éléments, a été formé ce périssable univers, émané de l'impérissable puissance.

« Chacun de ces éléments, *à mesure qu'il se transforme*, acquiert la qualité de celui qui le précède, de sorte que plus un élément est éloigné dans la série plus il a de qualités[1].

« L'Être suprême assigna aussi, dès le principe, à chaque créature en particulier un nom, des actes et une manière de vivre décrits dans le véda.

« Le souverain Maître produisit aussi une multitude de dévas — anges, — essentiellement agissants, doués d'une âme, et une troupe invisible de sàdhyas — esprits — et le sacrifice institué dès le commencement.

« Du feu, de l'air et du soleil il exprima, pour l'accomplis-

---

1. Les disciples de Lamarck et de Darwin seront sans doute heureux de voir que leur théorie prétendue nouvelle a déjà quelques milliers d'années d'existence, et que la sélection naturelle était la règle à laquelle Manou soumettait tous les êtres dans l'univers.

sement du sacrifice, les trois védas éternels, — Écriture sainte,
Ritch, Yadjous et Sama [1].

* *
*

« Il créa le temps et les divisions du temps, les constella-
tions, les planètes, les fleuves, les mers, les montagnes, les
plaines, les terrains inégaux.

* *
*

« La dévotion austère, la parole et la prière, la volupté, le
désir, la colère, car il voulait donner l'existence à tous les
êtres.

* *
*

« Pour établir une différence entre les actions, il distingua
le juste et l'injuste, et soumit les créatures sensibles au plaisir
et à la peine, et aux autres conditions opposées.

* *
*

« C'est avec des particules — mâtrâs — ténues des cinq
éléments périssables de sensations, que tout ce qui existe s'est
formé *graduellement* et successivement.

* *
*

« Lorsque le souverain Maître a destiné d'abord tel ou tel
être animé à une occupation quelconque, cet être l'accomplit
de lui-même toutes les fois qu'il revient au monde.

* *
*

« Quelle que soit la qualité qu'il lui ait donnée en partage au
moment de la création, la méchanceté ou la bonté, la douceur
ou la rudesse, la vertu ou le vice, la véracité ou la fausseté,

1. ... C'est donc sur la révélation que sont fondées les croyances religieuses des Indous.

cette qualité vient le retrouver spontanément dans les naissances qui suivent.

* *

« De même que les saisons, dans leur retour périodique, reprennent naturellement leurs attributs spéciaux, de même les créatures reprennent les occupations qui leur sont propres.

* *

« Cependant, pour la propagation de la race humaine, de sa bouche, de son bras, de sa cuisse et de son pied, il produisit le brahme, le xchatria, le vaysia et le soudra [1].

* *

« *Ayant divisé son corps en deux parties, le souverain Maître devint moitié mâle, moitié femelle, et en s'unissant à cette partie femelle, — la vierge immortelle Nari, — il engendra* Virâdj.

* *

« Apprenez, nobles brahmes, que Virâdj produit par le divin mâle Pouroucha au milieu des dévotions austères, c'est moi le créateur de cet univers.

* *

« C'est moi qui désirant donner naissance au genre humain, après avoir pratiqué d'austères dévotions, ai produit les dix saints éminents, seigneurs des créatures, savoir :

* *

« Maritchi, — Atri, — Angiras, — Poulastya, — Poulaha, Cratou, — Pratchitas, — Vasichta, — Brighou, — Narada.

---

1. Ce sloca passe auprès de tous les commentateurs indous de la secte des djeïnas qui ne reconnaissent pas les castes pour avoir été ajouté par les brahmes lorsqu'ils ont refondu Manou dans l'intérêt de leur domination.

***

« Ces êtres tout-puissants créèrent sept autres manous (le mot manou est ici pris dans le sens d'homme illustre), puis des demi-dieux et des séraphins — maharchis, — doués d'un immense pouvoir.

***

« Plus ils créèrent les iackchas, les rakchasas, les pisatchas, démons de la race des gnomes, des géants et des vampires, les gandharbas et les apsaras, musiciens et danseuses célestes, et les asouras, les nagas, les sarpas et les souparnas, dragons titans, serpents dragons et autres monstres, et les pitris, ancêtres lunaires du genre humain.

***

« Les éclairs, les foudres, les nuages, les arcs colorés d'Indra, les météores, les trombes, les comètes et les *étoiles de diverses grandeurs.*

***

« Les kinnaras, — musiciens de Couvéra, dieu des richesses, — les singes, les poissons, les différences espèces d'oiseaux, le bétail, les bêtes sauvages, les hommes, les animaux carnassiers pourvus d'une double rangée de dents.

***

« Les vermisseaux, vers, sauterelles, mouches, insectes infâmes, et enfin tous les différents corps privés de mouvements.

***

« Ce fut ainsi que ces magnanimes sages, d'après mon ordre,

créèrent avec d'austères dévotions tout cet assemblage d'êtres mobiles et immobiles, en se basant sur les règles établies[1].

« Je vais maintenant vous déclarer quels actes particuliers ont été assignés ici-bas à chacun de ces êtres et de quelle manière ils viennent au monde.

« Les bestiaux, les bêtes sauvages, les animaux carnassiers pourvus de deux rangées de dents, les géants, les vampires et les hommes naissent d'une matrice.

« Les oiseaux sortent d'un œuf, de même que les serpents, les crocodiles, les poissons, les tortues et une foule d'autres animaux terrestres ou aquatiques.

*
* *

« Les moustiques, les mouches et les insectes naissent de la vapeur chaude. Ils sont le produit de l'eau fécondée par la chaleur, de là vient tout ce qui leur ressemble.

*
* *

« Tous les corps privés du mouvement et qui poussent soit d'une graine, soit d'un rameau mis en terre, naissent du développement d'un bourgeon ; les herbes produisent une grande quantité de fleurs et de fruits et périssent lorsque les fruits sont arrivés à leur maturité.

---

1. Il est certain que toute cette seconde partie de la Genèse de Manou est pleine d'interpolations brahmaniques dans l'intérêt du système politique et sacerdotal établi.

* * *

« Les végétaux appelés rois des forêts n'ont point de fleurs et portent des fruits ; et soit qu'ils portent aussi des fleurs ou seulement des fruits, ils reçoivent le nom d'arbres sous ces deux formes.

* * *

« Il y a différentes sortes d'arbrisseaux croissant en buissons, soit en touffe, puis diverses espèces de gramens, des plantes rampantes et grimpantes. Tous ces végétaux poussent d'une semence ou d'un rameau.

* * *

« Entourés de la qualité d'obscurité manifestée sous une multitude de formes à cause de leurs actions précédentes [1], ces êtres doués d'une conscience intérieure ressentent le plaisir et la peine.

* * *

« Telles ont été déclarées, depuis Brahma jusqu'aux végétaux, les transmigrations successives qui ont lieu dans ce monde effroyable qui se détruit sans cesse.

* * *

« Après avoir produit cet univers et moi, celui dont le pouvoir est incompréhensible disparut de nouveau, absorbé dans l'Ame suprême, remplaçant le temps de la *création* par le temps de la *dissolution*.

* * *

« Lorsque ce dieu s'éveille, aussitôt cet univers accomplit

1. C'est la croyance à la métempsycose qui commence à poindre.

ses actes ; lorsqu'il s'endort, l'esprit plongé dans un profond repos, alors le monde se dissout.

*
* *

« Car, pendant son paisible sommeil, les êtres animés pourvus des principes de l'action quittent leurs fonctions, et le sentiment tombe dans l'inertie.

*
* *

« Et lorsqu'ils sont dissous en même temps dans l'*Ame suprême*, alors cette *Ame de tous les êtres* dort tranquillement dans la plus parfaite quiétude.

*
* *

« Après s'être retirée dans l'obscurité primitive, elle y demeure longtemps avec les organes des sens, n'accomplit pas ses fonctions et se dépouille de sa forme.

*
* *

« Lorsque, réunissant de nouveau des principes élémentaires subtils, elle s'introduit dans une semence végétale ou animale, alors elle reprend une nouvelle forme.

*
* *

« C'est ainsi que, par un réveil et par un repos alternatif, l'Être immuable fait revivre ou mourir éternellement tout cet assemblage de créatures mobiles et immobiles.

*
* *

'« Après avoir composé lui-même ce livre de la loi au commencement de toutes choses, il m'ordonna de l'apprendre, afin que je puisse instruire Maritchi et les autres sages.

**

« Brighou, que voici, vous fera connaître pleinement le contenu de ce livre, car ce mouni l'a appris en entier de moi-
même.

DIVISION DU TEMPS.

Les âges primitifs.

« Le maharchi Brighou, ainsi interpellé par Manou Viradj, dit
avec bienveillance à tous ces richis : Écoutez :

**

« De ce manou Swayambhouva, — issu de l'Être existant
par lui-même, descendent six autres manous, qui chacun donnèrent naissance à une race d'hommes. Ces manous (législateurs), doués d'une âme noble et d'une intelligence supérieure,
étaient :

**

« Swarotchicha, — Ottami, — Tamasa, — Raivata, — le
glorieux Tchakchoucha, — et le fils de Vivaswat.

**

« Ces sept manous, tout-puissants, dont Swayambhouva est
le premier, ont chacun, pendant leur période, — antara, — produit et dirigé ce monde, composé d'êtres mobiles et immobiles.

**

« Dix-huit nimechas — clins d'œil — font une câchthâ ;
trente câchthâs, une calà ; trente calàs, un mouhoûrta ; autant
de mouhoûrtas composent un jour et une nuit.

*
* *

« Le soleil établit la division du jour et de la nuit pour les hommes et pour les dévas ; la nuit est pour le repos, le jour pour le travail.

*
* *

« Un mois des mortels est un jour et une nuit des pitris, — ancêtres des humains déifiés qui habitent les autres planètes ; — il se divise en deux quinzaines, dites l'une noire et l'autre blanche. Pendant la première les mânes agissent, pendant la seconde ils se reposent.

*
* *

« Une année des mortels est un jour et une nuit des dévas, et voici quelle est la division : le jour répond au cours septen-trional du soleil et la nuit à son cours méridional.

*
* *

« Maintenant apprenez par ordre et succinctement quelle est la durée d'une nuit et d'un jour de Brahma et de chacun des quatre âges.

*
* *

« Quatre mille années divines composent, au dire des sages, le crita-youga ; le crépuscule qui précède est d'autant de cen-taines d'années, le crépuscule qui suit est pareil.

*
* *

« Dans les trois autres âges, également précédés et suivis d'un crépuscule, les milliers et les centaines d'années sont également diminués d'une unité.

*
* *

« Ces quatre âges qui viennent d'être énumérés étant supputés ensemble, la somme de leurs années, qui est de douze mille, est dite l'âge des dévas — anges.

*
* *

« Sachez que la réunion de mille âges divins compose un jour de Brahma et que la nuit a une durée égale.

*
* *

« Ceux qui savent que le saint jour de Brahma ne finit qu'avec mille âges, et que la nuit embrasse un pareil espace de temps, connaissent véritablement le temps de la création et le temps de la dissolution.

*
* *

« A l'expiration de cette nuit, Brahma qui était endormi se réveille, et en se réveillant il fait émaner l'Esprit divin qui par son essence existe et n'existe pas pour les sens.

*
* *

« Poussé par le désir de créer, l'Esprit divin opère la création et donne naissance à l'éther que les sages considèrent comme doué de la qualité du son.

*
* *

« De l'éther opérant une transformation naît l'air, véhicule de toutes les odeurs, pur et plein de force, dont la propriété reconnue est la tangibilité.

*
* *

« Par une métamorphose de l'air est produite la lumière qui éclaire, dissipe l'obscurité, brille, et qui est déclarée avoir la forme apparente pour qualité.

*
* *

« De la lumière par une transformation naît l'eau qui a

pour qualité la saveur : de l'eau provient la terre ayant pour
qualité l'odeur, telle est la création opérée dans le principe.

*
* *

« Cet âge des dévas, ci-dessus énoncé et qui embrasse
douze mille années divines, répétées soixante et onze fois, est
ce qu'on appelle la période d'un manwantara ou période d'un
manou.

*
* *

« Les périodes de manous sont innombrables ainsi que les
créations et les destructions du monde et l'Être suprême les
renouvelle comme en se jouant.

*
* *

« Dans le crita-youga la justice, — sous la forme d'un taureau, — se maintient ferme sur ses quatre pieds, la vérité
règne et aucun bien obtenu par les mortels ne dérive de l'ini-
quité.

*
* *

« Mais dans les autres âges, par l'amour immodéré des
richesses, la justice perd successivement un pied et est rem-
placée par le vol, la fausseté et la fraude, les avantages honnêtes diminuent graduellement d'un quart.

*
* *

« Les hommes, exempts de maladies, obtiennent l'accomplissement de tous leurs désirs et vivent quatre cents ans pendant le premier âge ; dans le treta-youga et les âges suivants
leur existence perd par degré un quart de sa durée.

*
* *

« La vie des mortels déclarée dans le véda, les récompenses des actions, et les pouvoirs des êtres animés portent dans ce monde des fruits proportionnés aux âges [1].

* * *

« Certaines vertus sont particulières au crita-youga, d'autres au treta-youga, d'autres à l'âge dwapara, d'autres à l'âge cali en proportion de la décroissance des âges.

* * *

« L'austérité domine pendant le premier âge, la science divine pendant le second, l'accomplissement des sacrifices pendant le troisième, et au dire des sages la dissipation pendant le quatrième.

* * *

« Pour la conservation de cette création entière, l'Être souverainement glorieux assigna des occupations différentes à ceux qu'il avait produits de sa bouche, de son bras, de sa cuisse et de son pied.

* * *

« Il donna en partage aux brahmes l'étude et l'enseignement des védas, l'accomplissement du sacrifice, la direction des sacrifices offerts par d'autres, le droit de donner et celui de recevoir.

* * *

« Il imposa pour devoir aux xchatrias de protéger le peuple, d'exercer la charité, de sacrifier, de lire les livres sacrés et de ne pas s'abandonner aux plaisirs des sens.

---

1. Crita-youga, âge heureux, âge des jeux.
Treta-youga, âge du feu, les feux des sacrifices.
Dwapara-youga, âge du doute.
Cali-youga, âge du mal.

*
* *

« Soigner les bestiaux, donner l'aumône, sacrifier, étudier les livres saints, faire le commerce, prêter à intérêt, labourer la terre, sont des fonctions allouées au vaysia.

*
* *

« Mais le souverain Maître n'assigna au soudra qu'un seul office, celui de servir les classes précédentes sans déprécier leur mérite.

*
*

« Par son origine qu'il tire du membre le plus noble, parce qu'il est né le premier, parce qu'il possède la sainte Écriture, le brahme est de droit le seigneur de toute cette création.

*
* *

« En effet, c'est lui que l'Être existant par lui-même, après s'être livré aux austérités, produisit dès le principe de sa propre bouche pour l'accomplissement des offrandes aux dévas et aux mânes pour la conservation de tout ce qui existe.

*
* *

« Celui par la bouche duquel les habitants du paradis mangent sans cesse *la nourriture sanctifiée* et les mânes le repas funéraire, quel être aurait-il pour supérieur ?

*
* *

« Parmi tous les êtres, les premiers sont les êtres animés, parmi les êtres animés ceux qui subsistent par le moyen de leur intelligence, les hommes, sont les premiers parmi les êtres intelligents, et les brahmes les premiers entre les hommes.

*
* *

« Parmi les brahmes, les plus distingués sont ceux qui possèdent la science sacrée; parmi les savants, ceux qui connaissent leur devoir; parmi ceux-ci, les hommes qui l'accomplissent avec exactitude; parmi ces derniers, ceux que l'étude des livres saints conduit à la béatitude.

*
* *

« La naissance du brahme est l'incarnation éternelle de la justice, car le brahme né pour l'exécution de la justice est destiné à s'identifier avec Brahma.

*
* *

« Le brahme, en venant au monde, est placé au premier rang sur cette terre; souverain seigneur de tous les êtres, il doit veiller à la conservation du trésor des lois.

*
* *

« Tout ce que le monde renferme est la propriété du brahme. Par sa primogéniture et par sa naissance il a droit à tout ce qui existe.

*
* *

« Le brahme ne mange que sa propre nourriture, ne porte que ses propres vêtements, ne donne que son avoir; c'est par la générosité des brahmes que les autres hommes jouissent des biens de ce monde.

*
* *

« Pour distinguer les occupations des brahmes et celles des autres classes dans l'ordre convenable, le sage législateur qui procède de l'Être existant par lui-même composa ce code de lois.

*
* *

« Ce livre doit être étudié avec persévérance par tout brahme instruit, et être expliqué par lui à ses disciples, mais jamais par aucun autre homme d'une classe inférieure.

*
* *

« En lisant ce livre, le brahme qui accomplit exactement ses dévotions n'est souillé par aucun péché en pensée, en parole ou en action.

*
* *

« La loi s'y trouve complétement exposée ainsi que le bien et le mal des actions, et les coutumes immémoriales des quatre classes.

*
* *

« La coutume immémoriale est la principale loi approuvée par la *révélation — srouti —* et la tradition — smriti ; — en conséquence, celui qui désire le bien de son âme doit se conformer toujours avec persévérance à la coutume immémoriale.

*
* *

« Le brahme qui s'écarte de la coutume ne goûte pas le fruit de la sainte Écriture ; mais, s'il l'observe exactement, il obtient une récolte complète. »

*
* *

Telle est cette extraordinaire genèse indoue peu connue en dehors du monde spécial des orientalistes, et qu'on ne saurait trop vulgariser

Nous disons peu connue, car il ne suffit pas de lire Manou pour le connaître, il faut le lire comme tous les ouvrages sacrés de l'Orient, en éclairant le symbolisme de son langage par une connaissance approfondie de toutes les traditions religieuses de l'Inde.

Nous allons retrouver dans ces quelques pages, qui appartiennent au plus ancien et au plus authentique monument écrit de l'humanité, le germe de toutes les croyances cosmiques des différents peuples qui se sont successivement développés sur notre globe.

Nous résumons rapidement.

— Au commencement était le chaos — pralaya, — aucun attribut distinctif ne pouvait révéler l'existence de cet univers, lorsque *le Seigneur existant par lui-même*, qui n'est pas à la portée des sens externes, qui est sans partie visible, que l'esprit seul peut percevoir, paraît et féconde la nature — pracriti.

Il produit d'abord les eaux dans lesquelles il dépose un germe sous la forme d'un *œuf* brillant comme l'or ; son *Esprit divin* — *Nara* — s'incarne dans cet œuf et paraît sous la forme de Brahma, le dieu créateur. Il reçoit aussi le nom de Narayana, *l'Esprit de Dieu qui se meut sur les eaux*, parce que cet élément a été son premier lieu d'action.

Le Seigneur alors divise l'œuf en deux parts dont il forme le ciel et la terre, et de l'Ame suprême — *Paramatma*, — c'est-à-dire de sa propre essence, il produit le *moi*, le *grand principe intellectuel* — *Ahancara, Mahat* — et l'unissant aux principes de perception extérieure et aux molécules matérielles, il compose la matière dont il va former tous les êtres.

Pour cela le souverain Maître divise son corps en deux parties, mâle et femelle : Nara, l'Esprit divin, et la déesse Nari, qui en s'unissant produisent Viradj, et c'est cette trinité

Brahma ou Nara, — le père,

Nari, — la mère,

Viradj, — le fils,

qui continue la création. Cette trinité, en se manifestant sur

la terre, reçoit les noms d'Agni, Vaya et Sourya, qui sont ensuite remplacés par ceux de Brahma, Vischnou, Siva, lorsque
les brahmes proscrivirent du culte la croyance au principe
mère de la divinité. Siva, fécondateur et transformateur constant, fut adoré sous la forme du linguam : — *erectum virile
membrum.*

Telle est l'origine de la trinité antique, qui a donné naissance aux triades égyptienne, grecque, magique, scandinave
et chrétienne.

Alors sont créés les dix saints éminents, *maharchis*, les
anges, *dévas*, les séraphins, *sadhyas*, les musiciens célestes,
et toutes les catégories de diables, gnomes et monstres
infernaux. Arrivent alors les végétaux, les animaux et
l'homme.

Retenons bien cette parole, qui nous montre que tout, d'a-
près Manou, s'est formé graduellement, et par des transformations successives.

« Chacun des éléments, *à mesure qu'il se transforme*, acquiert
la qualité de celui qui le précède, de sorte que plus un élément
est éloigné dans la série, plus il a de qualité. »

(Sloca 20, liv. Ier.)

Certains anthropologistes modernes ne se doutent pas de
l'antiquité de leurs théories prétendues nouvelles.

Dieu établit alors une distinction entre les actions, distingue
le juste de l'injuste, et promet à l'homme qui s'incarnera dans
le juste, le mokcha ou récompense finale, par l'absorption
dans Brahma.

« Ainsi l'homme qui reconnaît dans sa propre âme l'Ame
suprême présente dans toutes les créatures, se montre le

même à l'égard de tous, obtient le sort le plus heureux, celui
d'être à la fin absorbé dans le sein de Brahma. »

(Manou, liv. XII, sloca 125.)

Quant à ceux qui se seront incarnés dans le mal?

« Ils vont d'abord dans le tamisara, et dans d'autres horri-
bles demeures de l'enfer, dans l'asipatravana, forêt hérissée
de lames d'épée, et dans divers lieux de captivité et de torture.

*
 * *

« Des tourments de toutes sortes leur sont réservés, ils seront dévorés par des oiseaux de proie et par des hiboux, ils
avaleront des gâteaux brûlants, marcheront sur des sables en-
flammés et éprouveront l'insupportable douleur d'être mis
au feu comme les vases d'un potier. »

(Manou, livre XII, slocas 75 et 76.)

On voit que la mythologie catholique n'a pas plus eu la
peine d'inventer son enfer que ses démons, ses anges et sa
trinité.

L'univers ainsi créé, les hommes sont divisés en quatre castes, brahmes, xchatrias, vaysias et soudras. Prêtres, rois,
marchands et cultivateurs, esclaves.

Tout ce qui existe appartient au prêtre, et ce n'est que par
sa générosité que les autres classes jouissent d'une portion des
biens de ce monde.

C'est ainsi que débute dans le monde ce gouvernement sacerdotal sous lequel a succombé la société ancienne tout entière.

Toute cette seconde partie de Manou, expliquée par Brighou,
ne fait pas partie du Vriddha-Manava ou ancien Manou, dont

on n'a encore retrouvé que des fragments ; elle a manifeste-
ment été interpolée dans l'œuvre du vieux législateur des
Rutas ou Indous primitifs, à l'époque où les brahmes ayant
soumis l'Inde entière à leur domination, voulurent donner à
leur pouvoir naissant et souvent contesté la consécration de
l'idée religieuse.

Nous ne nous étendrons pas sur les devoirs imposés aux
différentes classes, ni sur les autres détails s'appliquant à la
division du temps, qui ne font pas, à proprement parler, partie des traditions génésiques pures. Retenons, cependant, les
deux points suivants, qui ne sont pas sans importance dans
notre étude, et qui indiquent :

1° Que six races d'hommes avaient déjà vécu avant Manou ;

2° Que l'œuvre de ce législateur dérive de la coutume immémoriale approuvée par la révélation — *srouti* — et la tradition — *smriti*.

Depuis cette époque, le prêtre s'est toujours prétendu le
seul gardien et interprète de la révélation et de la tradition.

Les légendes indoues qui viennent s'ajouter à l'œuvre
écrite de Manou sont innombrables. Nous avons donné, dans
la *Bible dans l'Inde*, la plus poétique de toutes, celle qui fait
naître l'humanité à Ceylan, l'île enchanteresse ; nous n'y re-
viendrons pas : rappelons seulement que cette légende a donné
plus tard naissance à la fable mosaïque, sur le paradis ter-
restre perdu par la désobéissance d'Adam et d'Ève et la perfidie
du serpent.

Nous verrons bientôt, avant toute comparaison, quelles sont
les genèses des différents autres peuples, émanées d'une commune tradition.

CHAPITRE V.

LE PANTHÉON INDOU.

Manou avait posé le principe de l'unité de Dieu et de la trinité de la puissance créatrice, le culte philosophique qui
découla de ces croyances resta l'apanage des hautes classes.
La religion vulgaire divinisa toutes les forces de la nature, et
le peuple oublia Dieu pour ne plus se souvenir que de ses
attributs, devenus dieux à leur tour. De là ce panthéon indou,
qui a depuis donné naissance aux dieux innombrables de
l'Égypte et de la Grèce.

Ces dieux en engendrent d'autres également, procédant d'eux,
agissant sous leur impulsion, en telle quantité qu'il serait impossible de dénombrer toutes les divinités inférieures auxquelles
les Indous accordent leurs dévotions. Nous nous contenterons
de donner la liste des grands dieux qui gouvernent tous les
autres et qui sont une émanation directe de l'être irrévélé :

Zyaus ou Swayambhouva, dieu suprême existant par lui-
même, immortel principe de tout ce qui existe :

Nara	Agni	Brahma
Nari	Vaya	Vischnou
Viradj	Sourya	Siva

trinité créatrice, conservatrice et transformatrice avec les
divers noms sous lesquels on la désigne.

Lorsque Nari, le principe mère, disparaît du culte, et que la trinité se manifeste sous la forme des trois dieux mâles :

Brahma,
Vischnou,
Siva,

on leur adjoint trois épouses qui forment la trinité vierge et qui se nomme :

Brahmy ou Nari,
Lakmy,
Sakty ou Parvady.

Les dieux inférieurs mandataires de la trinité sont :

Indra, dieu des sphères célestes ;

Varouna, dieu des eaux ;

Agni, dieu du feu ;

Pavana, Dieu du vent ;

Yama, dieu des régions infernales, dieu du vent ;

Couvéra, dieu des richesses ;

Cartikeia, dieu de la guerre, reçoit aussi le nom d'Hara-Kala ;

Cama, dieu de l'amour, du printemps et des fleurs ;

Sourya, le dieu du soleil, préside aux saisons ;

Soma, déesse de la lune ;

Ganésa, dieu qui préside aux portes des temples, éloigne les obstacles, et préside aux entreprises heureuses ;

Pouléar, dieu des champs, veille aux bornes et à la conservation des héritages ;

Neiritia, dieu du commerce et des voleurs ;

Isania, dieu qui protége les cultivateurs et les travaux des champs.

Au-dessus de ces dieux se place la catégorie de tous les esprits bons ou mauvais, assouras, daytias, sortes de titans constamment en guerre contre les dieux, les dévas, anges et émissaires des dieux, les rakchasas, démons malfaisants, les pisatchas et les roudras, esprits malins du dernier ordre, sans cesse occupés à troubler les sacrifices des saints ermites.

Ces esprits, dit M. de Jaucigny, sont assez semblables aux fantômes et aux vampires des croyances populaires d'Europe.

Il faut encore compter dans cette nomenclature une espèce de divinités très-nombreuses, quoique leur existence ne soit reconnue que dans des sphères très-limitées, et que les brahmes contestent souvent la légitimité du culte qui leur est rendu. Ce sont les dieux des villages, chacun en adore deux ou trois comme ses patrons spéciaux; ce sont, en quelque sorte, les pénates et les dieux lares des Romains.

Les esprits de personnes décédées qui ont à un titre quelconque attiré l'attention de la foule pendant leur vie, jouissent aussi souvent de l'honneur d'être déifiés.

Un trait extraordinaire de ces croyances, dont on trouve des traces chez les mages et les Égyptiens, c'est que toutes ces divinités inférieures n'ont qu'une existence limitée; après un cycle de quatorze milliards trois cent vingt millions d'années humaines, la trinité et les autres dieux inférieurs cesseront d'exister, et la grande cause première Swayambhouva restera seule dans les espaces infinis. Cette période d'existence se nomme un jour de Brahma.

Après une nuit de repos égale en durée à ce jour, l'Être existant par lui-même exercera de nouveau son pouvoir, et toute la création, avec les êtres divins et humains, renaîtra de nouveau à la vie.

Ce système n'a rien de commun avec les croyances élevées et philosophiques des brahmes que nous avons étudiées dans nos précédents ouvrages; ce symbolisme grossier, nous l'avons déjà dit, ne fut créé que pour la plèbe, et dans le but de la retenir plus facilement sous le joug sacerdotal par la peur de

ces nombreuses tribus de divinités, de démons et d'esprits
malfaisants. Nous ne faisons que l'exposer très-sommairement
dans un but de comparaison qui nous permettra de retrouver
la source commune de toutes ces fables mythologiques que
l'on rencontre dans le culte de tous les peuples anciens.

CHAPITRE VI.

TRADITIONS RELIGIEUSES.

Nous n'avons pas l'intention de présenter ici une étude complète du culte vulgaire des Indous, mais simplement d'extraire, des coutumes religieuses de ces peuples, celles qui peuvent se prêter à de fructueuses comparaisons avec les coutumes autochthones, ou transmises, par émigration, des autres contrées du globe.

Des temples.

Tous les villages dans l'Inde ont leurs édifices religieux; mais en outre des grandioses monuments du passé qui datent des premiers temps de la puissance brahmanique, on en rencontre une foule d'autres érigés dans des endroits isolés, dans les bois, au milieu des cours d'eau, sur les grandes routes, par la piété des fidèles. Les lieux élevés sont ordinairement choisis pour ce genre de construction et il est de tradition que le temple ou la pagode soient entourés d'un bois sacré.

Cet ordonnancement n'est point le fait d'un caprice, il existe chez toutes les nations asiatiques.

On se rappelle les ordres que Jeovah donnait par la bouche de Moïse aux Hébreux de renverser les temples d'idoles élevés sur les montagnes, de détruire ces idoles et de couper les bois sacrés... Les Grecs entouraient également leurs temples de la même manière. Les prophétesses rendaient leurs oracles à Dodone, au milieu de la forêt de chênes consacrés.

Nous verrons que dans la Polynésie les maraës ou temples étaient placés dans des conditions identiques. La plupart des grandes pagodes de l'Inde, en ruines ou encore debout, sont des merveilles d'architecture bien faites pour exciter l'admiration du visiteur, et donner une haute idée de la civilisation qui les a produites. Ce n'est pas de ces temples que nous désirons nous occuper, mais bien des édifices plus modestes qui servent au culte journalier, et que l'on rencontre à chaque pas, dans le sud de l'Indoustan surtout.

Ces édifices se composent simplement d'une enceinte carrée, dans laquelle se trouve un autel ; si le monument est dédié à Vischnou, l'entrée de l'enceinte se termine en goparam (pyramide) ; s'il est dédié à Siva, sur le devant de l'autel se dresse une représentation en pierre de l'emblème du linguam.

« Quelquefois aussi, dit l'orientaliste Dubois, on trouve à l'entrée de ces temples grossièrement sculptés dans la pierre le serpent capelle de Vischnou, ou le taureau de Siva, et c'est le premier objet auquel les dévots rendent leurs hommages avant de pénétrer dans le temple. »

La porte de ces pagodes est généralement étroite et basse, c'est cependant la seule ouverture qui puisse donner passage à l'air et à la lumière extérieure ; car l'usage des fenêtres est entièrement inconnu.

Ces temples sont habituellement dans l'obscurité ou seulement éclairés par la faible lueur d'une lampe qui brûle nuit et jour à côté de la statue du dieu. On éprouve une sorte de saisissement involontaire en entrant dans ces espèces de cryptes ténébreuses. D'autres se composent simplement d'une ou deux enceintes avec un autel en plein vent.

L'enceinte où se trouve la statue de l'idole est fermée au public, et les prêtres et les autres desservants ont seuls le droit de s'introduire dans cet asile mystérieux pour offrir au dieu les offrandes de fleurs, d'encens, de sandal, de lampes allumées, de fruits, de beurre liquide, d'habits précieux, de joyaux et d'animaux de diverses espèces que les fidèles viennent lui apporter.

Ces temples ne sont en général dédiés qu'à Vischnou et à Siva, ainsi qu'à leurs nombreuses incarnations.

A part l'incarnation de Christna, qui est universellement adoré dans l'Inde de la caste la plus élevée à la classe la plus infime, toutes les autres incarnations de Vischnou et de Siva ne sont connues de la foule que sous le voile de la plus grossière allégorie.

Pour donner une idée de la grossièreté de ce culte, et des superstitions dans lesquelles les brahmes plongeaient la foule, se réservant les hautes conceptions métaphysiques et scientifiques, nous allons indiquer brièvement ce que furent ces incarnations.

Vischnou, cette seconde personne de la trinité indoue, qui symbolise dans le culte élevé la faculté conservatrice de la grande cause première de la nature, constamment en rapport avec l'univers qu'il soutient, ne représente plus cette grande force de cohésion de tous les êtres dans la religion vulgaire, et la foule émerveillée conçoit cette grande loi comme une personnalité agissante qui revêt pour se manifester les formes les plus capricieuses.

Dans la première il prit la forme d'un poisson pour sauver les védas qu'un rakchasa avait dérobés à l'époque du déluge.

Dans la seconde, il vint sous la forme d'un sanglier repêcher avec ses défenses le monde qui était tombé au fond de l'Océan.

Dans la troisième, il se transforme en tortue et soutient le monde.

Dans la quatrième, il se mêle directement aux actions humaines.

« Un père infidèle voulait mettre son fils à mort pour le punir de la foi qu'il avait en Vischnou. Au moment de l'immoler il lui dit pour se moquer de la puissance de son dieu : « Puisque Vischnou est partout, dans la nature, dans les eaux, dans l'air, dans la terre, dans les cieux, il doit être aussi dans la colonne autour de laquelle je t'ai attaché, prie-le donc de venir à ton secours. »

A peine avait-il prononcé ces mots que le dieu sortit de la colonne sous la forme d'un lion, mit en pièces le père barbare et délivra le fils.

L'histoire de la cinquième incarnation est des plus curieuses :

« Un grand roi était devenu si puissant qu'il avait conquis toute la terre, et qu'il se préparait à escalader les cieux ; Vischnou alla trouver ce conquérant sous la forme d'un brahme nain du nom de Vamana, et lui demanda respectueusement de ne pas le chasser complétement de ce monde et de lui accorder au moins autant de terre qu'il pourrait en mesurer en trois pas.

Le roi, riant de l'exiguïté de sa taille, accéda à sa demande. Vischnou du premier bond franchit la terre entière, du second l'Océan, et ne trouvant plus d'espace devant lui pour son troisième pas, il remit sa promesse au roi à condition qu'il serait soumis à ses ordres.

Dans sa sixième incarnation, Vischnou, sous la forme du brahme Parassourama, soumet les xchatrias ou rois révoltés, et extermine ceux qui ne veulent pas consentir à se replacer sous le joug sacerdotal.

Dans la septième incarnation, il est Rama, le héros du *Ra-mayana*, poëme indou, dont l'Iliade n'est qu'un écho.

Dans la huitième incarnation, sous le nom du brahme Balla-rama, il délivre la terre des géants.

Dans la neuvième incarnation, il se produit comme bouddah et prêche au dire des brahmes une fausse religion pour tromper les ennemis des dieux ; cette tradition sacerdotale a évidemment été créée pour discréditer le bouddhisme dans l'Inde.

La dixième incarnation n'a pas encore eu lieu. Vischnou doit revenir combattre le cheval Kalki qui ramènera le règne du mal sur la terre.

Quand on lit au *Hari-Pourana* les récits fantastiques qui ont pour but cette dernière incarnation de la seconde personne de la trinité indoue, on ne demande plus à saint Jean où il a pris son Apocalypse, et sa seule excuse, pour ne pas être traité de fou, est tout entière dans ce fait qu'il n'a fait que copier les absurdes rêveries des convulsionnaires et des fakirs de l'Inde.

L'énumération de ces dix incarnations est contenue dans le *sorite* suivant que les Indous répètent en roulant leurs chapelets, comme une de leurs plus sublimes invocations au dieu conservateur :

Adahn matsia, tata carma, varahassa, param tata
Nara-sinhassa, maha sacty Bamanassa, param tata
Ramassa, Bala-Ramassa, Parussa-Rama, tata param
Kalik-Rupassa, Bahudassa dachasty prastista.

Les incarnations et émanations secondaires de Vischnou sont innombrables, et il serait impossible de tenir compte de toutes celles qui se produisent dans les livres sacrés, sous la forme de pénitents, de saints ou de héros.

Mais toutes ces incarnations pâlissent devant celle de Christna, la plus populaire, la plus aimée et vénérée de toutes les manifestations de Vischnou dans l'Inde.

Christna est en même temps le pivot de toutes les croyances spiritualistes et philosophiques des brahmes qui ne reconnaissent et n'adorent que cette seule incarnation, et le dieu chéri du peuple.

C'est le rédempteur né d'une vierge, et échappé au massacre des enfants, ordonné par le tyran Kansa ; c'est le bon pasteur, l'ami des pauvres, de tout ce qui souffre, croit et espère ; c'est le héros chéri des femmes, qui trouvent dans son culte mystique et délicat un aliment à leur rêveuse tendresse. C'est le dieu de tous les poëtes, de toutes les âmes sensibles, de toutes les intelligences élevées.

C'est l'esprit suprême que déifièrent les philosophes de l'antiquité et l'école d'Alexandrie, et que vinrent faire connaître en Judée les douze philosophes qui ne se donnèrent pour des ignorants que pour mieux cacher les sources où ils avaient puisé.

Nous avons étudié ailleurs cette grande et belle figure. Revenons aux superstitions du culte vulgaire que nous avons intérêt à rapprocher de leurs similaires sous d'autres latitudes et dans la mythologie d'autres peuples.

Quelques temples sont construits en voûte et le sanctuaire est généralement fort bas ; ce défaut d'élévation, joint à la difficulté que l'air éprouve à s'y introduire et aux exhalaisons des détritus végétaux et animaux des sacrifices, rend ces lieux fort insalubres.

La statue du dieu principal qui est adoré dans le temple, se trouve placée dans une niche au-dessus de l'autel, elle est vêtue d'habits somptueux et dans les grandes solennités parée de bijoux et d'étoffes du plus haut prix.

Ces statues exposées à la vénération publique sont de pierre, celles qu'on porte en procession dans les rues sont de métal, ainsi que les dieux domestiques que chaque brahme garde et adore dans sa maison. Une statue quelle qu'elle soit ne peut devenir un objet de culte avant d'avoir été consacrée par une foule de cérémonies : il faut que la divinité soit évoquée, qu'elle vienne s'y fixer, s'y incorporer, c'est l'affaire du brahme pourohita.

Les nouveaux temples sont soumis aussi à une inauguration solennelle, et l'on consacre scrupuleusement tous les objets destinés à leur service. Nul parmi les étrangers, Européens, mahométans, et parmi les indigènes les pariahs, ne peut entrer dans l'intérieur des pagodes, elles seraient profanées, et il faudrait faire de grandes cérémonies de purification et recommencer toutes celles de consécration avant que le dieu consentît à rentrer dans sa demeure.

Ne rions pas... au moyen âge un juif n'aurait pu entrer dans une de nos églises sans se faire brûler, et aujourd'hui nul ne peut toucher au tabernacle et aux ustensiles du culte catholique sans que le prêtre soit obligé de purifier tous ces objets.

En outre des statues qui se trouvent dans l'intérieur des temples, les murailles et les colonnes de l'édifice sont surchargées de sculptures allégoriques; la façade est en général couverte de figures symboliques d'hommes et d'animaux dans des attitudes obscènes... ornementation que nos cathédrales anciennes se sont hâtées d'imiter.

On rencontre souvent, dans la première enceinte de la pagode, une colonne de cinquante à soixante pieds de haut, de forme octogonale et surmontée d'une plate-forme carrée au sommet de laquelle on place un réchaud chargé de parfums, et tout autour les fidèles tiennent à honneur de venir y placer de petites lampes qu'ils consacrent à la divinité, et dans la nuit on aperçoit de tous côtés ces colonnes des temples illuminées par le feu des lampes consacrées.

Ces lampes vouées à la divinité sont également placées à profusion par la dévotion des habitants sur les autels de l'intérieur, lorsque ces derniers ont quelque chose de grave à faire, un voyage à entreprendre, un mariage à négocier, un événement fâcheux à éviter, et ils ont une confiance absolue dans leurs luminaires.

Dans l'Inde on fait brûler des lampes.

A Rome on brûle des cierges.

Il est clair que cette dernière forme n'est qu'un perfectionnement scientifique auquel la piété des fidèles n'a aucune part, et qui ne doit pas mieux attirer les bénédictions célestes [1].

Le catholicisme est si bien calqué sur le brahmanisme, que tout en cherchant des points de contact entre les coutumes de l'Inde et celles que nous étudierons plus tard en Océanie, à chaque pas nous tombons sur de telles similitudes, que l'imitation est indéniable.

Il n'est pas rare de rencontrer, au sommet d'une de ces colonnes, un fakir ou un sannyassi, qui s'est offert lui-même en sacrifice à la divinité, et qui ne doit plus descendre du piédestal où il s'est placé que pour être conduit au bûcher. C'est à qui, parmi les dévots, aura l'inestimable honneur de lui fournir sa nourriture, de le servir et de manger ses restes.

L'Inde a compté et possède encore de ces saints personnages par milliers ; Rome ne peut offrir dans le même genre, à l'admiration du monde, que *Siméon le Stylite*, et encore n'est-elle pas bien sûre de la légende.

Du personnel du culte.

Les temples sont desservis par un nombreux personnel de prêtres, établi dans l'ordre hiérarchique suivant :

1º Le brahmatma ou grand prêtre, relevant, comme tous

1. Il est clair qu'avant l'invention des cierges, les chrétiens étaient réduits à suivre la tradition asiatique et à se servir de lampes.

les autres chefs de pagodes, du brahmatma supérieur ou chef suprême religieux ;

2º Les gourous ou prêtres de l'ordre supérieur, directeurs des fêtes et des cérémonies, théologiens ;

3º Les pourohitas ou sacrificateurs ;

4º Les brahmatcharis, élèves en théologie, et desservants secondaires du culte ;

5º Les rapsodes qui récitaient devant la foule les passages des livres saints en harmonie avec la fête du jour, et les hymnes consacrées, ainsi que les légendes relatant les exploits des dieux ;

6º Les porteurs d'idole, chargés de transporter les statues des dieux de leurs niches sur l'autel, les jours de sacrifice ;

7º Les fakirs, sorte de possédés faisant l'office d'augures, de charmeurs, etc. ;

8º Les devadassi ou bayadères.

Nous aurons occasion, en étudiant les fêtes et les sacrifices, de dire quelques mots du rôle des gourous, pourohitas, brahmatcharis et autres, qui n'apparaissaient que dans les cérémonies, et dont le rôle, important au point de vue religieux, n'offre pas un intérêt de curiosité aussi grand que celui joué par les fakirs et les bayadères dans les manifestations extérieures du culte.

A ce titre, ces derniers méritent un chapitre spécial.

CHAPITRE VII.

FAKIRS ET BAYADÈRES.

DES FAKIRS.

Nous avons exprimé, dans les *Fils de Dieu*, l'opinion que ces illuminés, ces dévots fanatiques étaient nés d'un texte de Manou.

« Qu'il n'ait, dit ce législateur en parlant de ces fanatiques, ni feu ni domicile ; qu'il aille, quand la faim le tourmente, mendier sa nourriture dans les villages, qu'il soit résigné, qu'il médite en silence et fixe son esprit sur l'Être divin.

« Qu'il ne désire point la mort, qu'il ne désire point la vie, qu'il attende le moment fixé pour lui, comme le moissonneur qui attend son salaire. »

(MANOU.)

« Par les divisions de caste, la trinité, la multiplicité des dieux, les mystères, les cérémonies et toutes les obligations religieuses et civiles auxquels ils avaient astreint les membres de chaque classe, les brahmes avaient façonné le peuple à la croyance *irraisonnée*, à l'obéissance passive. Par les fakirs, les charmeurs, les illuminés, ils frappèrent à tel point de terreur et d'admiration en même temps l'imagination populaire, qu'ils n'eurent bientôt plus autour d'eux que des esclaves.

« On vit tout à coup, dans ces gigantesques fêtes du culte qui réunissaient dans la province d'Asgartha des millions de fidèles agenouillés sous la bénédiction du brahmatma, se produire des hommes amaigris par le jeûne, les macérations et les privations de toute nature, couverts de chapelets, de scapulaires et de saints amulettes, les yeux hagards, sombres et fanatisés...

« Ils vinrent en public défier les tortures, défier la mort ; les uns se précipitaient sous le char colossal qui portait la statue de la divine trimourty, traîné par vingt mille soudras ; leurs os étaient broyés en un instant, leur sang inondait la terre ; ils mouraient souriants, et la roue qui les écrasait étouffait en même temps les dernières notes du cantique sacré qu'ils chantaient en l'honneur de Brahma...

« Et la foule se précipitait dans la poussière pour recueillir une goutte de sang sur un morceau d'étoffe, une parcelle d'ossement, qui étaient précieusement conservés comme les bahagas sacrés (reliques) de saints personnages, à qui la mort ouvrait sans expiation le séjour des bienheureux.

« Les pagodes étaient encombrées de ces reliques, et une fois l'an elles étaient tirées de leurs châsses et offertes à l'adoration des fidèles.

« D'autres fakirs, qui n'étaient point destinés à mourir dans les cérémonies présentes, s'imposaient, le sourire sur les lèvres, devant la foule émerveillée, les supplices les plus incroyables. L'un s'arrachait, avec une tenaille, les ongles des pieds et des mains, un autre se coupait la première phalange de chaque doigt, ou employait la main droite à se couper la main gauche, qu'il jetait au milieu des assistants... Un autre s'arrachait les deux yeux, lentement, posément et comme s'il eût pris un plaisir extrême à se livrer à pareille besogne... D'autres se coupaient la langue ou les paupières, les lèvres, le nez, les attributs de la virilité, ou bien se mettaient les deux pieds dans un brasier ardent, et ils laissaient leurs membres se carboniser, les yeux levés au ciel, comme en extase, et sans donner l'apparence de la moindre douleur...

« Nous en avons vu, car ces coutumes existent encore dans l'Inde, qui n'étaient plus que des troncs humains, sans membres, et auxquels les Indous venaient rendre leurs devoirs de plusieurs centaines de lieues à la ronde... Arrêtons-nous donc dans ces horreurs, explicables sans doute au point de vue physiologique, mais qui démontrent à quel point les brahmes s'étaient emparés de l'esprit de ces misérables, qui semblaient faire leurs joies des plus affreuses tortures.

« Il faudrait des volumes pour narrer convenablement par quelle éducation première, par quels moyens, par quelle excitation des sens les brahmes parviennent peu à peu à amener les fakirs dans cet état d'exaltation physique et morale, qui les rend insensibles à tout, et les fait se jouer de la douleur...

« Les excitations et les folies nerveuses des religieuses de Louvain et des disciples du diacre Pàris ne sont rien auprès des phénomènes extraordinaires que les fakirs opèrent à volonté sur leur corps.

« En répandant cette croyance que quiconque consentait à s'engager parmi les illuminés de la pagode, et à mourir pour la foi, était transporté dans le séjour de Brahma, sans accomplir aucune autre migration sur la terre, et sans passer par l'enfer, les brahmes ont rendu leur mine inépuisable et ils ont, à toutes les époques, d'autant moins manqué de fakirs, que toutes les castes sont admises dans cette congrégation, et que le dernier des soudras, en y entrant, devient égal aux brahmes...

« Avant de passer dans la catégorie des illuminés destinés à illustrer les cérémonies du culte par leurs supplices et leur mort, les nouveaux engagés pratiquent dans la profondeur des pagodes, sous la direction des brahmes initiés, *les sciences oc-cultes*, et étudient les moyens de produire à volonté tous les phénomènes d'excitations nerveusès poussées jusqu'au délire, d'insensibilité et de catalepsie.

« Lorsque les fakirs étaient d'une force suffisante et pouvaient produire les choses étranges qu'on leur avait enseignées, on les faisait voyager par petits groupes sous les ordres de quelques brahmes mendiants, sectaires ignorants, mais aussi fana-tisés qu'eux, et ils s'en allaient le long des chemins, par les aldées et les villes, opérant leurs sortiléges, que la foule pre-nait pour des miracles de bon aloi, produisant leurs phéno-menes sur les natures nerveuses et prédisposées, chassant ensuite le démon en grande pompe, et, leurs tours achevés, ils mendiaient avec les brahmes qui les conduisaient, au profit de la pagode. »

(Les Fils de Dieu.)

Les fakirs jouent aussi le rôle de possédés, de démoniaques et d'augures.

Lorsque les brahmes ont besoin de voir affluer vers la pa-gode les dons et les présents de toutes espèces, ils répandent adroitement le bruit que tel ou tel dieu, pour se venger de la tiédeur religieuse du district, a déchaîné sur lui les plus mau-vais pisatchas (démons), qui avant peu auront envahi le corps de tous les habitants.

Les fakirs alors se répandent en grand nombre dans la cam-pagne pour y jouer le rôle de possédés, ils entrent dans d'hor-ribles convulsions, et font des contorsions et des grimaces à épouvanter les plus intrépides. Dans leurs moments de calme ils font le récit circonstancié et lamentable de leur mésaven-ture, qu'ils ne manquent jamais d'attribuer au ressentiment d'une divinité, qui les punit de leur indifférence pour elle et ses ministres. Ils marmottent des phrases étranges, incohérentes, dans des idiomes inconnus, affirmant qu'ils les tiennent du démon qui s'est emparé de leur corps, et qui leur a communiqué le don des langues.

Ils mangent de toutes espèces de viandes, boivent des liqueurs défendues, n'observent plus aucune prescription religieuse ou de caste, sans qu'il leur en soit fait un crime, tout cela étant mis sur le compte du diable. La foule crédule s'empresse autour d'eux, les comble de présents et d'offrandes pour se les rendre propices. Les démoniaques mangent bien et boivent bien et s'en vont ainsi, répétant leurs fourberies de village en village.

Tout d'un coup ils paraissent rentrer dans leur bon sens, et alors ils exhortent la foule à profiter du terrible exemple qu'ils leur donnent pour montrer plus de piété, et surtout pour être moins avares que par le passé de leurs présents. Et aussitôt les dons pieux d'affluer à la pagode.

D'autres fois ce n'était plus l'esprit malin qui s'emparait du corps de ces fakirs, mais bien Siva ou Vischnou en personne, qui manifestaient immédiatement leur présence par des miracles et prodiges de toute espèce. Ces jongleurs étaient aussitôt respectés comme des dieux ; tantôt ils montaient sur l'autel même de la pagode et se mettaient à rendre des oracles, tantôt ils s'envolaient dans les airs soutenus par la divinité. Il arrivait parfois que le dieu, las d'habiter leur corps, les abandonnait dans cette position et les misérables tombaient, paraît-il, sur le sol de hauteurs considérables et ils se cassaient les reins. La fable de Simon le magicien, s'élevant dans la nue et retombant lourdement sur le sol sous les exorcismes de saint Pierre, n'est qu'un écho de ces croyances antiques.

Les livres indous sur les sciences occultes sont remplis de formules ou mentrams à l'aide desquels les fakirs contraignent les divinités de leur obéir et de venir habiter leur corps.

Un des tours les plus communs de ces illuminés consiste à gravir, sans secours apparent, les hauteurs les plus inaccessibles, les escarpements les plus élevés, et à grimper, aux yeux des spectateurs ébahis, le long de la surface lisse d'un mur ou des colonnes des temples.

C'était eux également qu'on interrogeait dans les cas difficiles, au début d'une guerre ou de tout autre événement important, et ils rendaient des oracles, soit par le vol des oiseaux, soit en inspectant les entrailles des victimes immolées pour le sacrifice.

Aujourd'hui encore, les fakirs consacrés au service des pagodes se comptent par centaines, et souvent par mille, comme à Chelambrum et Djaggernat, mais ils paraissent déchus de leur ancienne splendeur ; car, à part les phénomènes de magnétisme qu'ils produisent sur le premier sujet venu, avec une facilité vraiment extraordinaire et des sortes de convulsions épileptiques qu'ils se donnent toujours à volonté, ils ne consentent plus à s'élever dans les airs, ni à accomplir les différents autres prodiges que les légendes du passé leur attribuent.

Parfois la foule les réclame à grands cris ; les fakirs, alors, se dépouillent de leurs vêtements et se préparent à tenter l'aventure, mais immédiatement, c'est dans l'ordre, un prêtre brahme s'approche et ordonne au fakir de s'abstenir en donnant pour motifs que les dieux ne permettent plus l'accomplissement de ces prodiges depuis l'envahissement de l'Inde par les Européens.

Pour les causes souvent les plus futiles, les Indous font à chaque instant les vœux les plus insensés, il n'est si petite maladie qui ne soit l'occasion d'une foule de promesses à la divinité en cas de guérison. Cette manie est une source inépuisable de bénéfices pour les pagodes et les illuminés, car celui qui se trouve dans l'impossibilité d'accomplir son vœu

peut, moyennant une somme d'argent ou des cadeaux en nature, se faire remplacer par un fakir.

Tantôt il s'agit d'aller en pèlerinage à Casy ou sur les bords
sacrés du Gange ; tantôt le pénitent doit mesurer avec son
corps la distance qui sépare deux pagodes célèbres. D'autres
fois, il faut se rendre dans tous les lieux illustrés par le passage de Christna, l'homme-dieu, et y accomplir des neuvaines.
Il arrive aussi que, pour éviter de terribles malheurs, ou se
relever d'une maladie prétendue incurable, l'Indou sacrifie sa
langue ou un de ses membres ; le remplaçant coûte gros alors,
mais, en y mettant le prix, on ne manque jamais d'en trouver
un, et le fakir sacrifie stoïquement celui de ses membres qui
est condamné.

Pendant notre long séjour dans l'Inde, nous avons été témoin
nombre de fois de pareilles aventures.

A peine amputés, les malheureux illuminés mettent tout
leur orgueil à danser et à rire et à narguer la douleur.

Dans toutes les grandes fêtes du culte, on peut les voir également se promener sur des charbons ardents, sur des barres
de fer rougies au feu, ou pirouetter à quelques mètres du sol,
suspendus par un crochet de fer qu'ils se sont enfoncé dans
les côtes, et dont la corde est mise en mouvement par les bras
mobiles d'une poulie.

Nous n'en finirions pas si nous voulions donner même la
simple nomenclature de toutes ces tristes et cruelles superstitions que nous nous proposons, du reste, d'étudier dans un
ouvrage spécial.

En résumé, on ne saurait voir dans ces fakirs et charmeurs
que les acolytes des prêtres, et leurs fourberies sont admirablement exploitées par ces derniers, pour remplir leurs temples de dons et d'offrandes et vivre, par ce moyen, dans une
opulente oisiveté.

Et en cela, les brahmes sont d'autant plus inexcusables que

leurs croyances personnelles ont été de tout temps élevées, philosophiques et spiritualistes, et qu'ils n'ont créé cette religion ridicule et vulgaire que pour mieux asseoir leur domination en réduisant la plèbe à l'état le plus vil.

Dans la plupart des religions, du reste, les pratiques extérieures du culte, les miracles, les sortiléges, le diable et toute sa suite d'esprits malins, Dieu lui-même, défiguré par un anthropomorphisme insensé, ne sont que des moyens d'assurer le règne du prêtre par la dégradation de l'homme.

Que ne présente-t-on aux méditations de la foule cette grande cause première, loi suprême de toutes les lois, sous son véritable aspect philosophique, que n'inspire-t-on à chacun le respect de soi-même et des autres, au lieu de vouloir dominer par la peur et la superstition? Il faut maintenir le peuple, entendez-vous dire à tout moment par certaine école de sceptiques! l'argument n'est pas seulement immoral, il est faux.

Qui donc depuis des siècles peuple les bagnes, les prisons, l'échafaud?

Ne sont-ce pas ces mêmes hommes à qui vous refusez la science, et que vous prétendez maintenir dans *la voie du bien* par les superstitions religieuses et la crainte du diable?

DES BAYADÈRES.

(Dévadassi.)

Les bayadères sont aujourd'hui prêtresses du culte et de l'amour. Primitivement, elles n'étaient vouées qu'au service des autels et devaient rester vierges. Nous ne nous occuperons d'elles qu'à ce point de vue seulement.

Lorsque l'immortelle déesse Nari, principe mère de la divinité, comptait encore dans l'Inde des temples spécialement dédiés à son culte, les cérémonies de ce culte étaient accomplies par des jeunes filles vierges consacrées à la déesse dès leur plus tendre enfance.

Dans le mystère de la conception primitive, Nari avait été fécondée par le souffle de l'Être irrévélé, et l'Esprit divin était symbolisé par le feu, source et principe de la vie. Les temples de Nari étaient donc également dédiés au feu, et une lampe qui ne devait jamais s'éteindre, pas plus que l'éternelle fécondité de la nature, était enfermée dans un sanctuaire dont l'entrée défendue au profane était gardée par les dévadassi.

Si la flamme venait à mourir faute d'aliment, ou pour tout autre motif, toutes les prêtresses du temple étaient immédiatement condamnées à mourir par le bûcher. On allait en grande pompe chercher du feu sacré dans une autre pagode et on consacrait de nouvelles bayadères.

La croyance était que si ce feu, symbole de l'union de Nari, la vierge, et de Nara, l'Esprit, venait à s'éteindre en même temps dans tous les temples, le principe fécondant de l'univers cesserait d'exister, et la matière retomberait dans le chaos d'où elle ne pourrait être tirée que par une nouvelle création.

Toute bayadère devait être pure, sa vie chaste, l'image de l'épouse immortelle de la divinité, et celle qui violait son serment était enterrée vivante.

Nous nous bornerons dans ce chapitre à ces indications très-sommaires, nous réservant d'étudier à fond ce culte mystérieux que nul n'a encore exhumé des vieilles pagodes de l'Inde, lorsque nous aurons à exposer le symbolisme étrange des croyances cosmiques qui ont donné naissance à la vierge Nari.

CHAPITRE VIII.

CÉRÉMONIES, FÊTES, SACRIFICES.

LES GRANDES FÊTES DU CULTE.

Le brahmanisme compte vingt-quatre grandes fêtes obligatoires, pendant lesquelles tout travail, toute affaire sont arrêtées.

Le rajah descend de son trône pour prendre part aux sacrifices, et augmenter par sa présence la solennité des cérémonies.

Les tribunaux suspendent leurs séances.

Les marchands ferment leurs boutiques.

Les agriculteurs abandonnent les travaux des champs.

Les armées en présence font trêve à leurs querelles.

Les esclaves respirent...

De l'Inde entière s'élève un immense cantique à la divinité.

Lorsqu'on étudie ces étranges coutumes en remontant à travers les âges pour en rechercher l'esprit, on comprend que cette multiplicité de fêtes ne fut instituée par les brahmes que comme un moyen de plus d'asseoir solidement leur domination religieuse.

« Une religion, dit Montesquieu, chargée de beaucoup de pratiques attache plus à elle qu'une autre qui l'est moins.

On tient beaucoup aux choses dont on est continuellement occupé, témoin l'obstination tenace des mahométans et des juifs, et la facilité qu'ont de changer de religion les peuples barbares et sauvages, qui, uniquement occupés de chasse ou de guerre, ne se chargent guère de pratiques religieuses. »

(Esprit des Lois, livre XXV, ch. ii.)

« Dépositaires, dit Dubois en parlant des brahmes, d'une religion à laquelle ils assignent une origine qui se perd dans la nuit des temps, ils savent habilement mettre en œuvre les traditions fabuleuses qui leur servent de base, telles que les aventures merveilleuses de leurs dieux, de leurs géants, de leurs anciens rois, les gestes miraculeux de leurs anciens philosophes ; enfin l'esprit de retraite et le recueillement de leurs anachorètes. L'austérité quelque outrée qu'elle soit de leurs pénitents, l'abstinence rigoureuse qu'ils s'imposent à eux-mêmes, leurs jeûnes fréquents, leurs purifications journalières, leurs attentions excessives concernant la propriété extérieure et intérieure, leurs prières, leurs exercices contemplatifs, le secret impénétrable et l'air de mystère qui accompagnent leurs sacrifices et la plupart de leurs cérémonies, les livres sacrés dont ils sont les dépositaires exclusifs ; tout cela concourt à étayer l'empire qu'il leur a été si facile d'acquérir sur les esprits qui paraissent enclins à n'accueillir que ce qui éblouit l'imagination ou choque le sens commun. »

Ceci n'est-il point vrai dans tous les temps et sous toutes les latitudes ?

Voici l'énumération rapide de ces fêtes : 1° l'Ougahdy-poudja (fête) qui tombe à la nouvelle lune de mars, et qui correspond au commencement de l'année. Sacrifices et prières en l'honneur de la trimourty (trinité) créatrice. Bénédiction de l'année qui commence. Dans l'intervalle des cérémonies, les

Indous se font mutuellement des visites accompagnées de présents.

Nos coutumes identiques nous viennent sans aucun doute des émigrations indoues.

2° La Christnasya-poudja, qui tombe fin mars. On honore par des hymnes, des processions et des sacrifices, l'anniversaire de la naissance de Christna, la plus célèbre des incarnations de Vischnou.

3° La Pouléars-tchoutti ou fête des dieux pénates, protecteurs des villes et des villages.

4° L'Ayoudha-poudja, destinée à célébrer Bahvany ou Brahmy, femme de Brahma, Lakmy, femme de Vischnou, et Parvady ou Sakty, femme de Siva, toutes trois protectrices des arts et des sciences.

Dans les traditions populaires cette solennité est appelée Vija-désamy ou fête des armes. Les soldats, les pions armés, les ouvriers en fer et en bois et généralement tous ceux qui travaillent avec des instruments tranchants considèrent cette fête comme étant spécialement celle de leurs castes.

Ces deux dernières poudjas tombent en avril.

5° La Siva-rattry ou nuit de Siva, spécialement dédiée à la troisième personne de la trinité.

6° La Vischnou-rattry, consacrée à la deuxième personne de la trinité.

7° La Brahma-rattry, en l'honneur de Brahma, la première personne de la trinité.

Cette fête n'est plus célébrée qu'à Djaggernat où Brahma a conservé un autel. Le culte spécial de ce dieu a disparu des pagodes de l'Inde, qui ne séparent pas la première personne de la trinité de celle de l'Être irrévélé existant par lui-même.

8° La Swayambouhva-poudja ou fête de *la Grande cause première*, existant par elle-même, germe immortel de tout ce qui existe.

Ces quatre solennités ont lieu en mai et en juin.

9° La Mourta-poudja, anniversaire de la mort de Christna, l'homme-dieu assassiné par les prêtres et déifié ensuite par eux.

10° La Gahoury-poudja, ou fête des dieux domestiques. Les laboureurs réunissent leurs instruments d'agriculture ; le charpentier, ses haches, ses scies et ses rabots ; le maçon, sa truelle et sa règle ; le tailleur, ses ciseaux et ses aiguilles ; le chasseur, ses armes ; le pêcheur, ses filets ; le tisserand, son métier ; l'écrivain, son stylet, etc... ; les femmes, leurs paniers, meules, pilons et ustensiles de ménage, etc..., et le brahme pourohita vient les bénir, et appeler sur eux la protection des dieux domestiques.

Ces fêtes se célèbrent en juillet.

11° Dans les premiers jours d'août a lieu la Dassara-poudja qui met en liesse toutes les écoles de l'Indoustan. Elle dure neuf jours.

Les étudiants, parés avec grâce, parcourent les rues des villages et des villes, chantant de petits poëmes composés pour la circonstance, par eux ou leurs professeurs, et exécutent des danses en frappant, en mesure, sur de petites raquettes. Cet exercice terminé, il est d'usage de faire des cadeaux aux professeurs.

Cette fête est aussi célébrée, comme la leur, par les officiers des armées.

Pour augmenter l'éclat de cette solennité, ies rajahs et les princes ne dédaignent pas de se mêler à l'immense concours de curieux qu'elle attire. Et de toutes parts, dans des lieux destinés à cet usage, s'organisent des jeux dans lesquels les vainqueurs reçoivent des prix proportionnés à leur victoire.

Ces jeux commencent le cinquième jour de la fête, après l'accomplissement des cérémonies religieuses, et durent jusqu'à la fin.

Le premier jour ont lieu des courses à pied ou en chars.

Le second, des luttes d'athlètes, venus des différents pays pour se défier, et qui s'abordent les poings armés de gantelets garnis de tranchants en corne. Entièrement nus, ils se provoquent par des cris et des gestes, s'attaquent avec une fureur extraordinaire, et ne tardent pas à rougir l'arène de leur sang; le combat dure jusqu'à ce qu'un des deux combattants demande merci; il y a souvent mort d'homme des deux côtés.

Le troisième jour, ont lieu les combats contre les animaux; pareils aux gladiateurs romains qui n'ont fait que continuer la tradition asiatique, des hommes à gage, entretenus par les princes, se mesurent avec des tigres, des panthères, des ours, des crocodiles; et tels étaient leur habileté et leur courage, que les traditions antiques sont pleines de leurs exploits victorieux.

Le quatrième jour, les *djttys* se provoquaient à qui supporterait les plus atroces blessures.

Sur le soir du dernier jour de la fête, les princes distribuaient les prix aux vainqueurs.

12º La Divouligay-poudja, ou fête des moissons et du feu. Vischnou, conservateur et protecteur de la nature entière, y était principalement invoqué.

Toutes les pagodes, toutes les maisons particulières étaient illuminées pendant trois jours, et des lampes consacrées étaient suspendues à toutes les colonnes des carrefours.

Pendant la durée de cette fête les cultivateurs se réunissent et font de nombreuses processions, appelant les bénédictions du dieu sur leurs champs ainsi que sur les fruits de la terre, et les temples regorgent de fidèles venant consacrer des lampes à la divinité.

13º Dans le mois de septembre se célébrait la Naga-poudja, dans laquelle les pouléars ou dieux inférieurs, protecteurs des villages, étaient invoqués pour qu'ils eussent à préserver leurs adorateurs des morsures des serpents, si communes pendant la saison chaude.

14° La Sakty-poudja ou fête de la fécondation universelle, que les uns célèbrent en juin et d'autres dans la dernière quinzaine d'août, suivant les latitudes.

Nous avons donné dans notre ouvrage « *Christna et le Christ* », en étudiant le symbolisme indou, la description de cette fête étrange, où toutes les castes et tous les sexes se mélangent dans d'épouvantables orgies dont les saturnales de la Grèce antique ne furent qu'un écho...

15° Au commencement d'octobre avait lieu la fête du Gange, des fleuves et des étangs sacrés, propices aux ablutions.

16° Dans le mois d'octobre était célébrée également la Caly-poudja en l'honneur de Caly, déesse des sacrifices humains. Cette fête, tombée en désuétude plusieurs milliers d'années avant notre ère, est antérieure à la civilisation védique, et n'a subsisté quelque temps pendant cette période que par le sacrifice des esclaves pris à la guerre.

17° La Tibavaly-poudja était l'anniversaire de la victoire remportée par Vischnou sur le génie du mal.

18° La Cartigay-poudja avait été instituée pour célébrer le triomphe des dieux sur les géants qui voulaient envahir le ciel, conduits par Kayamonyasaura, géant à tête d'éléphant. Ces deux dernières fêtes tombaient en novembre.

19° Les premiers jours de décembre voyaient les solennités du Maha-navamy ou fête des morts. Les ancêtres y sont spécialement honorés, et en même temps que des cérémonies continuelles ont lieu dans les temples pendant sept jours, chaque habitant devait accomplir dans sa demeure le sacrifice des ancêtres.

Cette fête que l'on célèbre encore aujourd'hui était tellement obligatoire que suivant un dicton populaire on pouvait vendre *ses enfants* et *sa femme* plutôt que de ne pas l'observer.

20° Venait ensuite la fête destinée à annuler les maléfices des démons pisatchas, rakchasas et autres mauvais génies, et pour cela non-seulement tous les dieux, mais encore tous les demi-dieux, et tous les saints personnages étaient invoqués.

21° Au début de la lune de janvier, on offrait des sacrifices aux pitris ou esprits familiers, sans cesse en communication avec les hommes pour les guider vers le bien.

22° Puis avait lieu le Pongol dont nous parlerons bientôt plus longuement.

23° Ensuite venait la fête des dévas, esprits supérieurs aux pitris, intermédiaires entre la divinité et l'homme, et dont un des rôles consistait à conduire après leur mort les âmes des hommes près du juge des enfers et à les défendre.

24° Enfin avait lieu l'invocation et les sacrifices à Yama, juge des enfers.

La plupart de ces fêtes sont encore en usage aujourd'hui ; mais les solennités ayant suivi la progression des castes, il serait impossible de dénombrer toutes celles que le fanatisme religieux, — la plus triste et la plus dégradante de toutes les folies, — a mis en honneur dans les temps modernes.

On reconnaîtra aisément celles de ces fêtes que le catholicisme a adoptées.

Nous nous sommes borné à indiquer ces solennités religieuses, sans descendre dans le détail de leurs cérémonies. Il en est une cependant qui s'est conservée telle quelle à travers les siècles depuis le dernier pralaya — déluge — et qui à ce titre mérite une description spéciale, nous voulons parler du Pongol.

Nous en extrayons les détails d'un recueil de légendes et traditions religieuses, dû à l'initiative de l'homme de génie qui avait doté la France de l'empire de l'Inde — nous avons nommé Dupleix — et qu'il voulait faire servir aux écoles mixtes qu'il avait fondées dans le but d'amener le mélange des deux races.

— La plus solennelle de toutes les fêtes indoues est celle qui porte le nom de Pongol dans le sud de l'Indoustan, et de Maha-sankranty dans le nord.

Le nom de sankranty est celui qui est donné au premier jour du mois solaire, c'est-à-dire à celui où le soleil passe d'un signe du zodiaque dans l'autre.

Cette fête consacrée à l'apparition du soleil dans un nouveau signe est censée se célébrer au jour anniversaire du dernier déluge.

L'arrivée de cette fête est un signal de réjouissances géné-rales, et les Indous ont deux bonnes raisons pour cela : la première, c'est que le mois qui précède le Pongol et qui est entièrement composé des jours malheureux, est enfin passé ; la seconde, c'est que le mois qui le suit doit être infailliblement composé de jours heureux.

Pendant le mois néfaste, précurseur du Pongol, un san-nyassi — pénitent — s'en va de porte en porte vers les quatre heures du matin, et frappant sur une plaque sonore de bronze, il réveille ceux qui dorment, les avertit de se tenir sur leurs gardes et de prendre les précautions nécessaires contre les influences malignes de ce maudit mois, en apaisant par des adorations et des sacrifices le dieu Siva qui y préside. Dans cette intention, les femmes vont tous les jours à la porte de la maison enduire de fiente de vache un espace de trois pieds carrés, sur lequel elles tracent plusieurs raies blanches avec de la farine de riz ; elles rangent ensuite dans ce carré plusieurs boulettes de fiente de vache ornées chacune d'une fleur de flamboyant — on sait que la fiente de vache est un désinfec-tant des plus énergiques. — Ces boulettes ornées de fleurs sont destinées à chasser les esprits mauvais qui hantent les abords des demeures ; chaque soir elles sont récoltées soigneusement, et on les conserve jusqu'à la fin du mois. Ce jour arrivé, les femmes chargées de cette cérémonie les placent dans une corbeille neuve, et s'en vont, précédées par des instruments de musique et en frappant des mains, les porter hors de leur habitation et les jeter dans un étang ou dans quelque rivière écartée.

Le Pongol ou Maha-sankranty a toujours lieu au solstice d'hiver, époque où le grand astre ayant atteint le terme de sa course vers l'hémisphère austral, se rapproche du sud et revient visiter les peuples de l'Indoustan.

La fête dure trois jours.

Le premier est appelé Boghy-pongol ou fête de joie.

Ce jour-là les parents et amis se visitent, se font des présents mutuels, se donnent des repas, et tout se passe dans les divertissements et les plaisirs.

Le second jour porte le nom de Sourya-pongol — fête du soleil ; — en effet, la solennité de ce jour a pour objet spécial d'honorer cet astre.

Les femmes mariées, après s'être purifiées par des ablutions qu'elles font sans ôter leurs vêtements, et encore toutes mouillées, font cuire, en plein air, du riz dans du lait — souvenir symbolique du premier repas pris par les hommes qui purent échapper à l'envahissement des eaux. Dès que l'ébullition se manifeste, elles se mettent à chanter toutes ensemble : Pongol ! ô Pongol ! — Pongol ! ô Pongol !

Peu après le vase est enlevé de dessus le feu et porté devant la statue de Vischnou-vignessouara, Vischnou-sauveur, à laquelle on offre une partie du riz, et le reste de la nourriture est mangé par les assistants, — souvenir symbolique de la première offrande à la divinité après le pralaya — déluge.

Ce jour-là les Indiens se rendent encore des visites et en s'abordant les paroles qu'ils doivent s'adresser sont celles-ci : — Êtes-vous parvenu à faire du feu ? Votre riz a-t-il bouilli ? A quoi on répond : — Nous avons trouvé du feu, et notre riz a bouilli.

Souvenir symbolique du premier feu allumé, à grand peine, pour faire cuire le riz après le déluge.

Le troisième jour est nommé *Pongol des Bassouvas* (taureaux). Dans un grand vase plein d'eau on met de la poudre de curcuma, des graines de l'arbre appelé paraty et des feuilles de margousier; après avoir bien mêlé le tout ensemble, on en arrose les vaches et les taureaux, en tournant trois fois autour. Tous les hommes de la maison vont se placer successivement vers les quatre points cardinaux et font, quatre fois, le prosternement des six membres appelés sachtangas, devant ces animaux.

On peint de diverses couleurs les cornes des vaches, et on leur met au cou une guirlande de feuillages verts entremêlés de fleurs à laquelle on suspend des gâteaux, des cocos, et autres fruits qui se détachent bientôt par le mouvement brusque de ces animaux, sont ramassés et mangés avec empressement, par la foule, comme quelque chose de sacré. Après avoir conduit les vaches, en troupe, hors de la ville ou du village, on les force à s'enfuir de côté et d'autre, en les effarouchant par le bruit confus d'un grand nombre de tambours et d'instruments bruyants. Ce jour-là, les bêtes peuvent paître partout sans gardien ; et, quelques dégâts qu'elles fassent dans les champs, il n'est pas permis de les en chasser.

Les cérémonies de ce troisième jour sont motivées par une des plus vieilles traditions indoues sur le pralaya.

D'après cette tradition, les hommes échappés au déluge durent leur vie à un troupeau de vaches qui, réfugiées sur les hauteurs de l'Himavat — Himalaya, — pendant et après le grand cataclysme, les nourrirent de leur lait. Et c'est en souvenir de ce service signalé que le troisième jour de la fête du Pongol leur était consacré, et que ces animaux avaient le droit de brouter en liberté dans les champs de riz, de maïs ou de cannes à sucre.

C'est de cette légende également qu'est né le culte du bœuf que nous retrouvons chez tous les peuples anciens, culte tout symbolique destiné à conserver les services du passé et à constater les services présents rendus à l'agriculture par ce précieux animal, et non à le considérer comme un dieu.

Ni l'Inde, ni l'Égypte, ni la Grèce primitive n'ont adoré le bœuf ni aucune autre espèce d'animaux, et les historiens et philosophes catholiques qui continuent à éditer cette pieuse calomnie ne font que se décerner un brevet d'ignorance.

On trouve au cinquième livre du *Prasada* (poëme des poëmes), vaste recueil de traditions antiques, de curieuses explications sur les motifs qui faisaient conserver des animaux dans les pagodes. Le principal était que la plupart des animaux étant assouplis au service de l'homme par la castration, il était nécessaire de ne pas abandonner aux basses castes inintelligentes le soin de choisir et de conserver les plus beaux types destinés à perpétuer la race. Il fut défendu aux soudras de posséder des étalons, ce privilége étant réservé aux pagodes, qui, l'avidité sacerdotale aidant, durent en tirer de gros bénéfices. De là les taureaux Bassouvas, dans l'Inde, et les taureaux Apis, en Égypte, que l'on traite fort à tort de bœufs.

Les anciens avaient un tel mépris pour les eunuques qu'ils n'eussent certainement point infligé cette triste situation à un animal révéré.

Pour l'Inde le fait est certain, il a toute l'authenticité de la tradition *écrite*. Les Bassouvas étaient les taureaux types destinés à la reproduction, et chaque pagode, chaque temple même, dans le plus petit village, en entretenait quelques-uns.

Quant à l'Égypte, si nous n'avons rien de précis sur ce point, tout nous démontre que les hiérophantes n'ont dû changer en rien la tradition apportée de l'Inde par leurs ancêtres.

Nous savons, du reste, aujourd'hui que dans ce pays chaque temple avait également ses taureaux sacrés.

A Memphis, ils s'appelaient Apis.

A Héliopolis, ils recevaient le nom de Mnévis.

A Thèbes, celui d'Onuphis.

De même que l'Inde avait le Pongol des Bassouvas ou fête des taureaux,

L'Égypte avait la fête des Apis, pendant laquelle les taureaux sacrés étaient promenés en grande pompe par les prêtres.

De même que les folies de nos immorales mascarades du moyen âge n'étaient que des souvenirs des saturnales antiques,

De même que toutes les sculptures ithyphalliques, que nous rencontrons dans nos vieilles cathédrales, sont l'œuvre d'ouvriers inconscients qui ciselaient sur la pierre des représentations du linguam indou et du phallus égyptien sans en connaître les symboles,

De même nos promenades de bœufs, accompagnés de divinités mythologiques, ne sont que des dégénérescences des fêtes antiques.

Sans leur avoir donné asile dans leurs temples, les Romains faisaient à tel point cas de ces animaux que, selon l'expression de Columelle, il valait mieux tuer un citoyen qu'un bœuf.

« *Bovis tanta fuit apud antiquos veneratio, ut tam capitale esset bovem occidere quam civem.* »

Les Athéniens furent très-longtemps sans immoler ces animaux dans leurs sacrifices.

Ainsi ce culte et ces fêtes sont le fruit des traditions diluviennes et du souvenir, conservé par l'homme, des immenses services que les bœufs et les vaches leur avaient rendus, soit par leur croît, soit par leur lait, soit par l'aide qu'ils en avaient reçue pour les travaux des champs. Quant à l'asile qui leur était accordé dans les pagodes, il est prouvé que les prêtres étaient guidés en cela par le désir naturel de surveiller la reproduction et la conservation des belles races.

C'est ainsi que tout s'explique par des causes naturelles, dans le passé de l'humanité, quand on veut l'interroger avec les simples lumières de la raison.

On ne se douterait pas de la quantité d'erreurs que notre époque a encore à liquider, pour arriver à une science exacte des civilisations anciennes.

Depuis seize ou dix-huit siècles, tout ce qui pense, tout ce qui écrit, à de rares exceptions près, s'est groupé autour de la Bible et des croyances chrétiennes, avec l'idée préconçue de ne rencontrer plus haut que de ridicules superstitions.

Ainsi c'était un fait acquis, indiscutable, que les Égyptiens adoraient non-seulement des animaux, ibis, crocodiles, serpents, etc… mais encore des légumes, comme l'oignon, l'ail et le poireau ; des fruits, comme la grenade ; des fleurs, comme le lotus, et, à l'heure présente encore, alors que le savant rit tout bas de ces sottes inventions, il semble ne pas se douter que le prêtre catholique les inculque à son fils et lui fausse le jugement sur le véritable esprit des civilisations de l'antiquité. Toutes les générations s'élèvent, l'intelligence farcie de ces absurdités, en faveur desquelles on invoque l'autorité de quelques écrivains latins ou grecs qui n'ont connu l'Égypte que très-superficiellement.

« L'oignon et l'ail, dit l'égyptologue Beauregard, n'ont point été chez les Égyptiens l'objet d'un culte superstitieux.

« C'est plutôt le contraire que l'on est amené à croire quand on considère les faits.

« D'une part, Hérodote, à propos de la construction de la grande pyramide de Giseh, celle de Chéops, rapporte que les légumes — et au nombre de ces légumes figurent les oignons et l'ail, κρόμυα καὶ σκόροδα — dont furent nourris les ouvriers

qui travaillèrent à l'édification de cette pyramide coûtèrent
seize cents talents. D'autre part, nous savons que les Israélites,
devenus esclaves en Égypte, s'y nourrissaient de légumes
parmi lesquels se comptent les *oignons*.

« Or les Égyptiens employaient comme manœuvres leurs
esclaves à l'accomplissement de leurs grands travaux d'édification et de terrassements, et les Israélites furent esclaves
chez les Égyptiens.

« Les esclaves mangeaient donc des oignons et de l'ail, tandis
qu'au contraire les Égyptiens s'abstenaient d'y mordre, comme
le dit Juvénal.

« D'où il faut conclure que les Égyptiens, en s'abstenant de
manger de l'ail et des oignons, avaient pour ces légumes, dont
ils faisaient la nourriture de leurs esclaves, non du respect,
mais du dédain et de l'aversion, parce que l'ail et l'oignon
étaient des aliments grossiers qu'ils regardaient comme indignes d'eux. »

Cette question reçoit un éclaircissement complet si l'on remonte aux coutumes de l'Inde.

Nous voyons dans Manou et au *Brachmanaa-sastra* que
l'usage de l'oignon et de l'ail était défendu aux brahmes sous
les pénalités les plus sévères, à cause de l'impureté de ces
légumes...

Non, ni l'Inde ni l'Égypte n'ont adoré ni des animaux ni des
légumes... et, quelque grossières que fussent les superstitions,
quelque ridicules qu'aient été certaines des cérémonies du culte
vulgaire, elles n'eurent jamais que la divinité pour objet...

CHAPITRE IX.

DES SACRIFICES.

(Victimes humaines.)

Dans le culte élevé, réservé aux brahmes et aux xchatrias (rois), il n'existe qu'un seul sacrifice offert tous les matins au soleil levant, à Swayambhouva, l'Être existant par lui-même. Ce sacrifice est l'image symbolique de la création et de la rédemption, par la grande incarnation de Christna, et se nomme le sarvaméda.

Le culte vulgaire en compte un grand nombre qui diffèrent de mode, selon les dieux et les temples. La plupart de ceux que les vischnouvistes ou sectateurs de la seconde personne de la trinité offrent à leur dieu comprennent les cérémonies suivantes :

1° L'Avahana, qui est l'invocation à la divinité à descendre sur l'autel.

2° L'Hassana ou prière d'écouter favorablement l'hymne qu'on va chanter en son honneur.

3° Le Padia, pendant lequel le prêtre lave les pieds de la statue.

4° L'Arkia ou offrande d'eau de fleurs de safran et de sandal.

5° Le Madou-parka ; le prêtre consacre dans un calice du miel, du sucre et du lait.

6° Le Niveddia, qui se compose du sacrifice des victimes et de la distribution au peuple de petits gâteaux de riz consacré ; cette nourriture céleste doit être reçue à genoux et mangée dans la pagode.

Les seuls animaux immolés aux dieux, pendant le Niveddia, étaient le cheval, le buffle, le bouc, le chevreau, le coq réservé au dieu de la médecine, Varouna, et les jeunes colombes non encore sorties du nid.

DU NARA-MÉDA.

(Sacrifice humain.)

Il est un sacrifice que l'on rencontre au début de toutes les civilisations et qui, quoique abandonné dans l'Inde depuis des milliers d'années, a cependant laissé des traces profondes. soit dans les traditions écrites, soit dans la mémoire des peuples. Nous voulons parler du sacrifice des victimes humaines.

Disons à l'honneur des brahmes qu'ils n'ont jamais consenti à s'en souiller.

A cet effet, les xchatrias entretenaient dans des temples particuliers des prêtres sacrificateurs. Ces misérables, quoique craints, étaient souverainement méprisés de la foule.

Ces sacrifices avaient presque toujours lieu pour expier de grandes fautes, ou au lendemain d'une défaite, pour se rendre propice la sombre déesse Caly, dont les autels devaient toujours être rouges de sang.

Lorsqu'on n'avait pas de prisonniers à immoler, le pourohita du Nara-méda ou grand sacrificateur venait demander au roi de lui désigner la victime. Ce dernier, voulant se décharger de ce choix, remettait à un de ses ministres ou de ses généraux une pierre noire d'une forme particulière portant avec elle sa terrible signification ; ceux-ci, car c'était leur droit, la transmettaient à un officier subalterne qui s'en débarrassait en la donnant à un subordonné, et la pierre voyageait ainsi jusqu'à ce que, arrivée au dernier officier, celui-ci se trouvait forcé d'indiquer une victime. Sitôt que le pourohita était fixé sur le choix, il donnait l'ordre à ses assesseurs d'assommer le malheureux voué à ses coups, ce qui était fait d'ordinaire avant que la victime eût le temps de s'en douter.

Ceci fait, le cadavre était porté chaud encore sur l'autel de Caly où on lui coupait la gorge et, si le sang coulait, c'était signe que le sacrifice avait été agréable à la sombre divinité.

Lorsque le sang refusait de couler, on recommençait sur une nouvelle victime, jusqu'à ce que le phénomène désiré fût accompli.

Les cadavres, après la cérémonie, restaient suspendus autour du temple, si l'on peut appeler ainsi un horrible charnier composé d'une enceinte à ciel ouvert, au milieu de laquelle se trouvait un autel.

On voit encore, sur une montagne du Maïssour, dans le sud de l'Indoustan, un de ces sinistres réduits fameux par les exécutions de ce genre qui y avaient eu lieu autrefois. Nous l'avons visité en 1865. Quatre murailles en briques noircies par le temps, d'une hauteur de deux mètres environ, entouraient une large pierre supportée par de grossières assises, et c'était là tout le monument ; dans l'herbe, et au milieu des lianes qui avaient envahi l'intérieur, on distinguait quelques blocs de granit sans forme qui passaient, dans la croyance du pays, pour les restes de la statue de Caly. Lorsque, six ans plus tard, nous nous trouvâmes en présence du maraë d'Opoa, dans l'île de Raïatea, en Océanie, il nous sembla que nous revoyions le sombre réduit du Maïssour... et quel ne fut pas notre étonnement, ayant demandé au naturel qui nous accom-

pagnait quel était l'usage de ce monument, d'apprendre qu'on
y immolait des hommes à Oro, le plus grand des dieux de la
Polynésie...

Nous verrons bientôt que là ne s'arrête pas la similitude
des coutumes.

CHAPITRE X.

DÉVAS, PITRIS, POULÉARS.

PISATCHAS, ESPRITS MAUVAIS, MAGIE, SORCELLERIE, MAUVAIS ŒIL.

Les dévas étaient des esprits supérieurs, mandataires directs de la divinité, dont le principal emploi était de conduire des âmes et de les défendre auprès de Yama, juge des enfers. Les pitris ou esprits familiers, sans cesse en communication avec les hommes, leur inspiraient l'amour du bien. Les pouléars protégeaient les villages, les champs, les bornes des héritages, préservaient leurs sectateurs des mauvaises rencontres la nuit sur les routes et dans les bois. Ces trois ordres de divinités protectrices se réunissaient, en outre, dans le but commun de défendre les hommes contre la malice des boutams, des pisatchas, des nagas, des rakchasas et autres esprits infernaux dont l'air et la terre étaient infestés.

Ces bons et ces mauvais génies, constamment aux prises les uns avec les autres, symbolisent la lutte du bien et du mal. Chaque village, chaque maison avaient les leurs, et tout événement heureux ou malheureux était invariablement attribué aux esprits bons ou mauvais.

Malheur à celui qui partait en voyage sans avoir, par de pieux sacrifices, obtenu qu'un des pitris familiers de sa caste l'accompagnât : son corps était exposé à devenir le lieu de rendez-vous de tous les esprits errants, de tous les diablotins qu'il viendrait à rencontrer. Et une fois un corps possédé par eux, ce n'était que par les exorcismes les plus coûteux, les mentrams les plus énergiques, et des présents considérables faits aux temples, qu'on parvenait à les faire changer d'hôtellerie.

Les sannyassis (pénitents, anachorètes), en le rencontrant sans *ange gardien*, pouvaient, par des invocations, se débarrasser sur lui comme sur un bouc émissaire de toutes leurs souillures.

Il pouvait être également victime à chaque pas des conjurations des sorciers.

« La magie, dit Dubois, semble avoir établi son lieu de prédilection dans la presqu'île de l'Indoustan. »

Ce pays, en effet, n'a rien à envier sous ce rapport à l'antique Thessalie, ni à cette Colchide rendue si fameuse par les enchantements de Circé et de Médée.

Rien n'est attribué dans l'Inde à des causes naturelles, et il n'est pas de sortilége ou de maléfices dont les Indous ne croient les enchanteurs capables.

Contradictions, contre-temps, événements malheureux, maladies, morts prématurées, stérilité des femmes, fausses couches, épizooties, tous les fléaux enfin auxquels l'humanité se trouve en butte, sont toujours imputés aux pratiques occultes ou diaboliques de quelque méchant enchanteur soudoyé par un ennemi.

Si un Indien, au moment où il est affligé d'un revers, est en mésintelligence avec quelque personne, c'est sur elle que portent à l'instant ses soupçons, c'est elle qu'il accuse d'avoir eu recours à des procédés magiques pour lui nuire. Mais celle-ci ne supporte jamais une pareille imputation. Les esprits s'aigrissent, la discorde gagne les parents et les amis, et les suites de ce démêlé deviennent parfois très-sérieuses.

Plusieurs milliers d'années de despotisme sacerdotal, de superstitions et d'ignorance habilement entretenues dans le peuple ont porté la crédulité à sa dernière période. Aussi rencontre-t-on à chaque pas des troupes de devins et de sorciers débitant à tout venant leurs oracles, et qui, moyennant salaire, déroulent aux yeux du riche comme du pauvre les secrets de leur destinée. Ce genre-là n'est point très-redouté.

Mais il en est d'autres dont l'art diabolique ne conçoit point de bornes, et qui sont initiés à tous les mystères de la magie.

Inspirer l'amour ou la haine, envoyer le diable dans le corps de quelqu'un ou l'en chasser, faire mourir subitement un ennemi, lui procurer une infirmité incurable, faire naître des maladies contagieuses parmi le bétail ou l'en garantir, découvrir les choses les plus secrètes, les objets volés ou perdus, etc..., tout cela n'est qu'un jeu pour eux.

La vue seule d'un homme qui passe pour être doué d'une si vaste puissance inspire la plus profonde terreur aux Indous.

Ces docteurs en magie sont souvent consultés par des personnes qui ont des ennemis dont elles désirent se venger en employant la voie des maléfices : d'un autre côté, tel qui attribue à une cause de cette nature la maladie dont il est affecté, va invoquer le secours de leur art pour qu'ils l'en délivrent par un contre-charme, et fassent retomber son mal sur ceux qui le lui ont si méchamment causé.

Les Indous ont plusieurs livres qui traitent ex professo de toutes ces conjurations magiques. Le principal et le plus ancien est le quatrième véda, l'*Atharva-véda*, dans lequel on prête aux cérémonies et aux prières le pouvoir de faire descendre les dieux dans les temples, sur l'autel, dans la nourriture consacrée. Cette faiblesse crédule se rencontre dans toutes les religions.

Quelques brahmes s'occupent encore de magie de nos jours,

ils voilent cependant tout ce qui pourrait les faire soupçonner
d'être initiés aux ténébreuses opérations des sorciers qui partout sont craints et détestés.

Il est réel cependant que les conjurations occultes occupent
une des premières places dans le tableau des sciences dont
les brahmes se disent les héritiers exclusifs. Leurs ancêtres,
on n'en saurait douter, les cultivèrent de temps immémorial,
et il n'est pas probable que leurs successeurs aient renoncé à
cette source si abondante de bénéfices.

Plusieurs brahmes, dans chaque village, malgré les précautions dont ils s'entourent, et qui ne sont sans doute prises que
pour se faire payer plus cher, sont connus pour avoir fait une
étude particulière des sciences mystérieuses.

Au reste, les sacrifices et les prières de tous les prêtres, dans
tous les temps et dans tous les lieux, avec les effets merveilleux qu'ils sont censés produire, le pouvoir qu'on leur attribue
de remettre les fautes, de guérir les malades et d'avoir Dieu à
leur dévotion pour lui faire accomplir toutes sortes de miracles... ne sont que des espèces de conjurations magiques
qui ne valent guère mieux que celles de Circé, de Médée et des
sorciers indous, et ne témoignent guère d'un état social
avancé.

Il existe un livre indou sur la matière, lequel est peu connu
des indianistes, l'*Agrouchada-Parikchai*, et dont l'extrait
suivant ne paraîtra pas dénué d'intérêt à ceux qui aiment à méditer sur les aberrations humaines et les folies sacerdotales.

L'auteur examine d'abord jusqu'où peut s'étendre le pouvoir
du magicien. Ce pouvoir est immense, il est le dispensateur
du bien et du mal, mais, par une sorte d'entraînement, il fait
plutôt le mal que le bien.

Rien ne lui est plus facile que d'envoyer au premier venu la
fièvre, l'hydropisie, l'épilepsie, la folie, un tremblement ner-
veux continuel, tous les maux enfin. Mais ce n'est rien encore,

son art peut aller jusqu'à causer la destruction entière d'une armée qui assiége une ville, ou la mort soudaine du commandant d'une ville assiégée et de tous les habitants.

Mais si la magie enseigne les moyens de faire le mal, elle enseigne aussi ceux d'y remédier. Il n'est pas de magicien si madré qui n'en trouve de plus madrés encore, qui détruisent les effets de ses charmes et en font retomber tout le poids sur lui ou sur ses clients.

Indépendamment de leur intervention directe, les magiciens ont une ample collection d'amulettes, de talismans, préservatifs efficaces contre les sortiléges et les maléfices, et dont ils font sous lucre un fort grand débit.

Ce sont des grains de verre enchantés par des mentrams (prières), des racines et des herbes aromatiques desséchées, des feuilles de cuivre sur lesquelles sont gravés des caractères cabalistiques, des mots baroques, des figures bizarres. Les Indous en portent toujours sur eux, et munis de telles reliques ils se croient à l'abri de toutes sortes de maux.

Les secrets pour inspirer l'amour, rallumer les passions qui menacent de s'éteindre, rendre la vigueur aux affaiblis, sont aussi du ressort des adeptes de la magie, et ce n'est pas la branche la moins lucrative de leurs spéculations. C'est toujours à eux que s'adresse une femme qui veut ramener son mari infidèle ou empêcher qu'il ne le devienne ; c'est à l'aide de philtres qu'il compose qu'un jeune libertin ou une femme galante cherche à séduire ou à captiver l'objet de sa passion.

« Ce n'est pas sans quelque surprise, continue Dubois, que j'ai vu ce livre faire mention des *Incubes*.

« Ces démons de l'Inde sont beaucoup plus diables encore que ceux dont parle le jésuite Delrio dans ses *Disquisitiones magicæ*. Par la violence et la continuité de leurs étreintes, ils fatiguent tellement les femmes qu'ils visitent la nuit sous la forme d'un chien, d'un tigre, ou de quelque autre animal, que ces malheureuses meurent de lassitude et d'épuisement. »

Notre auteur parle longuement des moyens propres à enchanter les armes.

Les effets que ces armes sur lesquelles ont été prononcés les mentrams magiques ont la vertu de produire, ne le cèdent en rien à ceux de la fameuse épée de Durandal et de la lance d'Argail qui jadis mirent à mal tant de mécréants. Les dieux indous et les géants, dans les guerres qu'ils soutiennent entre eux, ne se servent que de ces armes enchantées.

Rien ne saurait se comparer par exemple à la *Flèche de Brahma,* qui ne fut jamais décochée sans détruire une armée entière; à la *Flèche du serpent Capel* qui, lancée au milieu des ennemis, a la vertu de les faire tomber tous en léthargie, ce qui, comme on le pense bien, contribue singulièrement à ce qu'on ait bon marché d'eux.

Il n'est point de secret que la magie n'enseigne ; il y en a pour acquérir des richesses et des honneurs, pour rendre fécondes les femmes stériles, pour découvrir, en se frottant les mains et les yeux avec certaines mixtions enchantées, les trésors enfouis dans la terre ou cachés quelque part que ce soit ; pour se rendre invulnérable et même terrible dans les combats, au moyen de quelques ossements qu'on porte sur soi. La seule chose qu'on n'y trouve pas exposée aussi clairement que les autres, c'est le moyen de ne pas mourir, et cependant qui sait combien d'alchimistes ont pâli dans les cryptes des pagodes, et combien de philtres étranges ils ont composés pour arriver à surprendre le secret de se rendre immortel !

Ce n'est pas en faisant un pacte avec le diable, ainsi qu'on le racontait naguère de nos sorciers d'Europe, que les magiciens indous deviennent capables d'opérer tant de prodiges. Il suffit pour rendre un Indou expert en magie qu'il ait reçu du

gourou — professeur — l'initiation obligée aux sciences surnaturelles; mais aussi par contre, si ce dernier le guide, lui
communique son pouvoir, à son tour il lui doit obéissance.

Le pouvoir du gourou est immense. Si un dieu, un démon,
un esprit dédaignait d'écouter un nouvel initié, celui-ci n'aurait alors pour être obéi à la minute qu'à répéter une seconde
fois l'injonction au nom de son gourou.

Brahma, Vischnou, Siva, c'est-à-dire les trois personnes de
la trimourty, sont elles-mêmes soumises au commandement
des magiciens.

Il y a cependant certaines divinités qu'ils évoquent de pré-
férence. Au premier rang sont les planètes : le nom de graha,
sous lequel elles sont désignées, signifie l'*action de saisir*,
c'est-à-dire de s'emparer de ceux qu'une conjuration magique
leur enjoint d'aller tourmenter. Viennent ensuite les boutams
ou démons qui représentent chacun un principe de destruction; les pisatchas, rakchasas, nagas et autres esprits malfaisants ; les chaktys, génies femelles qui violentent les hommes qu'ils rencontrent la nuit; Kaly, déesse du sang, et
Marana-Dévy, déesse de la mort.

Pour mettre tous ces esprits en action, le magicien a recours à diverses opérations mystérieuses, à des mentrams, à
des sacrifices et à des formules différentes. Il doit être nu s'il
s'adresse aux déesses et vêtu modestement s'il s'adresse aux
dieux.

Les fleurs qu'il offre à la divinité qu'il évoque doivent être
rouges, le riz bouilli teint du sang d'une jeune fille vierge ou
d'un enfant lorsqu'il s'agit de causer la mort.

Les mentrams ou prières ont en matière magique une telle
efficacité, elles exercent un tel ascendant sur les dieux, même
du premier ordre, que ceux-ci ne sauraient se dispenser de
faire dans le ciel, dans l'air et sur la terre, tout ce que le magicien ordonne.

Mais ceux dont l'effet est décisif et irrésistible, ce sont les mentrams dits fondamentaux, et qui consistent en divers monosyllabes baroques, d'un son étrange et difficiles à prononcer, dans le genre de ceux-ci :

H'hom, h'rhom, sh'hrum, sho'rhim.

Quelquefois le magicien récite ses mentrams d'un ton respectueux, terminant toutes ses invocations par le mot namaha — salut respectueux — et comblant d'éloge le dieu qu'il évoque. D'autres fois, il lui parle d'un ton impérieux et s'écrie avec l'accent de la colère :

— Si tu es disposé à faire ce que je te demande, cela suffit : sinon, je te l'ordonne au nom de tel dieu! Sur quoi le dieu est obligé de s'exécuter.

On ne saurait énumérer les drogues, les ingrédients et les ustensiles qui composent l'attirail d'un magicien. Il y a tels maléfices, pour lesquels il lui faut employer des os de soixante-quatre animaux différents, ni plus ni moins; et parmi ces os d'animaux sont compris ceux d'un homme né le premier jour d'une nouvelle lune, ou d'une femme, ou d'une vierge, ou d'un enfant, ou d'un pariah, etc. Si tous ces ossements mêlés ensemble, enchantés par des mentrams et consacrés par des sacrifices, sont enterrés dans la maison ou à la porte de son ennemi, une nuit propice pour cela d'après l'inspection des étoiles, la mort de cet ennemi s'ensuivra infailliblement.

De même si le magicien, dans le silence de la nuit, enfouit ces os aux quatre points cardinaux d'un camp ennemi, et se retirant ensuite à distance prononce sept fois le *mentram de la déroute*, toutes les troupes que le camp renferme périront entièrement, ou se dissiperont d'elles-mêmes avant que sept jours se soient écoulés.

Trente-deux armes enchantées auxquelles on a offert en sacrifice une victime humaine jettent dans une armée assiégeante une terreur telle que cent assiégés lui paraissent comme mille.

En pétrissant de la terre tirée des soixante-quatre endroits les plus sales — nous nous dispensons de suivre l'auteur indou dans l'énumération à laquelle il se livre à ce sujet, — avec des cheveux et des rognures d'ongles de son ennemi, on fait de petites figurines, sur la poitrine desquelles on écrit le nom de celui dont on veut se venger, on prononce sur elles des paroles et des mentrams magiques, on les consacre par des sacrifices, et tout cela n'est pas plutôt achevé que les génies des grahas ou planètes vont saisir la personne à qui l'on en veut et lui font subir mille maux.

On perce quelquefois ces figures d'outre en outre avec une alêne, ou on les estropie de diverses manières, dans l'intention de tuer ou d'estropier en réalité celui qui est l'objet de la vengeance.

Soixante-quatre racines de diverses plantes des espèces les plus malfaisantes sont connues des magiciens, et à l'aide de leurs préparations impies deviennent des armes puissantes pour porter à la sourdine des coups funestes aux personnes que l'on hait.

Cependant notre auteur déclare qu'il s'en faut de beaucoup que le métier de magicien soit sans danger ; les dieux et les génies bons ou mauvais sont vindicatifs et ils n'obéissent pas sans un peu de mauvaise humeur aux injonctions qu'un misérable mortel leur fait ; il arrive souvent qu'ils le punissent fort cruellement des manières brutales dont il use en les commandant.

Malheur à lui s'il commet la plus petite erreur, la plus légère omission dans les innombrables cérémonies qu'il est obligé de faire ! Il voit sur-le-champ pleuvoir sur lui tout le mal qu'il prétendait faire aux autres.

Il doit aussi redouter sans cesse, paraît-il, que des confrères plus habiles que lui ne parviennent par des contre-charmes à faire retomber sur sa tête ou sur celle de ses clients tout le poids de ses propres malédictions...

Toutes ces croyances superstitieuses existent encore dans l'Inde, et la plupart des pagodes possèdent des charmeurs et des magiciens dont on vient louer les offices, ni plus ni moins que ceux des fakirs pour l'accomplissement d'un vœu.

Tantôt il s'agit de débarrasser une femme des embrassements nocturnes d'un incube. Tantôt il faut rendre à un homme la puissance virile qu'un sort jeté par un magicien ennemi lui a fait perdre.

D'autres fois ce sont les troupeaux décimés par les maléfices qu'il faut mettre à l'abri de ces funestes influences...

De temps en temps, de pagodes à pagodes, pour entretenir le public dans ces *saines* croyances, on voit ces sinistres jongleurs se porter des défis et entrer en lice en présence de témoins et d'arbitres appelés à décider lequel des deux champions est le plus habile dans son art.

La lutte consiste à s'emparer d'une fétu de paille, d'une petite baguette ou d'une pièce de monnaie enchantée.

Les antagonistes, placés tous deux à égale distance de l'objet, font mine de s'en rapprocher, mais les mentrams qu'ils prononcent, les évocations qu'ils font, les poussières enchantées qu'ils se jettent réciproquement ont la vertu de les arrêter l'un et l'autre, une force invisible et irrésistible semble les repousser ; ils essayent de nouveau d'avancer, mais ils reculent... ils redoublent d'efforts... des mouvements convulsifs les agitent ; ils suent à grosses gouttes, crachent le sang. Enfin l'un des deux vient à bout de se saisir de la chose enchantée, et il est déclaré vainqueur.

Quelquefois aussi il arrive que l'un des combattants est renversé par la force des mentrams de son adversaire. Alors il se roule par terre comme un démoniaque, et reste ensuite quelque temps immobile, paraissant avoir perdu connaissance.

A la fin, il recouvre l'usage de ses sens, se lève dans un état apparent de fatigue et d'épuisement, et semble se retirer couvert de confusion et de honte. Il rentre à la pagode et ne reparaît pas de quelque temps; une grave maladie est censée être la suite des efforts incroyables quoique impuissants qu'il a faits.

Il est certain que ces pitoyables farces sont concertées d'avance entre les prêtres des deux pagodes rivales et les charlatans qui les jouent, et que les victoires sont attribuées aux uns et aux autres à tour de rôle. Mais la foule qui assiste à ces spectacles et les paye grassement, remplie de crainte et d'admiration pour ces sorciers, est fermement persuadée que leurs grimaces sont dues à des causes surnaturelles.

Il est un fait qu'il faut constater, c'est que ces hommes remplissent leurs rôles avec une vérité d'expression extraordinaire, et que sur le terrain du magnétisme pur ils sont arrivés à produire *réellement* des phénomènes dont on ne se doute même pas en Europe.

Il existe aussi dans l'Inde un autre genre d'ensorcellement appelé drichty-dotcha ou *sort jeté par les yeux*. Tous les êtres animés, toutes les plantes, tous les fruits y sont sujets. C'est pour l'éloigner qu'on a coutume de dresser dans les jardins et dans les champs cultivés une perche à la cime de laquelle on attache un grand vase de terre bien blanchi à l'extérieur avec de la chaux. Cet appareil a pour but d'attirer comme l'objet le plus apparent les regards de tout passant malintentionné et d'empêcher par là qu'il ne les porte sur les productions de la terre qui en ressentiraient à coup sûr quelque méchant effet.

Nous avons peu vu de champs de riz à Ceylan et dans l'Indoustan qui ne possédassent un ou deux de ces contre-charmes.

Les Indous sont sur ce point d'une telle crédulité, qu'ils

s'imaginent à chaque acte de leur vie même le plus indifférent, à chaque pas qu'ils font, avoir reçu d'un voisin, d'un
passant, d'un parent même, le drichty-dotcha. Rien en apparence ne fait connaître les gens qui possèdent ce don funeste
du mauvais œil, ceux qui l'ont souvent ne s'en doutent même
pas, aussi tout Indou fait-il accomplir sur lui, sur sa famille,
sur ses champs et sa maison plusieurs fois par jour la cérémonie de l'aratty, qui a été inventée pour déjouer tous les maléfices provenant de la fascination des yeux.

L'aratty est une des pratiques publiques et privées les plus
usuelles, on peut l'élever à la hauteur d'une coutume nationale tellement elle est particulière à toutes les provinces ; ce
sont les femmes qui l'accomplissent, et toutes y sont aptes,
excepté les veuves qui ne sont jamais admises dans aucunes
des cérémonies domestiques ; leur seule présence porte malheur. Voici comment se fait cette cérémonie :

Dans un plat de métal on place une lampe garnie avec de
l'huile parfumée de sandal, on l'allume, et une des femmes de
la maison, lorsque son père, son mari, ou tout autre membre
de sa famille rentre de dehors, prend le plat, l'élève à la hauteur de la tête de celui qui est l'objet de la cérémonie, et décrit
avec ce plat trois ou sept cercles, suivant l'âge ou la qualité de
la personne.

Au lieu d'une lampe allumée, on se sert aussi souvent d'un
vase contenant de l'eau parfumée avec du safran et du sandal,
rougie avec du vermillon, et consacrée par l'immersion de
quelques tiges de l'herbe divine du *cousa*.

L'aratty se fait publiquement et plusieurs fois par jour sur
les personnes de distinction, telles que les rajahs, les gouver-
neurs de province, les généraux d'armée, et autres personnes
d'un rang élevé ; c'est une cérémonie à laquelle les courtisans
sont conviés comme à l'ancien lever des monarques. Les deux
coutumes se valent par le ridicule, et d'après ce que nous en

avons pu voir dans certaines provinces du Décan où les Anglais laissent encore subsister quelque fantôme de rajah, les courtisans de ce pays sont aussi bas, aussi rampants que les nôtres. Cette caste qui paye son parasitisme, et les faveurs dont elle jouit, par le sacrifice de toute conscience et de toute dignité, est la même partout... Nous devons cependant dire, en l'honneur des courtisans indous, qu'ils n'ont jamais fait de leurs femmes ni de leurs filles les maîtresses de leurs rajahs.

En général même, tout Indou de caste rougirait de devoir sa fortune au déshonneur de sa femme...

Toutes les fois que les gens de condition princière ont été obligés de se présenter en public ou de parler à des étrangers, ils ne manquent jamais, en rentrant dans leurs palais, d'appeler leurs femmes ou les devadassi — bayadères — du temple voisin pour faire accomplir cette cérémonie sur eux, et prévenir par là les suites dangereuses des funestes coups d'œil auxquels ils se sont trouvés exposés. Souvent même, ils ont à leurs gages des filles destinées à cet effet.

Lorsque vous entrez dans une maison indoue, si vous y êtes considéré comme un visiteur de distinction, le chef de famille vous fait faire l'*aratty* par les jeunes filles.

Cette cérémonie se fait aussi pour les statues des dieux.

Lorsque les danseuses des temples ont terminé leurs autres cérémonies, elles ne manquent jamais de faire deux ou trois fois l'aratty sur les dieux au service desquels elles sont consacrées.

Cela se pratique aussi avec plus de solennité lorsque ces statues ont été portées en procession par les rues, afin de détourner les malignes influences des regards, aux atteintes desquelles les dieux ne peuvent pas plus se soustraire que les simples mortels.

Enfin on fait également l'aratty sur les éléphants, les chevaux, les animaux domestiques, et surtout sur les taureaux sacrés, parfois même sur les champs et les riz en vert...

Nous nous sommes un peu étendu sur toutes ces matières, qui ont trait aux sciences occultes, à la magie, la sorcellerie, le mauvais œil, car rien ne saurait mieux prouver l'origine asiatique de la plupart des nations de l'Europe, que le détail de ces bizarres coutumes identiques à celles que nous rencontrons sur notre sol, et que nos traditions historiques furent impuissantes à nous expliquer, jusqu'au jour où nous avons découvert notre filiation indoue. Tout le moyen âge a cru aux succubes et aux incubes, au pouvoir des formules magiques, aux sorciers et au mauvais œil. Et, plus près de nous, qui ne se souvient de ces fanatiques ligueurs qui poussèrent la superstition jusqu'à faire faire de petites images de cire qui représentaient Henri III et le roi de Navarre ?

Ils perçaient ces images en différents endroits pendant quarante jours, et le quarantième, il les frappaient au cœur, se persuadant que par là ils feraient mourir les princes dont elles étaient le simulacre. Ce genre de pratiques était si peu isolé, qu'en 1571 un prétendu sorcier, du nom de Trois-Échelles, qui fut exécuté en place de Grève, avait déclaré dans ses interrogatoires qu'il existait en France plus de trois cent mille personnes qui faisaient le même métier que lui, et qu'il n'était femmes de cour, de bourgeois et de manants, qui n'eussent recours aux magiciens surtout pour affaires d'amour.

Il n'y a pas deux siècles que l'on brûlait encore les sorciers, et l'on reste confondu devant certaines sentences, rendues par des magistrats dont la France s'honore, sentences qui, sur de simples accusations de magie, vouaient au supplice du feu de pauvres diables de charlatans, coupables tout au plus d'avoir escroqué quelques *sols*, avec leurs manœuvres plus ridicules que nuisibles.

Ces sentences ne se comprennent que par la croyance des magistrats eux-mêmes au pouvoir occulte des sorciers.

Nous avons fait heureusement quelques progrès depuis.

Du jour où nous avons secoué le joug du prêtre romain, le bon sens, la conscience et la raison ont retrouvé leur empire. Et alors que notre ancêtre l'Indou, encore livré aux brahmes et aux charmeurs, s'endort dans son immobilité et sa décrépitude, nous marchons, nous! à grands pas dans la voie du progrès scientifique et de la liberté intellectuelle.

Le prêtre et le sorcier se rencontrent toujours dans la même couche de charlatanisme social. Ce qui prouve qu'ils sont le produit des mêmes causes superstitieuses.

Il n'est pas sans intérêt de remarquer que les Romains tenaient également de leurs ancêtres indous des croyances semblables.

On sait ce qu'Ovide dit de Médée la magicienne:

> Per tumulos errat, — passis discincta capillis,
> Certaque de trepidis colligit ossa rogis,
> Devovet absentes, simulacraque cerea fingit
> Et miserum tenues in jecur urget acus.

Horace parle également de deux magiciennes, Canidie et Sagana , qui avaient également dans leur appareil magique deux figures, l'une de laine, l'autre de cire.

> . . . . Major
> Lanea, quæ pœnis compesceret inferiorem :
> Cerea suppliciter stabat, servilibus, utque
> Jam peritura, modis.

Seulement on doit avouer que le chantre de Lydie ne prenait guère au sérieux ces charmeresses, quand on songe à l'aide de quel bruit... *proh pudor!*... il les fait mettre en fuite par le dieu des jardins qu'elles ennuyaient de leurs enchantements.

Horace n'aurait certainement pas envoyé ses deux sorcières au bûcher.

Ces idées sur les influences visuelles existaient aussi chez les anciens Romains, comme l'atteste entre autres ce vers de Virgile :

Nescio quis teneros oculus mihi fascinat agnos.

Ils avaient leur dieu Fascinus, et des amulettes du même nom destinés à préserver les enfants des maléfices de ce genre ; la statue de ce même dieu, suspendue sur le char des triomphateurs, les protégeait contre les atteintes des regards de l'envie...

Nous allons bientôt retrouver les mêmes traditions dans les îles reculées de la Polynésie.

CHAPITRE XI.

LES ANIMAUX SACRÉS.

Un jour que nous demandions à un brahme de la grande pagode de Villenoor les motifs de la vénération profonde que tout Indou professe pour le singe Anouma,

Il nous répondit :

« Anouma fut, avec une armée de singes, l'utile allié de Rama dans la guerre de Ceylan, la foule voit en lui un envoyé de Vischnou, et l'honoré pour cela. Mais les pundits, les brahmes savants, les prêtres, tout en admirant les beautés du *Ramayana*, la plus grande de nos épopées nationales, ne prennent point dans leur sens exact et littéral ses symboliques allégories.

« Partisans de la doctrine du divin Manou, qui place les germes de la vie dans l'eau, et fait procéder tous les êtres les uns des autres par des modifications et des transformations successives, nous voyons dans le singe la transformation immédiate qui a précédé la nôtre, et nous honorons en lui le plus rapproché de nos ancêtres dans l'ordre des modifications naturelles. »

Certains anthropologistes qui, pour avoir délayé les théories de Lamarck et Darwin, et s'être faits les serviteurs très-

humbles de la sélection naturelle, s'imaginent avoir créé une
nouvelle école scientifique, s'étonneront peut-être de voir
l'Inde en possession de ces opinions depuis Manou, c'est-à-
dire depuis quinze à vingt mille ans.

Nous les prions de relire avec nous les slocas suivants de
cet antique législateur.

« Au moyen des particules subtiles de l'intelligence et de la
conscience, unies aux principes des cinq éléments matériels,
ont été formés tous les êtres périssables de cet univers, émanation de l'impérissable source.

*
* *

« Chacun de ces éléments acquiert en se développant les
qualités de celui qui le précède, de sorte que plus un être
est éloigné dans la série, et plus il a de qualités. »

(MANOU, livre I, *slocas* 19 et 20.)

« Ayant résolu dans sa pensée de faire émaner de sa substance toutes les créatures, il produisit d'abord les eaux, dans
lesquelles il déposa un germe. »

(MANOU, livre I, *sloca* 8.)

« ...... L'eau s'élève vers le soleil en vapeur, du soleil elle
redescend en pluie, de la pluie naissent les végétaux, et des
végétaux les animaux. »

(MANOU, livre III, *sloca* 76.)

Les croyances sur la métempsycose que l'Inde a transmises
à l'Égypte et à la Grèce ne sont que le produit de ces théories
scientifiques transportées dans le domaine religieux.

L'homme parti de la goutte d'eau et parcourant tous les
degrés intermédiaires pour remonter progressivement jusqu'à

l'Être le plus parfait, peut redescendre dans les séries déjà parcourues à titre de châtiment, et voir ainsi interrompre pour un temps sa marche ascensionnelle. Plus le crime à expier est grand, et plus basse est la série dans laquelle on retourne. Telle est la théorie religieuse.

C'est ainsi que les croyances et les mystères mythologiques doivent s'expliquer. Presque toujours une idée scientifique se cache sous le langage allégorique et le symbolisme des anciens.

Disons en passant que dans l'Inde, les nombreux partisans des créations naturelles, par transformations progressives, ne cherchent pas, comme leurs confrères d'Europe, une espèce intermédiaire entre le singe et l'homme. Pour eux la transformation immédiatement supérieure à celle du singe est celle de l'homme.

Aussi haut que l'on puisse remonter dans les traditions nuageuses des Indous, depuis les vestiges diluviens jusqu'à nos jours, on remarque chez ces peuples un extraordinaire respect de la vie à tous les degrés de l'échelle des êtres. La fourmi et le ciron sont aussi protégés contre la destruction que le bœuf ou l'éléphant, et dans l'Inde entière on rencontre des hôpitaux spécialement destinés à soigner des animaux malades.

Les écrivains catholiques ont beau ridiculiser ces coutumes, il y a là une pensée éminemment élevée et philosophique, et l'on ne peut s'empêcher de se demander si ce respect peut-être exagéré de toutes les forces de la nature, de toutes les manifestations de la vie, ne vaut pas mieux, en somme, que l'indifférence avec laquelle, sous d'autres latitudes, l'homme massacre tout ce qui l'entoure.

Nous ne faisons pas de *sensiblerie* ridicule, nous sommes des carnivores... Soit. Subissons la nécessité, si tant il est que la nécessité soit démontrée, mais n'allons pas plus loin... Tuons pour vivre ou nous défendre... Mais ne tuons pas pour nous amuser.

Lorsque les Indous apprennent, soit par les récits que leur font les voyageurs, soit par des extraits de journaux d'Europe qu'ils lisent dans leurs propres feuilles, que l'élite de notre société n'a pas de passe-temps plus délicat que de se réunir pour tuer de pauvres pigeons mis en cage à cet effet, et lâchés devant le fusil, et que des prix sont ensuite distribués à ceux qui en ont le plus massacré, ils sont saisis d'une horreur profonde pour ces gentlemen gantés qui n'ont rien de mieux à faire dans la vie que de tuer *bêtement*, inutilement, d'inoffensifs volatiles...

Il est temps qu'on n'aille plus répétant, dans un intérêt de secte, que les Indous ont adoré des animaux. Les Indous, pas plus que les Égyptiens et les Grecs, n'ont été les esclaves de ces ridicules superstitions, ils n'ont fait que respecter la vie dans ses nombreuses manifestations, et les Indous plus que tous les autres, car les traditions qu'ils avaient transmises aux autres peuples ont été en s'affaiblissant à mesure qu'elles s'éloignaient de leur foyer générateur.

Si quelques animaux ont été particulièrement vénérés dans l'Inde, ce n'est pas à titre de divinités, mais en raison des services qu'ils rendaient.

Nous avons vu que les Bassouvas ou taureaux passaient dans la légende pour avoir nourri les hommes qui avaient échappé au dernier déluge. En mémoire de ce fait, et des services qu'ils rendent à l'agriculture, taureaux et génisses sont sacrés dans l'Inde, ils meurent de vieillesse, sans qu'on cherche jamais, par des moyens détournés, à abréger leur existence.

Dès qu'un taureau ne peut plus travailler et qu'une vache ne donne plus de lait, on leur ouvre la porte de l'étable, et on les met en liberté en leur imprimant de certains signes sur les hanches.

A partir de ce moment, l'animal vit sur la communauté, il se promène à droite et à gauche dans les champs, broutant

d'ici et de là, sans que personne lui dise jamais rien, il est
sacré. C'est tout au plus si un Indou, voyant deux ou trois de
ces animaux paître son riz en vert, se décidera à les repousser
tout doucement hors de son champ, et, s'il le fait, il conduira
ses hôtes dans une parcelle de terre non cultivée et où ils
auront de l'herbe fraîche jusqu'au ventre. Il en est de même
pour l'oiseau garouda (aigle du Malabar), et une foule d'autres
oiseaux de proie, qui sont les véritables voyers de l'Inde et
débarrassent la terre de tous les cadavres d'animaux de toutes
espèces qui, sans eux couvriraient le pays d'exhalaisons pesti-
lentielles.

Les brahmes, pour protéger ces oiseaux contre l'ignorance
de la plèbe, les ont voués, les uns à Vischnou, les autres à
Siva, etc... et la mesure est tellement utile, que les ordon-
nances de police sur les territoires anglais et français dans
l'Inde frappent d'une amende de cinq à vingt-cinq francs tout
fait de destruction d'un de ces oiseaux

Comme on le voit, les bœufs, les milans, les vautours, et
autres animaux sculptés sur les pagodes étaient respectés dans
un but d'utilité, et nullement parce qu'on voyait en eux des
dieux. Nous ne les protégeons plus par l'idée religieuse, mais
nous les protégeons; aussi la seule différence qu'il y ait entre
les deux modes, c'est que nous avons remplacé l'arrêté sacerdotal par l'arrêté de police, et le prêtre par le gendarme.

D'autres animaux étaient encore particulièrement aimés,
en raison de certaines qualités ou vertus qu'ils semblaient per-
sonnifier en eux.

Ainsi l'éléphant était le symbole de l'affection et de la recon-
naissance.

Le chien celui de la fidélité.

La colombe celui des chastes amours.

Le lion du courage.

Le chameau de la patience.

L'âne de la sobriété, etc...

Comme nous vivons avec tous ces restes-là...

Jusqu'à notre époque le culte des animaux adorés comme des dieux par l'antiquité était chose indiscutable, la science en avait démontré l'existence par la philologie, l'architecture et les traditions mythologiques; cette bonne science avait été plus loin, elle avait décerné les honneurs du panthéon même aux produits potagers... Il est curieux de remarquer avec quelle facilité les siècles qui se succèdent décernent des brevets d'ignorance et de stupidité aux siècles qui les ont précédés, et combien les esprits sages et indépendants qui étudient sans systèmes préconçus ont peu d'influence contre les préjugés scientifiques — les plus terribles de tous les préjugés parce qu'ils sont raisonnés.

Le culte des animaux est une invention de la science catholique.

Que dans les castes infimes, que chez les pariahs, que dans le menu peuple d'Égypte on ait pu rencontrer quelques pauvres abrutis n'ayant pas une idée très-nette des motifs qui les forçaient à respecter certains animaux, nous l'admettrons sans peine, mais de là à s'imaginer qu'ils avaient en face d'eux des esprits supérieurs, nous pensons qu'il y a loin, et que semblables croyances n'ont jamais existé.

Au surplus, il ne faut pas plus juger du niveau intellectuel et moral des sociétés anciennes par quelques fanatiques imbéciles, esclaves des brahmes et des hiérophantes, qu'il faudrait juger de nos sociétés modernes par les pauvres diables qui croient encore aux sorciers, aux diseurs de bonne aventure, aux jettatores et aux miracles de Lourdes.

Que de systèmes échafaudés sur un lambeau d'inscription ou un bas-relief mutilé ! chaque savant se croit obligé d'émettre une opinion différente de celles de ses collègues; on écrit des volumes sur quatre lignes de cunéiformes, des brochures sur les Accades et les Summériens, et la science officielle se forme de préjugés et de luttes personnelles...

Nous trouvons, dans un des livres les plus érudits de ce temps, *les Divinités égyptiennes*, de Beauregard, la plus sensée de toutes les satires contre ces archéologues qui refont toute une civilisation à leur manière à l'aide d'emblèmes, de devises mystiques et de lambeaux d'inscriptions.

L'auteur suppose que cinq à six mille ans de poussière et d'oubli aient passé sur nos civilisations actuelles. Seuls quelques monuments sont restés debout au milieu de déserts inhabités. Un archéologue du temps découvre le bas-relief du tympan de la partie principale de Notre-Dame de Paris. Ce bas-relief est une allégorie de la résurrection et du jugement dernier. Suivant M. Beauregard, notre homme enverra forcément le rapport suivant à une académie quelconque de son pays :

« Le peuple de ces contrées de l'extrême Occident, qui, à en juger par les restes de ses monuments historiques, paraît avoir fait une certaine figure dans le monde, les Français enfin, ont cru qu'après leur mort ils ressusciteraient dans leur propre corps et que pour juger du mérite de chacun d'eux et les récompenser en conséquence, leur dieu ou un de ses agents les passe un à un sur une balance ; que, suivant les résultats qu'accuse cet instrument, ceux qu'il a indiqués comme bons ont pour récompense la liberté de s'aller promener à leur aise avec les génies du bien, que les Français croyaient être perpétuellement jeunes, de bonne tenue, d'agréable figure, et portant des ailes au dos. — Les mauvais au contraire sont d'après les mêmes croyances attachés pour être emmenés je ne sais où, aux anneaux nombreux d'une chaîne sans fin que traînent après eux les génies du mal, représentés avec des ailes de chauves-souris, au dos une queue de bouc, des cornes au front, une figure aux yeux écarquillés, au rire sauvage et des griffes aux pieds et aux mains.

« Chez les Français, cette croyance est absolue ; pour eux la vie future est tout entière dans les idées exprimées à ce bas-relief ; c'est à n'en pas douter, car cette même pensée se trouve assez exactement répétée, sans variante bien sensible, dans leurs temples principaux, soit en sculpture, soit en peinture.

« Les Français adoraient, sous les traits d'une femme généralement belle, une divinité dont les fonctions ne nous ont pas paru bien définies dans leur mythologie, à en juger par les appellations multiples et fréquemment contradictoires qu'ils lui donnent, et dans ce dernier cas sans avoir égard à la parfaite identité des figures.

« C'est ainsi que nous trouvons des statues de la madone, les mêmes exactement, trait pour trait, désignées par les dénominations si opposées de *Notre-Dame des Neiges*, *Notre-Dame des Flammes*, *Notre-Dame des Flots*, *Notre-Dame des Grèves*, *Notre-Dame des Bons Secours*, *Notre-Dame des Tempêtes...*

« Sous cette dernière dénomination, aurait-elle donc été la patronne de cette classe d'affreux industriels qui sur les bords de la mer spéculent sur les épaves des navires naufragés ?

« Il semble en tout cas que les Français ont regardé la madone comme un intermédiaire à tout usage entre eux et un être supérieur que, dans leur manie des appellations heurtées, ils nomment *dieu bon*, *dieu terrible*, *dieu de paix*, *dieu des armées...*

« Quant à l'apothéose de la madone qu'ils appellent aussi *Notre-Dame, Marie, tour de David, tour d'ivoire, maison d'or, rose mystique, étoile du matin, porte du ciel, miroir de justice, etc...* nous n'en avons pas bien saisi les causes.

« Les Français la représentaient parfois dans un rôle de

mère ; elle tient alors, sur ses genoux ou dans ses bras, un enfant bien venant — son fils sans doute — qui porte un globe dans la main et qui a la tête ceinte de rayons.

« A voir la tête de cet enfant ainsi ceinte de rayons, on juge aisément qu'il est le dieu de la jeunesse, et qu'il a pour symbole le soleil levant.

« Dans son ensemble, ce groupe gracieux pourrait être considéré comme *un emblème fort attrayant de la génération*, mais on trouve cette même image sans exception dans les niches de *spacieuses maisons* indiquées par quelques inscriptions, comme ayant renfermé spécialement, les unes une *classe de femmes qui faisaient le vœu aujourd'hui homicide de n'être jamais mères; les autres une classe d'hommes qui jouaient aux* eunuques, ce qui chez nous est un crime de lèse-nation.

« Nous ne pouvons donc pas expliquer d'une manière précise le symbolisme de cette idole des anciens Français dans le cas spécial de ce groupe.

« D'autres fois la madone est vue vaguant dans l'espace, soutenue par des génies qui ne sont le plus souvent que des faces bouffies emmanchées de petites ailes ; elle doit être alors considérée comme une divinité de l'air.

« Elle est encore représentée debout, posée sur un croissant de la lune, porté par des nuages. La madone étend vers la terre ses mains ouvertes, les extrémités de ses doigts sont radiées. En ce cas elle est bien certainement l'emblème de la lune, distribuant sa lumière aux hommes, et nous avons trouvé, en effet, parmi ses nombreuses qualifications, celle-ci : *Pulchra quam luna*, belle comme la lune.

« Le culte de cette idole paraît avoir été très répandu. »

Tout ce passage de M. Beauregard est un chef-d'œuvre de bon sens, qui va droit à l'adresse de toutes ces exhumations de sociétés antiques, faites à l'aide de nos préjugés et de nos superstitions dans un esprit de caste scientifique ou de secte religieuse, qui éternisent les points de vue faux et les erreurs d'appréciation.

C'est ainsi que longtemps l'Égypte a été étudiée, ainsi que, malheureusement, on étudie encore l'Inde.

Il n'y a rien sous ce symbolisme, disent les uns ; naturalisme grossier, exclament les autres.

Chaque secte se ligue à l'envi pour faire prédominer son système.

Et certains anthropologistes modernes ne pardonnent pas plus à l'indianiste de retrouver dans Manou les lois et les principes dont ils s'attribuent la découverte...

Que les chrétiens romains, anglicans ou presbytériens ne lui pardonnent de retrouver dans le brahmanisme leurs mystères, leurs incarnations et leur morale. Intolérance scientifique ou religieuse est tout un. Mais les uns n'effaceront pas ces paroles de Manou sur la sélection naturelle, paroles que nous ne saurions trop répéter.

« ... L'eau s'élève vers le soleil en vapeurs, du soleil elle descend en pluie, de la pluie naissent les végétaux, et des végétaux les créatures.

*
* *

« Chacun de ces êtres acquiert, en se développant, la qualité de celui qui le précède, de sorte que plus un être est éloigné dans la série, et plus il a de qualités. »

Et les autres ne feront pas que le plus antique législateur de l'Indoustan et du monde ancien n'ait conçu sur Swayambouhva, la Grande Cause première, les plus sublimes spéculations, et qu'il n'ait, dans les cinq lignes suivantes, résumé si bien toute la morale humaine, que les siècles et les civilisations se sont succédé sans y avoir ajouté rien :

« La résignation,— *l'action de rendre le bien pour le mal,* — la tempérance, — la probité, — la pureté, —la répression des sens, — la connaissance des sastras,— celle de l'Ame suprême, — la véracité, — l'abstinence de la colère.— Telles sont les dix vertus en quoi consiste le devoir. »

Ils ne feront pas, que ces deux grandes écoles : celle de la nature, c'est-à-dire de la science, qui n'admet que des causes naturelles et des modifications successives, et celle de la foi spiritualiste qui pose comme axiomes : un Dieu acteur immédiat et l'homme l'immortel comme *âme et matière,* ne soient en présence depuis quinze à vingt mille ans dans l'Inde, et qu'elles n'aient agité, dans tous les sens, armées de toutes les hypothèses naturelles ou psychologiques, le mystérieux problème de la vie et de la mort, que toutes deux ont résolu, dans un sens différent, par ce même mot :

TRANSFORMATION.

Tout le respect de l'Inde antique pour les animaux est contenu dans ce mot.

Et maintenant, messieurs des deux camps, continuez à prétendre que l'"Inde a adoré le singe et le bœuf.

CHAPITRE XII.

DES PLANTES SACRÉES.

Une foule de plantes et de fleurs de l'Indoustan sont douées de propriétés médicinales. Au fur et à mesure que la science ou l'usage les faisait découvrir, elles étaient, comme les animaux utiles, placées sous la protection d'une divinité spéciale.

Quelques-unes, particulièrement odoriférantes, étaient employées pour la consécration de l'eau lustrale ou *eau bénite*, ainsi que dans les autres cérémonies du culte.

Il en était d'autres, douées de propriétés désinfectantes, dont l'usage dans l'intérieur des demeures était prescrit comme agréable aux pitris — dieux pénates — et aux mânes des ancêtres ; moyens habiles, employés par la religion et la science pour forcer le bas peuple, maintenu systématiquement dans l'abrutissement le plus complet, à respecter des prescriptions sanitaires et hygiéniques dont il se fût fort peu inquiété si elles n'eussent été placées sous la sauvegarde de l'idée religieuse.

Quelques-unes de ces plantes, comme le toulochy, le cousa et l'herbe darba, sont plus spécialement réservées aux cérémonies du culte et à l'usage des brahmes. On s'en sert concurremment avec la myrrhe et l'encens.

Le toulochy est un basilic des Indes, très-parfumé. Ses feuilles ont une saveur suave et aromatique, elles sont fortifiantes et cordiales et aussi prisées en médecine que pour le service de l'autel.

Les brahmes ont l'habitude de dire en parlant de cette plante :

« *Toulochy-toulana-nasty, ala-ébatoulochy.*

« Il n'y a rien sur la terre qui égale les vertus du toulo-chy. »

Lorsqu'un prêtre ou quelque personnage de haute caste sont à l'agonie, on va chercher une de ces plantes ; on la place sur un piédestal, et, après l'avoir aspergée d'eau lustrale, on en sépare les branches que l'on distribue sur leur poitrine, de chaque côté de la tête, et avec le dernier rameau qui lui reste, le brahme qui accomplit la cérémonie fait une aspersion générale d'eau lustrale sur le corps du mourant.

Celui qui a reçu ce dernier sanscara (sacrement) peut mourir dans la ferme conviction qu'il ira droit au swarga.

Le peuple s'imagine que cette plante merveilleuse, dès qu'elle a été consacrée dans le temple, suffit pour éloigner de sa demeure les fâcheux accidents, les malheurs imprévus et les maladies.

Aussi, dans le mois de cartica — novembre — qui est employé par les prêtres à les bénir, chaque jour la piété des fidèles emplit-elle les pagodes de ces plantes.

Il est des gens qui en font d'abondantes provisions et qui en trafiquent dans le courant de l'année. Il est certain que l'usage catholique du buis bénit vient de cette coutume indoue.

On ne peut pas plus accuser de fétichisme les Indous, à cause de leur vénération pour le basilic, qu'on n'en accuse les catholiques pour leurs croyances superstitieuses aux vertus du buis bénit.

Basilic et buis se valent.

CHAPITRE XIII.

ARASSA-MARAM.

(L'arbre de la science)

Tous les arbres dont le feuillage vaste et touffu procure de l'ombre et de la fraîcheur, biens inestimables sous les chaudes latitudes de l'Indoustan, sont mis, dans l'intérêt de leur conservation, sous la protection particulière des dieux.

Mais il est un arbre particulièrement révéré, l'arassa-maram — ficus indica ou banian, — dont la légende va nous fournir l'explication d'une des traditions les plus obscures des mythologies anciennes, et que l'on retrouve, grossièrement défigurée, dans les premiers chapitres de la Genèse hébraïque.

Tout Indou professe pour le banian un respect mystérieux ; en abattre un serait un énorme sacrilége. Dans une de ses nombreuses incarnations, Vischnou se serait reposé sous cet arbre, et aurait enseigné à l'illustre pénitent Vasichta les premiers principes de philosophie, de morale et d'astronomie. De là les noms qu'on lui donne communément *d'arbre de Vischnou, d'arbre de la science, d'arbre de la vie, d'arbre de l'immortalité...*

Toutes les pagodes de l'Inde sont environnées de banians centenaires, sous lesquels les brahmes gourous — professeurs

— donnent, à l'image du dieu, leurs enseignements religieux et scientifiques, auxquels il est défendu à la plèbe d'assister.

Le seul droit de venir s'asseoir sous l'arassa-maram et de suivre les leçons qui s'y faisaient conférait, à celui qui obtenait cette faveur, les premiers grades de l'initiation.

Cet arbre était donc le symbole de la science et de l'initiation sacerdotale. Les brahmes avaient accrédité cette croyance, que dans le feuillage de l'arbre sacré veillait constamment une troupe de dévas (anges), dont la mission était de frapper de mort tout individu des castes inférieures qui tenterait de s'en approcher.

En face de ces traditions de l'Inde qui ont précédé de plusieurs milliers d'années la loi mosaïque, que dire des passages suivants de la Genèse du *Pentateuque?*

« L'Éternel Dieu avait aussi planté un jardin en Éden, du côté de l'Orient, et il y avait mis l'homme qu'il avait formé.

« Et l'Éternel Dieu avait fait germer de la terre tout arbre désirable à la vue et bon à manger, et l'arbre de vie au milieu du jardin, et l'arbre de la *science* du bien et du mal.

« L'Éternel Dieu prit donc l'homme et le plaça dans le jardin d'Éden pour le cultiver et pour le garder.

« Puis l'Éternel Dieu commanda à l'homme, disant : Tu mangeras librement de tout arbre du jardin.

« Toutefois, pour ce qui est de l'arbre de la connaissance du bien et du mal, tu n'en mangeras point, car au jour que tu en mangeras tu mourras de mort...

« Or le serpent était le plus fin de tous les animaux des champs que l'Éternel Dieu avait faits, et il dit à la femme : Quoi! Dieu aurait-il dit : Vous ne mangerez point de tout arbre du jardin?

« Et la femme répondit au serpent : Nous mangeons de tous les arbres du jardin.

« Mais quant au fruit de l'arbre qui est au milieu du jardin, Dieu a dit : Vous n'en mangerez point, et vous ne le toucherez point de peur que vous ne mouriez.

« Alors le serpent dit à la femme : Vous ne mourrez nullement.

« Mais Dieu sait qu'au jour que vous en mangerez vos yeux seront ouverts, et vous aurez la science des dieux, connaissant le bien et le mal.

« La femme donc, voyant que le fruit de l'arbre était bon à manger, et qu'il était agréable à la vue, et que cet arbre était désirable pour donner de la science, en prit du fruit et en mangea et en donna à son mari qui était avec elle, et il en mangea . . . .

. . . .

« Et l'Éternel Dieu dit : Voici l'homme devenu comme l'un de nous, sachant le bien et le mal. Mais maintenant il faut prendre garde qu'il n'avance sa main et ne prenne aussi de l'arbre de vie et qu'il n'en mange et ne vive à toujours.

« Et l'Éternel le fit sortir du jardin d'Éden pour labourer la terre, de laquelle il avait été pris.

« Ainsi il chassa l'homme, et il logea des chérubins vers l'orient du jardin d'Éden avec une lame d'épée de feu, qui se tournait çà et là pour garder le chemin de l'arbre de la vie... »

Pour tout esprit indépendant, qui, au lieu de courber sa raison devant les superstitions sacerdotales, recherche les réalités que peuvent cacher les allégories religieuses, il est clair que le rédacteur du *Pentateuque* n'a fait que récolter, dans ce récit fantastique, la vieille légende de l'Inde de l'arassa-maram, l'arbre de la vie, de la science et de l'immortalité, auquel les basses castes, c'est-à-dire la plèbe, ne pouvaient toucher par ordre de Dieu, de peur qu'elles ne devinssent par la *science* égales aux castes supérieures.

Ce que le serpent promet à Ève, c'est que la *nourriture de l'arbre de vie l'égalera aux dieux.*

Ce qui fait succomber Ève, c'est que cet arbre *était désirable pour donner la science.*

Ce qui irrite l'Éternel Dieu, *c'est que l'homme est devenu semblable aux dieux,* « *voici que l'homme est devenu comme l'un de nous* » et il le chasse parce qu'il y a urgence de l'empêcher de porter la main sur l'arbre de vie qui donne l'immortalité.

Si ce récit n'est pas un écho des traditions de l'Indoustan que nous venons de faire connaître, traditions qui symbolisent la lutte éternelle des basses castes qui veulent *s'élever et savoir,* et des classes dirigeantes qui veulent *perpétuer leur domination par l'ignorance...* ce n'est qu'une fable ridicule, plus attentatoire encore à la dignité de la Grande Cause suprême qu'à celle de l'homme.

Au surplus, nous avons déjà eu l'occasion de démontrer trop souvent que la Bible n'est qu'une copie mal faite des ouvrages sacrés de l'extrême Orient, pour que nous insistions de nouveau sur cette question, surtout à propos d'un passage où l'imitation ne saurait être mise en doute.

Les Grecs, ces héritiers directs du génie indou, qui peuplèrent leur panthéon des dieux de la mère patrie, qui embellirent leur mythologie de toutes les fables dont ils avaient gardé la tradition, mais sans leur accorder, en sceptiques qu'ils étaient, plus d'importance qu'à des machines poétiques, ont enregistré une légende identique sur l'arbre aux pommes d'or du jardin des Hespérides.

On sait que ces fruits miraculeux, placés sous la garde d'un dragon à cent têtes, furent ravis par Hercule, sur l'ordre d'Eurysthée.

Nous venons de dire que les Grecs riaient volontiers de ces allégories et des merveilleux travaux de leurs dieux. Notre science officielle, celle qui élève nos enfants, leur forme l'intelligence et la raison, n'en est pas encore là.

Ouvrez ces mille et un livres, autorisés pour l'enseignement de la jeunesse... Partout vous verrez le mythe de la pomme d'Éden enseigné avec une gravité sans pareille... l'auteur ne rit même pas entre les lignes... Et quant au jardin des Hespérides, les *savants* nous apprennent que l'on n'est pas bien d'accord sur le lieu où il était situé. Les uns le placent en Mauritanie ou en Cyrénaïque, les autres en Espagne ou dans les îles Fortunées...

Allons, messieurs les classiques, ajoutez donc à votre collection l'arbre de Vischnou.

Risum teneatis...

Oui! comme on rira dans quelques siècles...

CHAPITRE XIV.

LES FORMULES SACRÉES.

(Pratista.)

Tout ce qui devait servir au culte des dieux et au service des pagodes était soumis à des formules de consécration particulières, appelées pratista. Dès qu'un objet avait été touché par cette consécration, il appartenait en propre aux dieux, c'est-à-dire aux prêtres leurs ministres. Si les instruments ordinaires du culte étaient souillés par un contact étranger, ils devaient être détruits par le feu et remplacés. Si la souillure avait atteint une pagode, une maison, un champ, il fallait procéder immédiatement à des cérémonies de purification interminables et très-coûteuses, suivies d'une nouvelle pratista (consécration).

Inutile de dire que ces frais de purification, qui consistaient principalement en présents de toutes espèces aux brahmes et aux dieux, étaient à la charge de celui qui par son contact avait causé la souillure.

Le culte romain, en s'appropriant la plupart des croyances, cérémonies et sacrements brahmaniques, a soustrait également ment ses instruments religieux au contact du vulgaire par la consécration. Toute souillure de ce fait oblige à une purification, et les objets hors de service sont, ni plus ni moins que dans les pagodes, anéantis par le feu.

Primitivement, les brahmes se servaient habilement de leurs formules de consécration pour augmenter le nombre des propriétés affectées à leur entretien et à celui des pagodes.

Un beau jour, par ordre de Vischnou ou de tout autre dieu, ils s'en allaient en grande pompe placer le pratista (consécration) sur un champ; ils faisaient graver sur les bornes le chiffre du dieu, et tant que la consécration n'était pas levée, les produits du champ appartenaient au temple.

Pour faire lever ce pratista, les Indous étaient obligés de faire des cadeaux et de payer à Vischnou ou à Siva une somme en rapport avec leur fortune et la valeur de l'objet consacré.

Tous les objets qui venaient à toucher les statues des dieux, soit par mégarde, soit par la volonté de leur propriétaire, étaient immédiatement considérés comme sacrés, et appartenaient de droit aux brahmes. Aussi ces derniers ne manquaient-ils jamais, dans leurs processions religieuses, de laisser choir quelques statues le long des rizières les plus cultivées et les mieux à leur convenance, qui par ce fait recevaient le *pratista* et devenaient leur propriété.

D'ordinaire ils consentaient à lever la consécration moyennant des offrandes considérables au dieu que l'on dépossédait, mais seulement après la recette.

Depuis les invasions musulmanes et européennes, ces coutumes ont disparu en partie. Les conquérants nouveaux s'étant attribué, comme les anciens rajahs, la nue propriété du sol, ont entouré l'usufruit des Indous de certaines protections, sans lesquelles ils n'eussent pu récolter l'impôt.

Ce charlatanisme brahmanique est, par lui-même, peu intéressant à étudier; sous une forme ou sous une autre, *consé-*

cration ou *vente d'indulgences* ne sont que l'exploitation du travail par l'oisiveté, et nous n'eussions point consacré ces quelques lignes au pratista indou s'il n'eût entretenu les rapports les plus étroits avec le *tabou* océanien. Ce point est d'un haut intérêt ethnographique à constater.

CHAPITRE XV.

TRADITIONS CIVILES.

LE LIVRE DES ROIS ET DES JUGES DU MANAVA - DHARMA - SASTRA

De la possibilité de reconstituer le *Vriddha-Manava*

ou ancien Manou.

L'illustre indianiste anglais William Jones, le premier qui ait appelé l'attention du monde savant sur les vieilles civilisations de l'Inde, et révélé le samscrit, cette langue merveilleuse des brahmes, dans sa traduction de Manou, cite le passage suivant de Narada, un des plus anciens jurisconsultes de l'Inde.

« Manou ayant écrit les lois de Brahma en cent mille slocas ou distiques, arrangés en vingt-quatre chefs, ou mille chapitres, donna l'ouvrage à Narada, le sage parmi les sages, qui l'abrégea pour l'usage du genre humain en douze mille vers, qu'il donna à un fils de Brighou nommé Soumati, lequel, pour la plus grande facilité de la race humaine, les réduisit à quatre mille. Les mortels ne lisent que le second abrégé fait par Soumati, tandis que les esprits du ciel inférieurs et les musiciens célestes étudient le code primitif. »

Puisque les lois de Manou, ajoute William Jones, telles que nous les possédons, ne comprennent que deux mille six cent quatre-vingt-cinq slocas, elles ne peuvent pas représenter l'ouvrage entier attribué à Soumati, qui est probablement celui qu'on désigne sous le nom de *Vriddha-Manava* (ancien Manou) et qu'on n'a pu encore retrouver en entier, quoique plusieurs passages de ce code, qui ont été conservés par la tradition, soient cités dans le nouveau *Digeste*.

Lorsque nous commençâmes à Pondichéry nos études sur l'Inde ancienne, sous la direction des pundits ou brahmes savants des pagodes, un de nos plus ardents désirs fut de récolter par leurs soins tous les textes de l'ancien Manou, conservés par la tradition ou épars dans les milliers de manuscrits que l'Inde possède sur la législation, et de tenter la reconstitution de ce curieux ouvrage.

Nos tentatives n'ont pas été couronnées d'un succès complet, cependant l'abondance de notre moisson nous a conduit à croire à la possibilité de cette *reconstitution*.

Combien avons-nous mis de siècles pour apprécier sous leur véritable jour les civilisations de l'Égypte et de la Grèce! On ne les a bien comprises que le jour où on est allé les étudier sur le sol où elles se sont développées. Le passé ne livre tous ses secrets qu'en allant les lui demander là où il fut le présent... Les ruines ont un langage qui nous initie. Il faut s'asseoir au penchant des coteaux, ou dans la plaine sablonneuse, sur les tronçons de colonne à demi enfouis dans le sol, soulever le bras brisé d'une cariatide couchée dans les hautes herbes comme dans un linceul, faire parler les traditions par les mille voix de la sculpture, des hymnes religieux, des chants populaires, et des coutumes qui les conservent pour comprendre combien il est impossible de faire de l'indianisme d'intuition sur les rives de la Seine...

Nous allons donner la traduction du *Livre des Rois* et des *Juges* du *Manava-Dharma-Sastra*. Nous ne pourrons y ajouter à notre grand regret tous les passages du *Vriddha-Manava* que nous tenons de nos propres recherches, mais surtout et pour la plus grande partie de la complaisance de notre professeur le brahme Tamasatchari, du district de Villenoor. Cette étude nous entraînerait trop loin de notre sujet.

Cette traduction a été faite également sous sa savante direction.

Le texte suivi est celui de la pagode de Villenoor.

Nos lecteurs vont retrouver là tous les principes du droit de Justinien et des législations modernes, depuis les temps barbares jusqu'à nos jours, du jugement de Dieu et de la torture aux progrès réalisés par la révolution de 89. Droit ancien, droit moderne ont leurs origines dans Manou, et à part les points particuliers qui tiennent à la rigueur et à la barbarie des peines que nous n'avons pas toutes abandonnées, au côté religieux et aux divisions de castes de la civilisation indoue, les prescriptions législatives qu'on va lire pourraient dans leurs parties purement civiles former un des titres de notre code.

LIVRE DES ROIS ET DES JUGES DU MANAVA-DHARMA-SASTRA

Avec les fragments du *Vriddha-Manava*.

« Lorsque le roi doit examiner les affaires judiciaires, qu'il se rende au lieu de justice dans un maintien grave et réservé, en compagnie de brahmes savants dans la loi, et de conseillers expérimentés.

*
* *

« Assis ou debout, levant la main droite à la manière des dieux, et sévèrement vêtu, qu'il étudie les affaires soumises à son jugement.

*
* *

« Qu'il examine tous les jours chacune à tour de rôle et décide par les coutumes particulières à chaque lieu et par le code des lois.

9

* *

« Les différentes causes qui font surgir les contestations ordinaires des hommes sont rangées sous ces dix-huit titres :

* *

« La dette, — le dépôt, — la vente, — la cession d'un objet sans droit, — les sociétés commerciales, — le non-payement du gage et du salaire,

* *

« Le refus d'exécution des conventions, — l'annulation d'une vente ou d'un achat, la répétition d'une chose donnée, — les discussions entre maîtres et salariés,

* *

« Les lois sur les limites des héritages, — les mauvais traitements et les injures, — le vol, — le brigandage et les violences, l'adultère.

* *

« Les devoirs de la femme et de l'homme dans le mariage, — le partage des successions, — le jeu et les combats d'animaux, le pari.

* *

« Toutes les causes de discussion des hommes peuvent rentrer sous ces titres principaux. Que le roi juge ces affaires en n'ayant égard qu'à l'éternelle justice.

* *

« Si le roi désire ne pas rendre la justice lui-même, qu'il délègue un brahme savant dans la loi pour le remplacer.

***

« Le brahme ne peut rendre de sentence sur les affaires soumises à la justice du roi qu'accompagné de trois assesseurs. Qu'ils siégent au lieu de justice assis ou debout.

***

« Quel que soit le lieu où siégent trois brahmes connaissant le véda, présidé par un brahme délégué du roi, cette assemblée est appelée par les pundits le tribunal de Brahma.

***

« Lorsque la justice lésée par l'injustice se présente devant ce tribunal, si les brahmes ne pansent point sa blessure, ils sont considérés comme l'ayant faite eux-mêmes.

***

« Que celui qui n'est point mû par l'amour de la vérité fuie les abords du tribunal, de même celui qui se tait quand il sait; car celui qui ne parle pas, sachant, est aussi coupable que celui qui ment.

***

« Partout où le mal triomphe du bien, et le faux du vrai, sans que les juges y portent remède, ces derniers doivent être chassés.

***

« La justice punit quand on lui porte atteinte, mais elle protége quand on la respecte. Il faut se garder de blesser la justice de peur d'être frappé par elle.

***

« Le symbole de la justice est le taureau, celui qui lui

manque reçoit des pundits le nom d'ennemi du taureau. Ne manquez donc pas à la justice.

« La justice est le seul bien qui accompagne l'âme des hommes après la mort, tous les autres sont détruits avec le corps.

« Quand la sentence injuste est rendue, une part égale dans l'action mauvaise revient à tous ceux qui y ont pris part, celle des parties qui a trompé, les faux témoins, les juges et le roi.

« Quand la sentence est juste, le roi est glorifié, les juges sont honorés, le coupable seul supporte sa faute.

« A défaut d'un brahme, le prince peut choisir pour le remplacer un xchatria ou un vaysia, recommandables par leur savoir, mais jamais un homme de la classe servile.

« Si un roi permettait à un esclave de rendre des sentences, son royaume serait dans la même situation qu'une vache dans un bourbier.

« Un pays dépourvu de brahmes et habité seulement par des esclaves et des athées, serait bientôt détruit par la famine et les plus affreuses maladies.

Placé sur un siége convenable, simplement vêtu, et après

avoir rendu hommage aux dieux, que le juge prête son attention aux causes portées devant lui.

« Sans considérer ce qui peut être profitable ou nuisible à
tel ou tel; qu'il ne s'applique qu'à reconnaître ce qui est légal
ou illégal, et qu'il décide des causes suivant les droits de chaque
partie.

« Qu'il étudie les secrètes pensées de ceux qui se présentent
devant lui, par les inflexions de la parole, les regards, les
gestes, le maintien et les signes du visage. L'extérieur est le
miroir de l'intérieur.

« L'héritage des orphelins est sous la garde du roi, jusqu'à
ce qu'ils soient sortis de l'enfance, et aient acquis la libre dis-
position de leurs biens.

« La même protection s'étend sur des femmes privées d'enfants par stérilité, sur celles qui n'ont pu se marier pour cause
d'infirmités, sur celles dont le mari est absent et qui sont de
bonne conduite.

« Quiconque, même les parents, qui cherche à spolier ces
femmes de ce qui leur est dû légitimement, doit être traité
comme un voleur.

« Lorsqu'un objet perdu n'est pas réclamé, il doit être annoncé et conservé en dépôt par les gens au service du roi pendant trois ans. Si après trois ans le propriétaire n'est pas venu

le reprendre, l'objet accroît au domaine du roi, s'il a été trouvé par lui ou des gens de sa maison.

***

« Si quelqu'un dit : l'objet annoncé est à moi, il faut qu'il décrive l'objet, en indique la valeur, et nomme le jour et le lieu où il l'a perdu pour qu'il rentre en possession.

***

« Celui qui n'indique pas le jour, le lieu où il a perdu l'objet, ainsi que sa forme et sa valeur, doit être condamné à une amende égale à ce qu'il réclame indûment.

***

« Suivant le temps de garde et pour les dépenses occasionnées, les gens du roi peuvent prélever sur l'objet réclamé le douzième, le dixième, le huitième et le sixième de la valeur, mais jamais plus.

***

« Si l'objet perdu, et confié à la garde de gens commis par le roi, est volé par eux, qu'on les fasse fouler aux pieds par un éléphant.

***

« Si l'objet perdu a été trouvé par une personne autre que celles attachées au roi, après trois années, l'objet est partagé entre cette personne et le roi.

***

« Lorsqu'un brahme découvre un trésor, qu'il le prenne et le garde en entier, car il est le seigneur de tout ce qui existe.

*
* *

« Si le roi trouve un trésor lui-même, qu'il le partage avec les brahmes.

*
* *

« Le roi, parce qu'il commande à la terre, a droit à la moitié de tous les trésors et de tous les métaux qu'elle recèle dans son sein.

*
* *

« Mais si un bien est enlevé par des voleurs, sous peine d'être voleur lui-même, le roi, qui a pu le faire restituer, doit le rendre à son maître, à quelque caste qu'il appartienne.

*
* *

« Un roi juste, après avoir examiné le droit des différentes castes, des provinces, des familles, et des compagnies de marchands, doit faire des lois conformes à ces droits et à l'écriture révélée.

*
* *

« Les hommes qui obéissent aux lois et accomplissent leurs devoirs, sont respectés de tous, quand même ils appartiennent à une caste infime.

*
* *

« Le roi et les juges doivent considérer comme leur principal devoir, de ne jamais faire de procès et de ne jamais négliger ceux qu'on leur confie.

*
* *

« Ainsi qu'un chasseur qui rejoint au gîte l'animal qu'il a blessé, en suivant la trace laissée par le sang sur les feuilles, de même c'est par des lois justes qu'il atteint le but de la justice.

*
* *

« Qu'il observe pour cela les règlements institués par les dwidjas savants et connaissant la loi, s'ils ne sont pas contraires aux coutumes des provinces, des castes et des familles.

*
* *

« Lorsqu'un créancier réclame le payement d'une dette, il doit faire payer le débiteur, après avoir obtenu du créancier la preuve de la dette.

*
* *

« Un créancier peut forcer son débiteur à acquitter sa dette par les cinq moyens en usage : par les influences morales, — par procès, — par ruse, — par contrainte, — par violence [1].

*
* *

« Le créancier qui force son débiteur à lui rendre ce qu'il lui a prêté, ne peut être blâmé par le roi pour être rentré dans son bien.

---

1. Nous empruntons à William Jones, traduisant le commentateur indou Vrihaspati, l'explication de ces modes :

« Par la médiation des amis et des parents, par de douces remontrances, en suivant partout un débiteur ou en se tenant constamment dans sa maison, on peut l'obliger à payer la dette, ce mode de recouvrement est dit conforme au mode moral.

« Lorsqu'un créancier, par ruse, emprunte quelque chose à son débiteur ou retient une chose déposée par lui et le contraint, de cette manière, à payer la dette, ce moyen est appelé une fraude légale.

« Lorsqu'il force le débiteur à payer, en enfermant son fils, sa femme ou ses bestiaux, ou bien en raillant constamment à sa porte, cela est dit une contrainte légale.

« Lorsque, ayant attaché son débiteur, il l'emmène à sa maison, et que, en le battant ou tout autre moyen analogue, il l'oblige à payer, c'est ce qu'on appelle le mode violent. Tous ces modes existaient dans l'ancien droit de Rome. »

* * *

« Si quelqu'un nie une dette et que le créancier fasse la preuve, qu'il paye la somme, et soit condamné à une amende proportionnée à ce qu'il possède.

* * *

« Si le débiteur nie la dette, que le créancier fasse entendre des témoignages ou se serve de toute autre preuve.

* * *

« Celui qui invoque le témoignage d'un homme qui n'était pas présent au prêt, qui avoue et nie en même temps, sans s'apercevoir qu'il se contredit,

* * *

« Celui qui modifie ses premières déclarations, qui cherche à embrouiller une affaire claire par elle-même,

* * *

« Celui qui s'est entretenu avec les témoins dans un lieu où il ne devait pas le faire, celui qui refuse de répondre, ou qui quitte le tribunal,

* * *

« Celui qui se tait quand on lui ordonne de parler et ne prouve pas sa plainte, qui demande des choses impossibles ou contraires à la morale,

* * *

« Ceux qui viennent dire : — nous avons des témoins, et qui ne les produisent pas, — tous doivent voir leurs demandes repoussées par le juge.

**

« Si le demandeur ne peut prouver les faits qu'il allègue, qu'il reçoive de par la loi un châtiment corporel ou une amende. Si le défendeur ne se présente pas dans le délai de trois fois quinze jours, il est condamné comme n'ayant rien à opposer.

**

« Celui qui nie une dette, et celui qui réclame avec malice ce qui ne lui est pas dû, doivent être condamnés par le juge à une amende double de la valeur de l'objet dont il s'agit, comme ayant volontairement cherché à tromper.

**

« Lorsqu'un homme, appelé par son créancier devant un tribunal, nie la dette quand il est interrogé par le juge, trois personnes au moins doivent en déposer devant les sages brahmes délégués par le roi.

**

« Apprenez maintenant quels sont les témoins que les créanciers doivent, ainsi que les autres demandeurs, invoquer devant la justice, et comment ces témoins doivent faire connaître la vérité.

**

« Les chefs de famille, les fils arrivés à âge d'homme [1], à quelque caste qu'ils appartiennent, militaire ou commerçante, sont admis à porter témoignage; mais, à moins d'absolue nécessité, ou ne doit jamais produire un homme de la caste servile.

1. Seize ans.

*
* *

« On ne doit admettre comme témoins que des hommes recommandables, dignes de confiance, de bonnes mœurs, connaissant leur devoir, et incapables de se laisser corrompre.

*
* *

« Il faut repousser ceux qui se laissent facilement dominer par l'intérêt, les parents, les amis, les domestiques, les ennemis, les hommes d'une mauvaise foi notoire, et les criminels.

*
* *

« Le roi ne peut être témoin.

*
* *

« On ne doit choisir non plus, ni un charlatan, ni un acteur, ni un conteur habile, ni un jeune étudiant, ni un anachorète détaché des biens de ce monde,

*
* *

« Ni un débiteur de l'une ou de l'autre partie, ni un homme de mauvaise réputation, ni ceux qui exercent des métiers honteux et interdits publiquement, ni un vieillard, ni un enfant, ni un homme de classe mêlée (pariah), ni un imbécile,

*
* *

« Ni un malheureux sous le coup d'un violent chagrin, ni un homme ivre, ni un fou, ni un homme excédé de fatigue ne songeant qu'à manger, boire et se reposer, ni un homme épris d'amour, ni un furieux, ni un voleur.

*
* *

« Les femmes peuvent témoigner pour les femmes, les anachorètes pour les anachorètes, les pariahs pour les pariahs.

*
* *

« Quand un événement arrive dans l'intérieur d'une maison, ou au fond d'une forêt, ou s'il s'agit d'un assassinat, quiconque a vu doit déposer.

*
* *

« On peut dans ce cas recevoir le témoignage d'un enfant, d'un vieillard, d'un jeune étudiant, d'un anachorète, d'un parent, d'un esclave ou d'un domestique,

*
* *

« Mais jamais d'un ennemi !

*
* *

« Mais un vieillard, un malade, un enfant, un esclave, peuvent ne point dire la vérité ; le juge écoutera leur témoignage, sans être tenu de l'admettre, non plus que celui d'un faible d'esprit.

*
* *

« Toutes les fois qu'il s'agit de blessures, de viols, d'adultères, de mauvais traitements et d'injures graves, le juge doit admettre facilement la preuve par le témoin.

*
* *

« Quand il s'agit, au contraire, de dette, de vente, de marchés, surtout si les objets réclamés sont d'une grande valeur, le juge doit se défier des témoignages, et ne motiver sa sentence sur eux qu'avec prudence.

* *

« Le témoignage d'un seul n'existe pas [1].

* *

« Lorsque sur le même fait les témoins sont en désaccord, le juge doit se déclarer pour ceux qui sont les plus honorables. Quand ils sont tous renommés pour leurs qualités, il doit adopter l'avis des dwidjas [2].

* *

« On ne doit déposer que quand on a vu et entendu, et dans ce cas, le témoignage honnête est une source de prospérités et de richesses.

* *

« Mais celui qui vient devant le tribunal respectable des brahmes témoigner contrairement à ce qu'il a vu et entendu sera après sa mort précipité au fond des enfers et privé du ciel.

* *

« Quand un homme voit et entend une chose blâmable, et qui intéresse la fortune ou l'honneur de son prochain, il agira bien de venir, sans être appelé, raconter ce qu'il a vu et entendu.

* *

« On devrait plutôt admettre le témoignage d'un seul homme pourvu de bonnes qualités, que celui d'un grand nombre de femmes inconstantes.

1. De là le vieil adage *Testis unus, testis nullus*.
2. Deux fois nés, qui ont reçu tous les sacrements.

* * *

« Les dépositions faites par les témoins sur d'autres faits que ceux du procès ne doivent pas être reçus par la justice.

* * *

« Lorsque les témoins sont tous réunis au tribunal, en présence des deux parties, le juge, avant de les interroger, leur adresse à chacun les paroles suivantes :

* * *

« Déclare la vérité !

* * *

« Dis avec franchise tout ce que tu sais dans cette affaire, tout ce qui s'est passé entre les deux parties, car ton témoignage est ici requis.

* * *

« Le témoin qui dit la vérité en faisant sa déposition parvient au séjour suprême, et acquiert la plus haute réputation à laquelle un homme puisse parvenir, et sa parole est aimée des dieux.

* * *

« Celui au contraire qui fait une fausse déposition redescend dans l'échelle des êtres pendant cent transmigrations. Donc il ne faut dire que la vérité.

* * *

« Un témoin se purifie par la vérité, la vérité fait prospérer la justice. Donc il faut dire la vérité.

* * *

« L'âme est son propre témoin, l'âme est son juge le plus sévère ; porter faux témoignage, c'est se mépriser soi-même.

*
* *

« Les méchants disent : Personne ne nous voit ! L'esprit des dieux qui siége en eux est leur témoin constant.

*
* *

« Les esprits supérieurs auxquels est confiée la garde des cieux, de la terre, des eaux, de la conscience humaine, de la lune, du soleil, du feu, des enfers, des vents, de la nuit, des deux crépuscules et de la justice connaissent les actions de tous les êtres animés [1].

*
* *

« Déclare la vérité.

*
* *

« Les séjours de tourments réservés au meurtrier d'un brahme, à l'homme qui tue une femme ou un enfant, à celui qui fait tort à son ami, à celui qui rend le mal pour le bien, sont également destinés au témoin qui fait une déposition fausse.

*
* *

« Depuis ta naissance, tout le bien que tu as pu faire, ô homme, sera perdu pour toi et passera à des chiens, si tu dis autre chose que la vérité.

*
* *

« O homme, tandis que tu dis : Je suis seul avec moi-même, dans ton cœur réside sans cesse cet esprit suprême, observateur attentif et silencieux de tout le bien et de tout le mal.

---

1. La fable catholique possède les mêmes croyances, sur le rôle des anges et des saints.

**

« Cet esprit qui siége dans ton cœur, c'est un juge sévère, un punisseur inflexible, c'est un dieu ; si tu n'as jamais eu discorde avec lui, tu n'as pas besoin d'aller te purifier dans les eaux du Gange, ni dans les plaines du Courou.

**

« Nu et chauve, souffrant de la faim et de la soif, privé de la vue, celui qui aura porté un faux témoignage sera réduit à mendier sa nourriture avec une tasse brisée, devant la maison de son ennemi.

**

« La tête la première, il sera précipité dans les gouffres les plus ténébreux de l'enfer, le scélérat qui, interrogé par les juges, fait une fausse déposition.

**

« Les dévas pensent qu'il n'y a pas en ce monde d'homme meilleur que celui dont l'âme qui sait tout, n'éprouve aucune inquiétude pendant qu'il fait sa déclaration.

**

« Apprends maintenant, ô homme, qu'un faux témoin est considéré, dans l'autre monde, comme le meurtrier de ses parents, et voici exactement les différents degrés de culpabilité qu'il parcourt, suivant les choses sur lesquelles il dépose faussement.

**

« Il est puni, dans les séjours infernaux, comme s'il avait tué cinq de ses parents, pour un faux témoignage sur des bestiaux ; comme s'il en avait tué dix, pour un faux témoignage concernant des vaches ; comme s'il en avait tué cent, pour un faux sur des chevaux ; comme s'il en avait tué mille, pour une fausse déclaration sur des hommes.

*
* *

« Il est puni par Yama comme un meurtrier de nouveau-nés ou d'enfants prêts de voir le jour, pour une fausse déclaration sur de l'or ; comme un meurtrier de profession, pour un faux relatif à la possession d'une terre. Si tu songes à éviter, après la mort, mille et mille transmigrations dans les animaux impurs, garde-toi de faire une fausse déclaration dans un pro cès de terre.

*
* *

« Connaissant tous les dangers auxquels on s'expose après sa mort pour une fausse déposition, dis franchement tout ce que tu sais, tout ce que tu as vu, tout ce que tu as entendu.

*
* *

« Il est des cas cependant où celui qui sait ne dit point la vérité *pour de pieux motifs.* — C'est l'oreille du prêtre qui paraît. — Il n'est pas exclu pour cela du séjour céleste. Sa déposition est appréciée par les dieux.

*
* *

« Toutes les fois que la vérité pourrait causer la mort d'un homme des quatre classes, qui s'est rendu coupable par égarement et non par méchanceté, ne pas dire ce qu'on a vu est préférable à la vérité.

*
* *

« Que dans ce cas le témoin offre à Saraswati, déesse qui

10

préside aux paroles, des gâteaux de riz et de lait pour expier son faux témoignage par cette oblation.

* * *

« Ou bien qu'il répande dans le feu, suivant le mode consacré, une oblation de beurre clarifié en récitant, dans le *Yadjour-véda*, l'hymne à Varouna qui commence par Oud, ou bien les trois invocations aux trois divinités.

* * *

« L'homme qui, n'étant pas malade, ne vient pas après trois fois quinze jours déposer dans un procès pour lequel il a été requis à l'occasion d'une dette, doit être condamné à une amende du dixième de la dette.

* * *

« Si, dans les sept jours qui suivent sa déposition, un témoin tombe malade, est atteint par le feu ou l'eau, ou perd un parent, il doit être condamné à une amende [1].

* * *

« Lorsque dans une affaire il n'y a pas de témoins ou que les parties n'en invoquent que d'indignes, le juge ne pouvant savoir où est la vérité doit recourir au serment.

* * *

« Les maharichis (les grands saints) et les dévas ont parfois engagé leur parole pour des affaires entre eux ; Vasichta

---

1. Ces événements survenus étaient considérés comme une punition du ciel, et on en concluait qu'il n'avait pas fait une déposition parfaitement honnête ; de là l'amende qu'on lui imposait.

lui-même prononça un serment terrible devant le fils de Piyavana [1].

* * *

« Que l'homme vertueux ne fasse jamais de serment inutile, même pour des choses sans valeur; celui qui abuse du serment est perdu en ce monde et dans l'autre.

* * *

« Cependant ce n'est pas un crime que de faire un serment en jouant avec des jeunes filles, des enfants, sa femme ou sa maîtresse, et pourvu que cela ne serve pas à tromper.

* * *

« On peut faire un faux serment :
« Pour se procurer la nourriture d'une vache,
« Pour obtenir du feu,
« Pour le salut d'un brahme.

* * *

« Le juge doit faire jurer un brahme par sa conscience ; un xchatria par les dieux immortels, par les mânes des ancêtres, par ses éléphants et ses armes; un vaysia par les pitris — esprits familiers, — par ses vaches, ses grains et son or ; un soudra par les génies du mal [2].

* * *

« S'il doute du serment, qu'il fasse marcher dans le feu, ou plonger dans l'eau celui qu'il veut éprouver, ou lui fasse prononcer les invocations les plus terribles sur la tête de sa femme et de ses enfants.

---

1. Viswamitra avait accusé Vasichta devant le roi Soudama, fils de Piyavana, d'avoir mangé cent enfants nouveau-nés...

2. Ce sont, à peu de choses près, les formules consacrées à Rome.

* *

« S'il n'est pas atteint par la flamme, s'il ne surnage pas dans l'eau, s'il ne survient aucun malheur à sa femme et à ses enfants, le serment doit être considéré comme conforme à la vérité.

* *

« Vatsa, autrefois calomnié par son jeune frère, se soumit à l'épreuve du feu, qui est l'épreuve de toutes les actions, et il en sortit sans qu'un seul de ses cheveux ait été atteint [1].

* *

« Toute affaire décidée sur faux témoignage doit être recommencée par le juge, et tout ce qui a été fait doit être annulé.

* *

« Une déposition faite par cupidité, par crainte, par erreur, par amitié, par envie, par vengeance, par ignorance ou par légèreté est déclarée non valable.

* *

« Voici dans leur ordre l'énumération des peines qu'encourt celui qui fait une fausse déposition pour un des motifs indiqués.

* *

« Par cupidité, qu'il soit condamné à mille panas d'amende ; par crainte, à cinq cents panas ; par erreur, à deux cent cinquante panas ; par amitié, à quatre mille panas ;

---

1. Son frère lui reprochait d'être le fils d'un soudra, il jura que c'était faux et soutint son serment par l'épreuve du feu. Ces épreuves étaient encore en usage au moyen âge sous le nom de jugement de Dieu.

***

« Par envie, à dix mille panas ; par vengeance, à deux fois dix ; par ignorance, à deux cents panas ; par légèreté, à cent panas seulement.

***

« Telles sont les peines édictées par les anciens pundits, et sanctionnées par la loi, pour les fausses dépositions, afin qu'on ne s'écarte pas de la justice et pour réprimer le mal.

***

« Les hommes des trois dernières classes doivent être bannis par un roi vertueux, après qu'ils ont payé l'amende pour un faux témoignage. Le brahme doit être seulement banni.

***

« Manou Swayambhouva, — issu de l'être existant par lui-même, — a indiqué les dix parties du corps auxquelles une peine peut être infligée. Mais cela ne s'applique également qu'aux hommes des trois classes. Le brahme ne peut être soumis à un châtiment corporel.

***

« Ces dix parties sont : les organes de la génération, le ventre, la langue, les deux mains, les deux pieds, l'œil, le nez, les lèvres, les deux oreilles, le corps entier, qui peut être privé de vie.

***

« Après avoir étudié toutes les circonstances de lieu, de temps qui aggravent le crime, et s'être rendu compte du degré d'intelligence du coupable, que le roi applique le châtiment.

*
* *

« Une sentence injuste détruit tout bonheur pendant la vie, toute renommée après la mort et ferme le swarga — ciel. — Qu'un roi se garde donc avec vigilance de toute sentence injuste.

*
* *

« Un roi qui punit les innocents et protége les coupables, se couvre d'ignominies, et descend au plus profond des demeures infernales.

*
* *

« Qu'il punisse d'abord par une simple réprimande, puis par de sérieux reproches, troisièmement par une amende, et en dernier lieu par des peines corporelles.

*
* *

« Quand les punitions corporelles ne suffisent pas, il doit les appliquer toutes quatre à la fois.

*
* *

« Écoutez, maintenant, quelle est la valeur des différents poids de cuivre, d'argent ou d'or, reçus communément par les marchands dans leurs transactions.

*
* *

« Quand un rayon de soleil passe par une ouverture, la poussière fine que l'on aperçoit est la première quantité appréciable. On la nomme trasarénou.

*
* *

« Huit trasarénous égaux en poids valent une graine de pavot, trois de ces graines égalent une graine de moutarde noire, et trois de ces dernières une graine de moutarde blanche.

**

« Six graines de moutarde blanche sont égales à un grain d'orge de moyenne grosseur, trois grains d'orge sont égaux à un crichnala (baie brune de l'abrusprécatorius), cinq crichnalas à un mâcha, seize mâchas à un souvarna[1].

**

« Quatre souvarnas d'or font un pala, dix palas un dharana ; un mâchaca d'argent vaut deux crichnalas réunis.

**

« Seize de ces mâchacas d'argent font un dharana ou un pourana d'argent, mais le cârchica de cuivre doit être appelé pana.

**

« Dix dharanas d'argent sont égaux à un satamâva, et le poids de quatre souvarnas est désigné sous le nom de nichca[2].

**

« Deux cent cinquante panas sont déclarés être la première amende, cinq cents sont l'amende moyenne et mille panas l'amende la plus élevée. Mais chaque amende peut être infligée au double, au quadruple, au décuple...

**

« Le débiteur qui reconnaît sa dette ne paye que cinq pour cent d'amende au roi. S'il la nie, le double ; tel est le décret de Manou.

1. Toute l'alchimie et l'apothicairerie du moyen âge compta par grains, et nous disons encore trois grains d'émétique, trois grains d'ellébore, etc.
2. Tous ces poids et monnaies sont de convention pure.

« Le créancier qui a reçu un gage, n'a droit qu'à l'intérêt fixé par Vasichta, soit un quatre-vingtième du cent par mois.

« S'il n'a pas de gage, qu'il prenne deux du cent pour intérêt par mois ; en prenant cette somme, les gens de bien ne sont pas coupables de gains illicites.

« On doit recevoir deux du cent par mois d'un brahme, trois d'un xchatria, quatre d'un vaysia, cinq d'un soudra, suivant l'ordre des castes.

« Mais si un gage est livré avec autorisation d'en profiter, il n'est pas dû d'autre intérêt pour la somme prêtée, et le gage ne peut être ni donné ni vendu.

« On ne doit pas jouir, sans l'autorisation du propriétaire, du gage déposé. Celui qui en jouit perd l'intérêt, et si l'objet se détériore pendant qu'il en use, il doit payer le prix sous peine d'être traité comme un voleur de gage.

« Un gage ou un dépôt ne peuvent jamais être perdus pour le propriétaire, il doit les recouvrer quel que soit le temps considérable qu'il les ait laissés chez le dépositaire.

« Une vache laitière, un chameau, un cheval de selle, un

animal bien dressé au travail, et autres choses, dont le propriétaire permet la jouissance par amitié, ne peuvent pas être
perdus pour lui.

*
* *

« Cependant, quand un propriétaire voit sous ses yeux des
personnes jouir d'une chose lui appartenant pendant dix ans
sans qu'il la réclame, il en a perdu la possession, à condition
qu'il ne soit ni un fou ni un enfant au-dessous de seize ans, et
que la jouissance ait eu lieu sans fraude sous ses yeux.

*
* *

« Un gage, les limites des héritages, le bien d'un enfant,
un dépôt ouvert ou scellé, les propriétés des femmes, du roi,
des prêtres, ne sont pas perdus parce qu'un autre en a joui.

*
* *

« L'intérêt d'une somme prêtée, quel que soit le nombre
d'années, s'il n'est payé qu'en une seule fois en restituant la
somme, ne doit pas dépasser le double de la somme prêtée,
à moins qu'il ne s'agisse de grains, de fruits ou de bestiaux ;
l'intérêt rendu en une seule fois peut aller, selon le temps qu'a
duré le prêt, jusqu'à cinq fois la valeur de la dette.

*
* *

« L'intérêt qui dépasse le taux légal et qui s'écarte de la
règle ci-dessus n'est pas valable, il est dit usuraire par les
sages.

*
* *

« Le prêteur d'argent avec sûreté de son prêt ne doit pas
recevoir plus de cinq du cent [1].

1. N'est-il pas curieux de remarquer la parfaite identité de la plupart
de ces coutumes et des nôtres ? Toute notre tradition est indo-européenne.

« Qu'un prêteur pour peu de temps ne reçoive pas la même proportion d'intérêt pour toute l'année, ni un intérêt illégal, ni l'intérêt des intérêts, ni un intérêt mensuel exagéré, ni un intérêt extorqué à un débiteur dans le malheur, ni un profit de la location d'un gage dont la jouissance lui est personnelle.

** *

« Celui qui ne peut acquitter la dette, et qui veut renouveler le contrat, peut refaire l'écrit en payant l'intérêt dû.

** *

« Mais s'il se trouve dans l'impossibilité de payer l'intérêt, qu'il ajoute au capital, dans le contrat, l'intérêt qu'il ne peut payer.

** *

« Celui qui transporte des marchandises moyennant un salaire débattu d'avance, le lieu et le temps étant bien déterminés, et qui ne remplit pas ces conditions, ne reçoit pas le prix convenu.

** *

« L'homme qui se rend caution d'un débiteur qui ne se présente pas ou ne peut s'acquitter, est tenu de payer la dette de son propre avoir.

** *

« Un fils ne doit pas payer la somme dont son père s'est rendu caution sans raison, ou pour un but immoral [1], ni une dette de jeu, ou pour des liqueurs enivrantes, ou pour une amende.

** *

« Mais si un homme se porte caution, non de la simple com-

---

1. A des courtisans ou des musiciens.

(Commentaire de W. Jones.)

parution du débiteur, mais du payement de la dette, les héritiers sont tenus du payement.

***

« Voici les cas où l'héritier, après la mort d'un homme qui s'est rendu caution, est tenu de payer la dette au créancier qui la réclame.

***

« Si la caution a reçu de l'argent du débiteur, ou si le prêt n'a été fait qu'à cause de la caution, l'héritier acquitte la dette aux dépens des biens dont il hérite, telle est la loi.

***

« Tout contrat fait par une personne ivre, ou folle, ou entièrement dépendante, par un enfant, ou un vieillard, ou un mandataire non autorisé est de nul effet.

***

« Tout engagement, bien que confirmé par des preuves, n'est valable que s'il n'est pas contraire aux lois, aux coutumes et aux bonnes mœurs.

***

« Lorsqu'un juge aperçoit de la fraude dans un gage, une vente, un don, l'acceptation d'une chose, ou tout autre contrat où il rencontre la fourberie, il doit annuler l'affaire.

***

« Si l'emprunteur vient à mourir, et que l'argent ait profité à sa propre famille, qu'ils vivent ou non en communauté, les parents sont tenus de la dette sur leur propre avoir.

*
* *

« Lorqu'un esclave fait une transaction utile aux intérêts de son maître, absent ou non, ce dernier ne doit pas refuser de la reconnaître.

*
* *

« Ce qui a été donné par force, possédé par force, écrit par force, a été déclaré nul par Manou, comme toute chose faite par force.

*
* *

« Qu'un roi, quelque pauvre qu'il soit, ne s'empare pas de ce qui ne lui appartient pas; mais aussi, quelque riche qu'il soit, qu'il n'abandonne rien de ce qui lui appartient.

*
* *

« En prenant ce qui ne lui appartient pas et en refusant ce qui lui revient, le roi fait preuve de faiblesse, et il se perd en ce monde et dans l'autre.

*
* *

« En conservant ce qui lui appartient, en s'opposant au mélange des castes et en protégeant le faible, le roi accomplit son devoir, et prospère en ce monde et dans l'autre.

*
* *

« Le roi doit suivre la conduite qu'enseigne Yama, ce juge suprême des hommes, être indifférent à ce qui pourrait lui plaire ou lui déplaire, fuir la colère et réprimer ses passions.

*
* *

« Le mauvais roi qui rend des sentences injustes devient la proie de ses ennemis.

« Lorsqu'un roi, contenant ses passions, se rend célèbre par l'équité de ses arrêts, les peuples accourent auprès de lui comme les fleuves vers l'Océan.

***

« Le débiteur peut payer son créancier à l'aide de son travail, s'il est de la même caste ou d'une caste inférieure. Mais s'il est d'une caste supérieure, on doit lui permettre de s'acquitter peu à peu.

***

« Telles sont les règles que le roi et les juges doivent suivre, pour décider des causes qui surviennent entre les parties, après que les témoignages et autres preuves ont éclairci l'affaire.

***

Du dépôt.

« C'est à une personne d'une famille honorable, de bonnes mœurs, connaissant la loi, riche, honnête, de bonne foi, et ayant beaucoup de parents, que l'homme sensé doit confier un dépôt.

***

« Quelle que soit la nature de l'objet et de quelque manière qu'on le dépose entre les mains d'une personne, on doit reprendre l'objet tel quel et de la même manière. Ainsi déposé, ainsi repris.

***

« Celui qui ne rend pas le dépôt réclamé à la personne qui le lui a confié, est interrogé secrètement par le juge.

***

« Si des témoins n'existent pas, que le juge renvoie l'accusé, comme si aucune plainte n'existait contre lui, et, quelque temps après, qu'il lui fasse déposer de l'or par des émissaires de confiance, et âgés de plus de seize ans.

***

« Si le dépositaire rend fidèlement dans le même état et sous la même forme l'objet déposé, il n'y a pas lieu de recevoir la première plainte déposée contre lui.

***

« Mais s'il ne remet pas l'or déposé dès qu'il est réclamé, qu'il soit arrêté sur l'heure, forcé de restituer les deux dépôts et condamné. Telle est la loi.

***

« Le dépôt, scellé ou non, ne doit être remis à personne autre qu'à celui qui l'a déposé, pas même à l'héritier présomptif, si ce n'est après la mort.

***

« Mais si le dépositaire remet le dépôt à l'héritier du déposant défunt, il ne peut être recherché ni par les parents ni par le roi.

***

« L'objet confié doit être réclamé avec de bonnes paroles, et toutes difficultés doivent être, autant que possible, terminées à l'amiable.

***

« Telle est la règle qui doit être suivie pour la réclamation des dépôts. Si le dépôt était scellé et que le sceau n'ait été altéré en rien, pour aucun motif, celui qui restitue le dépôt ne peut être inquiété.

***

« Si un dépôt a été pris par des voleurs, emporté par les eaux, consumé par le feu, le dépositaire n'est pas tenu d'en rendre la valeur, pourvu qu'il n'en ait rien détourné.

***

« Que le roi soumette à toutes les épreuves des *ordalias* [1] prescrites par le véda, celui qui refuse de restituer un dépôt, et celui qui réclame ce qu'il n'a pas déposé.

***

« L'homme qui ne restitue pas le dépôt, et celui qui réclame quand il n'a rien déposé, sont punis de la peine des voleurs et condamnés à une amende égale à l'objet du procès.

***

« Celui qui s'empare de ce qui ne lui appartient pas, en abusant d'un service qu'il a offert, doit être puni publiquement ainsi que ses complices.

***

« Un dépôt, composé de choses désignées, fait devant témoins, doit être rendu dans le même état et devant les mêmes témoins et sans fraude.

***

« Le dépôt donné et reçu en secret, doit être rendu de même. Ainsi remis, ainsi repris.

---

1. Les ordalias sont les épreuves corporelles dont il a déjà été question, que l'accusé doit supporter pour prouver son innocence.

Ces épreuves ont lieu : 1° par le combat des deux parties, 2° par la balance, 3° par le feu, 4° par l'eau, 5° par le poison, 6° par l'huile bouillante, 7° par les serpents.

(Voir les *Fils de Dieu*, page 303.)

***

« Que le juge décide par ces règles de toutes les causes occasionnées par les dépôts.

***

De la vente.

« Celui qui vend ce qui ne lui appartient pas, sans la volonté
du propriétaire, doit être puni comme un voleur, et son témoignage ne doit plus être reçu dans les causes.

***

« S'il est parent du propriétaire, il doit être condamné à une
amende de six cents panas ; mais s'il est étranger, n'ayant
aucune prétention à faire valoir sur la chose, il est coupable
de vol.

***

« Toute vente ou donation d'un objet faite par un autre que
le propriétaire, est considérée comme si elle n'avait pas été
faite. Elle est nulle, telle est la règle établie.

***

« Pour toute chose dont on a eu la jouissance sans pouvoir
produire aucun titre, les titres seuls font autorité et non la
jouissance ; ainsi le veut la loi.

***

« Celui qui, publiquement, achète sur le marché devant
une foule de gens un objet quelconque, devient valablement
propriétaire en acquittant le prix.

***

« Dans le cas où le vendeur n'aurait pas été propriétaire de la chose vendue, et s'il ne comparaît pas et qu'on ne puisse le trouver, l'acheteur n'a qu'à prouver qu'il a acheté et payé publiquement pour être renvoyé sans amende, et l'ancien propriétaire reprend son bien en payant moitié du prix.

**

« On ne doit vendre aucune marchandise mêlée de qualités inférieures, de mauvaise qualité, ou avec de faux poids, ou une marchandise qu'on n'est pas sûr de livrer, ou dont on a dissimulé les défauts.

**

« Si après avoir montré à un jeune homme une femme à titre d'épouse, et qu'après avoir reçu les présents d'usage, le père lui en donne une autre pour épouse, il est puni de cette fraude, car le jeune homme devient le mari des deux femmes.

**

« Celui qui possède une fille folle ou malade, ou qui a déjà eu commerce avec des hommes, et qui la donne en mariage en faisant connaître ses défauts, n'est passible d'aucune amende et il ne restitue pas les présents.

**

« Si un pourohita, — prêtre officiant, — choisi pour un sacrifice, quitte les lieux avant d'avoir achevé sa tâche, il ne reçoit qu'une part du salaire convenu.

**

« Mais s'il quitte la cérémonie pour cause de maladie, qu'il mette un autre prêtre à sa place, et prenne sa part entière.

**

« Dans les fêtes et sacrifices où plusieurs prêtres officient en commun, si le salaire de chacun n'a pas été fixé par avance, ils doivent partager par parts égales.

***

« Lorsque des hommes se réunissent pour travailler ensemble au même objet, ou à la réussite de la même entreprise, la distribution des parts du prix doit être la même que la distribution des parts du travail.

***

« Lorsque l'argent a été remis à quelqu'un pour l'accomplissement d'un acte religieux, le don est nul si l'acte n'est pas accompli.

***

« Si par avarice, ou toute autre raison, la personne qui a reçu refuse de rendre n'ayant pas accompli, elle doit être condamnée à la restitution et à un souvarna d'amende; car c'est un vol.

***

Du gage des ouvriers.

« L'homme à gage qui, sans être atteint de maladie, refuse de faire l'ouvrage confié, sera puni d'une amende de huit crischnalas, et perdra son salaire.

***

« Mais si, étant rétabli, il fait son travail suivant qu'il a été convenu, il reçoit son salaire, bien qu'il n'ait pas livré son ouvrage à l'époque stipulée.

***

« Malade ou bien portant, aucun salaire ne lui est dû avant l'achèvement de son travail.

* * *

« Tel est le règlement concernant le salaire et le travail des ouvriers. Voici maintenant ce qui a rapport à ceux qui rompent leurs engagements.

* * *

« Qu'il soit banni par le roi, de tout le royaume, celui qui, ayant passé sous serment des conventions avec des marchands ou des cultivateurs, ne les exécute pas par avarice ou tout autre motif blâmable.

* * *

« Que cet homme de mauvaise foi, étant arrêté par ordre du roi, soit condamné par le juge, suivant les cas, à quatre souvarnas, à six nichas, ou à un satamana d'argent.

* * *

« Telle est la règle qui doit guider un juge sévère dans les punitions qu'il inflige aux hommes, de toutes les castes, qui ne tiennent pas leurs engagements.

* * *

« Celui qui ayant acheté ou vendu un objet s'en repent, a dix jours pour le reprendre ou le rendre.

* * *

« Passé le dixième jour, il perd son droit, et celui qui force à rendre ou à reprendre doit être puni par le roi d'une amende de six cents panas.

* * *

« Une amende de quatre-vingt-seize panas doit être imposée à celui qui donne en mariage une fille ayant des défauts sans en prévenir.

* * *

« Mais celui qui accuse méchamment une fille en disant
d'elle : Elle n'est point vierge, doit être frappé d'un amende
de cent panas, s'il ne peut prouver son dire.

* * *

« Les prières nuptiales ne doivent être prononcées que pour
les vierges ; il n'y a point de cérémonies légales pour celles
qui ont déjà eu commerce avec des hommes.

* * *

« Le mariage est sanctionné par les prières nuptiales. Ceux
qui connaissent la coutume savent que le pacte est accompli
au septième pada. »

Le sens du mot *pada*, dans ce sloca, a donné lieu à une
foule de commentaires, et les indianistes les plus autorisés ne
sont point d'accord sur la signification définitive qu'il faut lui
attribuer. Le premier traducteur de Manou, William-Jones,
traduit ainsi :

« … Le pacte est irrévocable au septième pas (pada) que la
mariée fait en donnant la main à son mari… »

Loiseleur-Deslongchamps, dont la traduction n'est qu'une
version littérale du texte anglais du grand indianiste que nous
venons de citer, s'exprime ainsi dans une note :

« J'avais d'abord pensé que, dans ce passage, le mot *pada*
pouvait aussi avoir le sens de *verset*, et j'avais supposé en
conséquence que c'était à la septième stance des prières que le
pacte était complet. Mais j'ai trouvé depuis, dans le mémoire

de M. Colebrooke sur les cérémonies religieuses des Indous, un passage qui est en faveur de l'interprétation de W. Jones que j'ai conservée. »

Nous n'avons pas la prétention d'opposer notre autorité personnelle à celle de l'illustre W. Jones; et si nous donnons à ce mot pada un sens qui n'est pas celui qu'il a adopté, c'est en nous appuyant sur l'autorité des savants pundits du sud de l'Indoustan.

Lorsque nous traduisions Manou avec notre maître, le brahme Tamasatchari, de la pagode de Villenoor, dans le Carnatic, nous avions l'habitude de comparer les explications qu'il nous présentait avec les commentaires de W. Jones et de nous faire donner les raisons de chaque différence d'appréciation.

L'expression de *pada* fut traduite ainsi par notre professeur : « ...Le pacte est accompli au septième pada, *c'est-à-dire à la septième cérémonie nuptiale du cinquième jour, pendant laquelle le mari attache au cou de sa femme le taly (collier), signe irrévocable du mariage.*

Cette traduction fut accompagnée des explications suivantes :

Les cérémonies du mariage, chez les Indous, durent cinq jours; mais le dernier jour seulement ont lieu celles qui sont considérées comme faisant l'essence même du mariage.

Ces cérémonies sont au nombre de sept, qui est le chiffre sacré par excellence.

1º Le *Kankana*.

L'époux se déguise en pèlerin, et fait semblant de partir pour un pèlerinage au Gange. Il sort accompagné par la musique et se dirige du côté du fleuve sacré. A quelques pas de là son futur beau-père l'aborde et lui demande les motifs de son voyage. En les apprenant, il l'engage à renoncer à son

projet, et en retour il lui offre sa jeune fille vierge en mariage. Le jeune homme y consent et rentre à la maison.

2° Le *Mouhourta*.

Les deux époux, assis sur une estrade, offrent un sacrifice
à Vischnou ou à Siva, suivant la caste. Ils prient le dieu de
leur faire la rémission de toutes les fautes qu'ils ont commises
jusqu'à ce jour.

3° L'*Ichta-Devata*.

Les époux, les parents et les invités font la procession des
dieux amis et protecteurs du foyer.

4° Le *Pavitram*.

Les époux se mettent mutuellement au doigt du milieu de la
main droite un anneau appelé pavitram et, se prenant par la
main, ils font l'évocation des ancêtres :

« O mânes des ancêtres, qui résidez au pitra-loca (paradis
des ancêtres), daignez venir en cette maison avec tous les ancêtres qui vous ont précédés. Présidez à ce mariage, et faites
qu'il soit comblé de prospérités en ce monde et dans l'autre. »

5° Le *San Calpa*.

Le pourohita ou brahme officiant invoque les huit génies
gardiens du monde, fait un sacrifice aux sept îles saintes, aux
sept mers, aux sept fleuves, aux sept cités célestes, aux sept
pénitents, aux sept lieux saints, et brise au-dessus de la tête
des époux sept petits vases en terre séchés au soleil, pleins de
riz et de menus grains.

6° Le *Canyara-Dana*.

Le père fait don de sa fille à l'époux qui l'accepte, en ver-
sant dans leurs mains un peu d'eau, et en remettant du bétel et
du cousa au jeune homme, ce qui est le signe de la donation.

7° Le *Mangalachta*.

Les deux époux s'assoient sous une pièce d'étoffe tenue

sur leur tête en manière de dais par les brahmes officiants ; ils invoquent la trinité Brahma-Vischnou–Siva, en la priant de bénir leur union. Le mari se lève alors, et attache autour du cou de sa femme le collier taly, qu'elle ne doit plus quitter jusqu'à sa mort.

Le don de ce collier fait le mariage irrévocable.

On voit que l'anneau de mariage date de loin, et que dans leur symbolisme nos cérémonies actuelles diffèrent peu de celles de nos ancêtres indous.

Tels sont les motifs qui nous ont porté à ne pas accepter les commentaires de William Jones sur le pada.

Rien ne serait plus rare, plus curieux et plus intéressant à la fois, au point de vue ethnographique, qu'un commentaire ainsi fait, sous la dictée des Indous, sur tous les slocas de Manou.

Nos notes sont complètes pour les cinq premiers livres de cet admirable législateur, le plus ancien dont le monde ait conservé la tradition écrite... Mais aurons-nous jamais le loisir de compléter notre œuvre... de revoir cette vieille terre de l'Inde, antique berceau de tous les différents rameaux de la race blanche?

Nous fermons cette longue parenthèse que le lecteur ne lira peut-être pas sans intérêt.

Nous poursuivons notre traduction :

« Si, regrettant une affaire conclue, une personne ne s'exécute qu'avec négligence, le juge doit, d'après la loi, la contraindre au respect de sa convention.

*
* *

Des propriétaires de bestiaux et des pâtres.

« Écoutez la loi qui doit régler les différends qui peuvent s'élever entre les propriétaires de bestiaux et les pâtres, à l'occasion des accidents.

*
* *

« Pendant le jour, le gardien est responsable des bestiaux qui lui sont confiés. Pendant la nuit, il n'en est plus responsable, si le maître fait rentrer les bestiaux dans sa maison.

*
* *

« Le pâtre qui reçoit pour salaire du lait, s'il n'a pas d'autres gages, a le droit de traire une vache sur dix, et la plus belle : tel est le gage que le maître doit permettre.

*
* *

« Si un animal périt par la faute du gardien, dévoré soit par les serpents, soit par les chiens, il est tenu de le remplacer.

*
* *

« Mais si l'animal est dérobé par les voleurs et qu'il dénonce immédiatement le vol à son maître, il n'en est pas tenu.

*
* *

« Si l'animal périt naturellement, que le gardien apporte à son maître la peau entière avec les oreilles, la queue, les nerfs et le fiel.

*
* *

« Si un troupeau de chèvres et de brebis est assailli par des loups, sans que le pâtre fasse diligence pour les défendre, il est responsable des chèvres et des brebis enlevées.

*
* *

« Que si, malgré sa surveillance, un loup s'élance au milieu du troupeau qui paît réuni au même lieu et non séparé, et en tue une, le pâtre n'est pas tenu.

* * *

« Tout autour du village, qu'on laisse pour la commune pâture un espace non ensemencé, large de quatre cents coudées ou de trois jets de bâton, et autour d'une ville, le triple de cette étendue.

* * *

« Si les bestiaux qui pâturent dans ce lieu, broutent les cultures d'un champ non clos, les gardiens ne sont tenus d'aucuns dommages.

* * *

« Tout champ doit être enclos par son propriétaire d'une haie qui dépasse l'œil d'un chameau, et qui n'offre aucun passage à la tête d'un porc ou d'un chien.

* * *

« Les bestiaux surveillés par un pâtre ou qui vaguent libres, et qui font des dégâts dans les champs clos, aux abords des villages, font encourir une amende, au pâtre ou au propriétaire, de la valeur du grain ou des récoltes endommagées. Telle est la loi.

* * *

« Une vache, dans les dix jours qu'elle a mis bas, et les taureaux conservés comme étalons et consacrés aux dieux, ont été exemptés de toute amende par Manou [1].

---

1. A propos du prétendu culte que, d'après les catholiques, les anciens auraient rendu aux taureaux, nous avons déjà expliqué que les taureaux conservés par les brahmes de l'Inde et les hiérophantes d'Égypte n'étaient que des étalons choisis pour la reproduction et mis sous la protection des dieux. Il est absurde de prétendre que ces animaux aient jamais été considérés comme des divinités.

* * *

« Lorsque c'est par la négligence du fermier que les champs sont ravagés, il doit payer une amende de dix fois la valeur qui revient au maître, et de cinq fois seulement si la négligence est le fait de ses gens de service.

* * *

« Telle est la loi que doit appliquer le juge dans toutes les contestations qui surviennent entre les propriétaires et les pâtres, et pour le dommage du fait des bestiaux.

* * *

Des bornes.

« Quand des discussions s'élèvent de village à village, à propos des limites, que le juge les renvoie au mois de djaichtha (mai-juin) pour en décider, les bornes étant plus faciles à distinguer.

* * *

« On doit choisir, pour marquer les limites, de grands arbres, comme le nyagrodha (ficus indica), l'aswattha (ficus religiosa), le kinsouka (butea frondosa), le salmali (bombax heptophyllum), le sâla (shorea robusta), le tâla (corypha taliera), et des arbres au suc laiteux ;

* * *

« Ou bien des touffes d'arbrisseaux, de bambous, de lianes, de mimosas, de saras et de coubdjacas (saccharumsarra et achyranthes aspera), ou bien encore des monticules de terre qu'on ne puisse détruire.

* * *

« Les étangs, les puits, les cours d'eaux, les canaux d'arrosage, les pagodes consacrées aux dieux, peuvent servir à marquer les limites.

* *
*

« La malice des hommes est telle, sur les limites des champs, qu'il est aussi permis de faire des bornes secrètes que l'on enferme dans des vases, des objets qu'un long séjour dans la terre ne détruit pas, et que ces vases soient cachés profondément dans la terre aux lieux des limites.

* *
*

« C'est au moyen de ces bornes que le juge rétablit les limites entre deux propriétaires ; il doit consulter aussi l'ancienneté de la possession et le droit d'arrosage.

* *
*

« Si la vérification des bornes n'établit pas la vérité, il faut avoir recours aux témoignages pour reconnaître les limites.

* *
*

« Les témoins doivent être interrogés en présence des deux parties, et d'un certain nombre de notables du village.

* *
*

« Quand les témoignages de tous les hommes interrogés concordent, la déposition doit être fixée avec le nom des témoins.

* *
*

« Que les témoins plaçant une pincée de la terre des deux champs sur leur tête, portant des guirlandes de fleurs de ces champs, vêtus de rouge, déposent sur les limites.

*
* *

« Les témoins honnêtes, qui parlent en toute sincérité selon la loi, ne sont pas responsables de l'erreur, mais ceux qui la font commettre par de fausses déclarations doivent être condamnés à deux cents panas d'amende.

*
* *

« A défaut de témoins, que quatre homme de vie honnête, habitant les villages voisins, soient choisis par le juge pour décider des limites.

*
* *

« S'il n'y a pas de voisins, ni de gens dont les ancêtres aient assisté autrefois à la construction du village, le juge doit faire comparaître les hommes des castes qui vivent dans les bois, tels que les chasseurs, les pâtres, les pêcheurs, les chercheurs de racines et de serpents, qui connaissent la situation des champs.

*
* *

« Après que ces gens ont été entendus sur les limites communes, les bornes doivent être tracées avec équité entre les deux villages.

*
* *

« Sur les bornes des champs particuliers, des étangs, des puits, des jardins, des maisons, et sur le droit d'arrosage, les voisins sont les meilleurs témoins que l'on puisse entendre.

*
* *

« Les voisins qui font une fausse déposition sur les bornes contestées des propriétés, doivent être condamnés à une amende au profit du roi.

*
* *

« Quiconque s'empare méchamment d'une maison, d'un étang, d'un jardin ou d'un champ, doit être condamné à cinq cents panas d'amende ; s'il n'a agi que par erreur, à deux cents.

*
* *

« Si les bornes ne peuvent être fixées par aucun des moyens indiqués par la loi, le plus équitable est de s'en rapporter à la décision du roi qui décide avec sagesse ; telle est la coutume.

*
* *

« Ceci est la loi des limites : écoutez maintenant ce qui a été établi sur les outrages par paroles.

*
* *

« Pour injures proférées contre un brahme, le xchatria reçoit une amende de cent panas ; un vaysia, une amende de cent cinquante à deux cents panas ; un soudra, une punition corporelle.

*
* *

« Pour injure à un xchatria, un brahme est frappé d'une amende de cinquante panas ; à un vaysia, de vingt-cinq ; à un soudra, de douze.

*
* *

Le dwidja — deux fois né, brahme-théologien — qui insulte un autre dwidja, sera condamné à douze panas d'amende ou au double, selon la gravité des propos.

*
* *

« L'homme de la dernière caste qui profère des injures infâmes contre les dwidjas doit avoir la langue coupée ; n'est-il pas le produit des pieds de Brahma [1] ?

***

« S'il prononce leurs noms, et parle de leurs familles avec mépris, qu'un stylet de fer rougi au feu lui soit appliqué sur la langue, jusqu'au fond de la bouche.

***

« Que le malheureux qui ose reprendre les brahmes sur leurs devoirs, soit saisi par ordre du roi, et que de l'huile bouillante lui soit versée dans les oreilles et dans la bouche.

***

« L'homme qui, par un mauvais esprit, renie son pays, sa caste, les sacrements religieux, ou les dénie à un autre, doit être frappé d'une amende de deux cents panas.

***

« Si un homme traite un autre de borgne ou de boiteux, ou toute autre infirmité, il doit être frappé d'une faible amende, bien qu'il dise vrai.

***

« Celui qui médit de son père, de sa mère, de sa femme, de son frère, de son fils ou de son gourou — professeur — doit être condamné à cent panas, et également celui qui ne cède point le pas à son père, à son gourou, à un brahme.

---

1. Toutes ces strophes relatives aux castes n'existent pas dans le *Vrid-dka-Manava*, et ont été introduites par les brahmes lorsqu'il ont abrégé l'immortel ouvrage de Soumati et créé les castes.

* * *

« L'amende inférieure doit être imposée par un roi à un brahme, et l'amende moyenne à un xchatria, qui se sont injuriés mutuellement. Et de la même manière doivent être punis un vaysia et un soudra qui se sont outragés.

* * *

« Telle est la loi qui établit la punition des injuges verbales : voici maintenant celle qui punit les mauvais traitements.

* * *

Des mauvais traitements, et des accidents volontaires
et involontaires.

« Quel que soit le membre dont l'homme de basse caste se serve pour frapper un homme des classes supérieures, ce membre doit être coupé : ainsi le veut Manou.

* * *

« S'il lève la main armée d'un bâton, ou la main seule, que la main soit coupée ; si, transporté de fureur, il a frappé avec le pied, que le pied soit coupé.

* * *

« L'homme de basse caste qui s'assoit à côté d'un homme des castes élevées, doit être marqué à la hanche et chassé de la contrée ; le roi peut ordonner qu'il ne soit seulement que marqué à la hanche.

* * *

« S'il crache sur les hommes des castes élevées avec mépris, qu'il ait les lèvres coupées par ordre du roi ; s'il urine ou... que les parties coupables soient coupées.

***

« S'il les prend par les cheveux, les pieds, la barbe, le cou, les parties génitales, qu'il ait les deux mains coupées par ordre du roi.

***

« Tout homme qui frappe et blesse jusqu'au sang un homme de sa caste, est condamné à cent panas d'amende ; si la chair est profondément entamée, à six nichcas ; s'il y a fracture, au bannissement.

***

« Tout homme qui détruit les arbres de haut bois, ou coupe des branches, paye une amende de la valeur du dommage.

***

« Si un coup est porté à des hommes ou à des animaux, et que sans être grave la douleur qui en résulte soit forte, l'amende doit être proportionnée par le roi, non au coup, mais à la douleur et à l'incapacité de service.

***

« Pour toute blessure, l'auteur est tenu des frais de guérison, il doit donc payer la dépense et de plus une amende.

***

« Quiconque cause du dommage à autrui, dans sa personne ou dans ses biens, volontairement ou involontairement, par lui ou ses hommes à gage, est tenu de le réparer, et paye en outre une amende au roi.

***

« Les sages ont admis dix cas pour le voiturier et le maître, dans lesquels ces derniers n'étaient pas tenus de l'amende.

***

« Lorsque la bride se casse sans qu'il y ait faute, que le joug se brise, que la voiture verse pour cause étrangère à toute négligence, lorsque l'essieu se rompt, que la roue se brise étant selon toute apparence en bon état ;

***

« Lorqu'il y a heurt, sans que ce soit de son fait, que les sangles, le licol ou les traits se rompent, ou que le voiturier a crié *gare !* Manou a déclaré qu'on n'était pas tenu de l'amende.

***

« Mais si dans ces cas la maladresse ou la négligence est reconnue, et qu'il arrive quelque malheur, le maître est tenu de le réparer, et il est frappé de deux cents panas d'amende envers le roi.

***

« Si le cocher est habile mais négligent, il supportera aussi une amende égale, mais s'il est notoirement ignorant, toute l'amende est supportée par le maître qui n'aurait pas dû lui confier un attelage.

***

« Tout cocher qui par sa faute occasionne, dans un chemin, la mort d'êtres animés doit être condamné à l'amende.

***

« Pour un homme tué, une amende de mille panas égale à celle du vol ; pour les animaux de haute taille, comme les taureaux, les éléphants, les chameaux et les chevaux, moitié de la précédente.

*
* *

« Pour les bestiaux de petite taille, l'amende est de deux cents panas seulement ; pour les animaux sauvages que l'on conserve, de cinquante, et de même pour les oiseaux privés.

*
* *

« Pour l'âne, le bélier, le bouc, l'amende n'est que de cinq machas ; un seul macha est l'amende du chien et du porc tués.

*
* *

« Celui qui châtie sur les parties nobles (la tête, les bras, la poitrine, les reins) sa femme, son fils, son élève, son frère, pour une faute, à l'aide d'une corde ou d'un bambou, et non sur les autres parties permises, est passible de l'amende des voleurs.

*
* *

« Telle est la loi des mauvais traitements : les peines édictées contre le vol vont vous être déclarées.

*
* *

Du vol.

« Le roi qui poursuit les voleurs augmente sa renommée, et la prospérité de son royaume ; qu'il s'applique donc avec zèle à réprimer le vol.

*
* *

« Lorsque les peuples sont exempts de crainte, le roi est honoré, il est comme le prêtre qui offre sans cesse des présents aux dieux et des sacrifices pour éloigner le danger.

*
* *

« De toutes les actions vertueuses qui s'accomplissent dans

un royaume, la sixième partie revient au roi protecteur de ses peuples. La sixième partie des actes blâmables revient au roi qui ne les protége pas.

**

« Le roi qui ne légitime pas son droit à prélever les impôts, les redevances, une part sur les marchandises, à recevoir des présents, par la protection qu'il accorde à ses peuples, va droit aux enfers.

**

« Le roi qui prélève le sixième du travail de ses peuples, sans les protéger, est considéré par les sages comme un voleur du travail des hommes. S'il méprise les préceptes de la sainte Écriture, se procure des richesses par tous les moyens, et nie l'autre monde, il descend aux séjours infernaux.

**

« Pour réprimer le mal, que le roi use avec sévérité des trois moyens suivants : la prison, les fers et les différentes peines corporelles.

**

« Le roi est purifié par la poursuite des méchants, de même que les brahmes le sont par l'accomplissement des sacrifices.

**

« Un roi plein de mansuétude doit pardonner les injures que lui adressent les femmes, les enfants, les vieillards et les plaideurs qui viennent de perdre.

**

« Celui qui a volé doit se rendre de lui-même auprès du juge, et les cheveux défaits, le maintien humble, qu'il dise : J'ai volé, punis-moi.

* * *

« Il doit être frappé avec une massue, une lance, une barre de fer ou un rotin.

* * *

« Qu'il meure ou qu'il survive, son crime est purifié, mais si le juge ne le punit pas, son crime retombe sur lui.

* * *

« Tout homme qui a reçu un châtiment pour une faute, par les ordres du roi, va au ciel exempt de toute souillure, aussi pur que ceux qui n'ont jamais pratiqué que le bien.

* * *

« Ceux qui dérobent les cordes des puits ou les vases destinés à puiser, qui détruisent les sources des villages, sont frappés d'une amende d'un macha d'or, et tenus de restituer.

* * *

« Celui qui détourne plus de dix coumbhas de grains, doit recevoir une punition corporelle et être condamné à la restitution ; pour moins, il doit restituer, et payer une amende au roi de dix fois la valeur de son vol.

* * *

« Une punition corporelle sera appliquée à celui qui a volé des objets précieux, de riches vêtements pour une somme supérieure à cent palas.

* * *

« Pour ce vol supérieur à cent palas, le voleur aura la main coupée ; pour un vol inférieur, le juge appliquera l'amende de onze fois la valeur au profit du roi et ordonnera la restitution.

***

« Celui qui enlève des jeunes gens de haute caste, surtout des femmes, des bijoux précieux, mérite la peine capitale.

***

« Pour vol d'animaux, d'armes, de médicaments, le juge doit proportionner la peine à la valeur, au lieu, au motif et au moment (jour ou nuit) où le vol a été commis.

***

« Pour avoir dérobé des vaches appartenant à des brahmes, et les avoir soumises au joug en leur perçant les narines, le voleur doit avoir immédiatement le pied coupé.

***

« Pour un vol de fil, de coton, de semences servant à la fabrication des liqueurs fermentées, de fumier de vache, de sucre, de lait, de beurre, de l'herbe,

***

« De paniers de bambou, de sels de toutes sortes, de pots de terre, de terre à potier, de cendres,

***

« De poissons, d'oiseaux, d'huile, de beurre clarifié, de chair, de miel, et de toute substance provenant des animaux,

***

« De choses de moindre valeur, de jus de cocotier, de riz cuit, d'aliments, de quelque nature qu'ils soient, une amende du double de la valeur doit être prononcée avec restitution.

*
* *

« Pour vol de fleurs, de riz et menus grains en vert, de buisson, de liane, d'arbrisseaux, et autres produits de la terre, l'amende de cinq crischualas doit être prononcée, avec restitution.

*
* *

« Pour vol de riz et menus grains récoltés, d'herbes et de racines alimentaires, de fruits, l'amende de cent panas doit être prononcée avec restitution ; si le voleur est parent du propriétaire, l'amende ne sera que de cinquante panas.

*
* *

« Celui qui prend avec violence une chose que son propriétaire défend, se rend coupable de brigandage ; de vol seulement, si la chose est prise sans violence et en l'absence du propriétaire ; dans le premier cas, l'amende est de deux cent cinquante panas, et de moitié dans le second.

*
* *

« Le membre, quel qu'il soit, qui a le plus servi au voleur pour l'aider dans son vol, doit être coupé pour que le même crime ne soit pas commis de nouveau.

*
* *

« Lorsqu'un homme de basse caste aura commis un crime qui est puni d'une amende de mille panas, et qu'il ne pourra la payer, le roi devra le punir corporellement sous peine d'une amende égale.

*
* *

« L'amende encourue par un soudra pour vol est huit fois plus

considérable que la peine ordinaire ; celle du vaysia, seize fois ;
celle du xchatria, trente-deux fois ;

***

« Celle d'un brahme, soixante-quatre, et même cent vingt-
huit fois, car à mesure qu'on s'élève dans les castes, chaque
homme doit avoir la notion plus parfaite du bien et du mal [1].

***

« Prendre des fruits aux grands arbres non clos, des racines
pour se nourrir, du bois mort dans les forêts pour faire du
feu, de l'herbe le long des chemins pour ses vaches, n'est pas
un mal ; ainsi le veut Manou.

***

« Le brahme à qui l'on donne comme prix d'un sacrifice ou de
ses leçons sur la sainte Écriture, un objet volé, et qui l'accepte
le sachant, est puni comme voleur.

***

« Le dwidja et le pèlerin qui se rendent d'un lieu à un autre, et qui, ayant épuisé leurs minces provisions, prennent
deux cannes à sucre ou quelques racines dans un champ cul-
tivé, ne sont pas soumis à l'amende.

***

« L'homme qui détache des animaux appartenant à autrui,
ou qui en attache d'autres que leur propriétaire laisse libres,

---

1. Xchatrias et brahmes devaient peu éprouver la tentation de voler,
puisque tout leur appartenait, les autres castes n'étant qu'usufruitières,
par leur grâce, des biens de la terre ; cette gradation de peine édictée par
les prêtres était à peu près inapplicable.

qui se sert sans autorisation d'un esclave, d'un cheval et d'un char, subit la peine des vols inférieurs.

*
* *

« En se conformant à ces lois, en réprimant le vol et les violences, un roi obtient la souveraineté du monde, une gloire immortelle, et le suprême bonheur au séjour de Brahma.

*
* *

« L'homme qui se livre à des actes constants de brigandage est plus coupable que le diffamateur et le voleur, le roi qui ne le punit pas est haï de tous, et prépare à son âme mille transmigrations infimes.

*
* *

« Les fauteurs de brigandage, qui troublent les habitants paisibles, ne doivent être relâchés sous aucun motif d'amitié ou de récompense.

*
* *

« Le dwidja peut prendre les armes pour se défendre quand on la trouble dans l'accomplissement de ses devoirs religieux, ou que les droits des hautes castes sont méconnus.

*
* *

« L'homme qui tue pour sa défense, pendant la guerre, pour protéger sa caste, une femme ou un brahme, n'est pas coupable.

*
* *

« L'homme peut tuer, sans hésiter, quiconque tente de l'assassiner, quand bien même ce serait son gourou, un vieillard, un brahme, un enfant.

*_**

« Tuer celui qui veut assassiner, soit secrètement, soit publiquement, n'est pas un crime, *c'est la défense juste, en face de l'attaque injuste* [1].

*_**

« Ceux qui séduisent les femmes des autres doivent être mutilés et bannis par ordre du roi.

*_**

« L'adultère occasionne le mélange des castes, le mélange des castes amène l'oubli des devoirs et la perte de l'univers.

*_**

« L'homme qui est surpris s'entretenant secrètement avec la femme d'un autre, s'il n'est de mœurs pures, doit subir l'am ide ; s'il est au contraire connu pour sa bonne condu· e, et s'entretienne avec elle pour un motif valable, il n'est p int coupable.

*_**

« Mais celui qui s'entretient avec la femme d'un autre dans un lieu éloigné de pèlerinage, au fond d'une forêt ou sur les rives désertes d'une rivière, encourt la peine de l'adultère.

*_**

« Suivre une femme, jouer avec elle, toucher ses vêtements, ses bijoux, s'asseoir sur son lit, sont dits par les sages être la preuve d'intentions adultères.

---

1. C'est le droit de légitime défense que toutes les nations ont inscrit en tête de leur législation pénale.

*
* *

« Toucher une femme mariée d'une manière indécente, souffrir qu'elle nous touche de même, sont les preuves du consentement mutuel de l'adultère.

*
* *

« Le soudra qui viole une brahmine doit être mis à mort. Dans toutes les castes, la femme est ce qui doit être le plus respecté.

*
* *

« Les pénitents, les rapsodes qui chantent les louanges des dieux, ceux qui offrent les sacrifices, et les serviteurs de la maison, peuvent s'entretenir avec des femmes mariées, sans qu'il y ait rien de répréhensible.

*
* *

« Quiconque parle, malgré la défense faite, à des femmes qui lui sont étrangères, doit être condamné à un souvarna d'amende.

*
* *

« Ces lois ne peuvent s'appliquer aux femmes de comédiens ambulants, de chanteurs, de danseurs, ni à celles dont les maris vivent de leur inconduite, facilitent leurs relations amoureuses et leur amènent des amants.

*
* *

« Celui qui entretient des relations avec des esclaves, des servantes, ou avec des femmes consacrées au culte, de leur libre consentement, ne doit recevoir qu'une légère amende.

* *

« Celui qui viole une jeune fille doit être condamné à une peine corporelle; mais s'il possède cette jeune fille avec son consentement et qu'il soit de sa caste, il n'encourt aucun châtiment.

* *

« Si une jeune fille s'abandonne à un homme d'une caste supérieure, on ne doit pas lui imposer d'amende; mais si elle se livre à un homme de basse caste, elle doit être enfermée par ordre du roi.

* *

« Un homme de basse caste qui ose rechercher une fille des classes supérieures, doit être condamné à une peine corporelle; mais s'il s'adresse à une fille de sa condition, qu'il donne au père les présents d'usage et l'épouse, si ce dernier y consent.

* *

« Celui qui, poussé par la passion, souille une jeune fille par un contact manuel, doit avoir deux doigts coupés et payer six cents panas d'amende.

* *

« Si la jeune fille y consent, et s'il est de la même caste qu'elle, on ne lui coupera pas les deux doigts, mais qu'il soit condamné à payer deux cents panas.

* *

« Si une jeune fille en souille une autre par un contact manuel, elle doit payer deux cents panas d'amende, payer au double les cadeaux de noce et recevoir dix coups de corde.

***

« Si c'est une femme mariée qui blesse ainsi la pudeur d'une fille, qu'on lui rase la tête, qu'on lui coupe les doigts, et qu'on la promène à rebours sur un âne [1].

***

« Si une femme des castes élevées, — brahmine ou xchatriane, — et mariée, est surprise avec un homme de caste infime, que le roi la fasse dévorer publiquement par des chiens.

***

Que son complice soit brûlé sur un cadre de fer rougi au feu et dont la chaleur sera entretenue avec du bois jusqu'à ce qu'il tombe en poussière.

***

« Un homme de bonne caste déjà condamné et qui, dans la même année, est convaincu d'avoir eu commerce avec une femme de basse caste, ou une tchandali, — pariah, — doit payer une amende double.

***

« Tout soudra qui sera convaincu d'avoir eu commerce avec une femme des trois castes supérieures, si cette femme n'était pas gardée, sera *castré* et perdra tous ses biens ; si elle était gardée, il sera mis à mort.

1. Cette promenade sur un âne était encore imposée aux femmes adultère, comme punition, au moyen âge.

Dans quelques provinces de France, en Bourgogne, par exemple, il est en usage de promener sur un âne, le mercredi des cendres, le premier homme frappé publiquement par sa femme, dans l'année.

***

« Pour commerce avec une brahmine gardée et non mariée, le vaysia sera enfermé et privé de tout son bien, le xchatria sera condamné à mille panas d'amende, il aura en outre la tête rasée et couverte de fiente [1].

***

« Si la brahmine n'était ni mariée ni gardée, le vaysia ne sera condamné par le roi qu'à cinq cents panas d'amende, et le xchatria à mille.

***

« Si un vaysia et un xchatria commettent un adultère avec une brahmine mariée et gardée, qu'ils reçoivent le supplice du soudra et soient brûlés sur une grille de fer.

***

« Le brahme qui viole une brahmine doit être condamné à mille panas d'amende; s'il y a eu consentement mutuel, l'amende sera de moitié.

***

« Une marque infâme est imprimée sur la tête du brahme coupable d'adultère avec une brahmine, dans tous les cas où la mort serait appliquée aux membres des autres castes.

***

« On ne doit jamais tuer un brahme ni lui confisquer ses biens, quels que soient les crimes qu'il ait commis; le roi doit se contenter, sans lui faire de mal, de le bannir de la contrée. Il

---

1. Cela équivaut à la dégradation.

n'y a pas de plus grand crime que le meurtre d'un brahme, la pensée seule rendrait coupable un roi.

***

« Tout vaysia qui séduit une femme gardée de la caste royale, et tout xchatria qui a des relations coupables avec une femme gardée de la caste des commerçants, subissent l'amende du cas de la brahmine non gardée.

***

« Le brahme qui séduit une femme de ces deux castes doit payer mille panas d'amende; pareille somme est imposée au vaysia et au xchatria qui ont commerce avec une femme de la caste servile.

***

« Le roi dans les États duquel on ne pourrait trouver un vol, un adultère, un viol, une diffamation, un brigandage, une violence, même légère, qui ne soient pas punis, va droit au séjour d'Indra.

***

Les droits et les devoirs.

« Un père, une mère, une épouse, un fils, ne doivent jamais être abandonnés, à moins qu'ils n'aient commis de grands crimes. Celui qui délaisse l'autre doit être frappé, chaque année, d'une amende de six cents panas.

***

« Le prêtre sacrificateur et le prêtre célébrant qui s'abandonnent mutuellement l'un l'autre pour cause de vieillesse, et non de faute grave, doivent être condamnés à cent panas d'amende.

*
* *

« Lorsque les brahmes deux fois nés — dwidjas — ont entre eux quelques contestations, le roi ne doit point se mêler d'interpréter la loi ni s'interposer, s'il tient au salut de son âme [1].

*
* *

« Qu'il leur rende les honneurs dus à leur rang, leur adresse des paroles amicales, et laisse les sages brahmes parmi les sages, apprendre aux sages leurs devoirs.

*
* *

« Dans les festins qu'ils donnent, les cérémonies qu'ils accomplissent, les réjouissances de famille, les brahmes doivent s'inviter les uns les autres dans les limites du voisinage ; celui qui est vertueux et savant, de bonnes mœurs et voisin, et qui n'est pas invité, a droit à une réparation du double du repas ou des frais de cérémonie.

*
* *

« Les aveugles, les fous, les infirmes, les vieillards à soixante-dix ans, les anachorètes, les pénitents versés dans l'Écriture sainte, les gourous — professeurs —, les femmes, doivent être exempts des impôts prélevés par le roi.

*
* *

« Que le roi protége et vénère les théologiens, les sannyassis, les brahmes ; qu'il protége les malades, ceux qui sont dans l'affliction, les enfants, les vieillards, les pauvres, et les gens des classes les plus infimes s'ils sont honnêtes et vertueux.

---

1. Cette expression si éminemment catholique se rencontre à chaque pas dans Manou.

*_**

« Le blanchisseur doit laver le linge qu'on lui confie, peu à peu, sur une planche polie de bois de salmali ; il ne doit point mélanger les vêtements des uns et des autres, il ne doit point les porter, les laisser porter ou les louer.

*_**

« Le tisserand qui a reçu dix palas de coton ou de soie doit livrer en étoffe un pala de plus, et, s'il ne se conforme pas à cela, il doit être condamné à une amende de douze panas [1].

*_**

« Des hommes sachant apprécier la valeur des marchandises, doivent en déclarer le prix et fixer les droits quand elles viennent du dehors ; si les droits ne peuvent être fixés, que le roi prélève le vingtième.

*_**

« Les marchandises d'un commerçant dont la valeur est déguisée par cupidité, ou dont l'exportation est réservée au roi, doivent être confisquées.

*_**

« Quiconque, sur les autres marchandises, fraude les droits, vend ou achète la nuit, dissimule la valeur de ses marchandises pour les soustraire à l'impôt, doit être frappé d'une amende de huit fois la valeur.

*_**

« L'éloignement des lieux de production des marchandises,

---

1. Le tisserand est obligé de rendre un poids supérieur, car les Indous chargent, pour les travailler plus facilement, les fils de coton et de soie avec de l'eau de riz.

le lieu où elles doivent être envoyées, le temps qu'on les garde
et les bénéfices qui doivent résulter de tout cela étant connus,
que le roi règle les prix de vente et d'achat avec les hommes
compétents.

*
* *

« Tous les cinq jours, ou à chaque quinzaine, que le prix des
marchandises soit réglé de la même manière par le roi.

*
* *

« Que tous les six mois la valeur des métaux soit détermi-
née, et les poids et mesures examinés.

*
* *

« Le passage des rivières sur un bac est taxé d'un droit
d'un pana pour une voiture, d'un demi-pana pour un porteur
de fardeau, d'un quart de pana pour des bestiaux, d'un huitième pour une femme et un homme non chargé.

*
* *

« Les charrettes à marchandises payent en raison de la valeur et du poids des objets qu'elles transportent ; celles qui
sont vides sont taxées à un pana ; les pauvres à un cauris [1].

*
* *

« Pour le parcours des fleuves, le prix est proportionné à la
durée, aux lieux et aux époques ; pour les traversées en mer,
il n'y a pas de taxe établie.

*
* *

« Une femme enceinte, un pèlerin, un anachorète, un brahme

---

1. Petit coquillage dont il faut 80 pour faire un pala. Le pala vaut
environ un sol de notre ancienne monnaie.

13

revêtu des insignes religieux, ne sont pas soumis au droit de passage.

*
* *

« Si, dans le transport, les bateliers détériorent ou perdent quelque chose par leur faute, ils sont tenus du dommage ; pour un accident qu'il n'était pas en leur pouvoir d'éviter, ils ne sont pas tenus.

*
* *

« Le roi doit veiller à ce que les vaysias fassent le commerce, prêtent de l'argent, élèvent des bestiaux et labourent. Quant aux soudras, il ne leur a pas été assigné d'autre emploi par le souverain maître, que de servir les autres castes.

*
* *

« Si un xchatria ou un vaysia tombent dans le besoin, que les brahmes leur viennent en aide, mais qu'ils ne les forcent pas à occuper un emploi au-dessous de leur caste.

*
* *

« Le brahme qui, par cupidité, emploie à des travaux serviles des gens de classes supérieures mais pauvres, abuse de son autorité et doit être condamné à une amende de six cents panas par le roi.

*
* *

« Que le roi oblige le soudra, esclave ou affranchi par son maître, à accomplir les travaux serviles ; il a été créé pour la servitude, et nul n'a le pouvoir de le faire sortir de cet état.

*
* *

« Il y a sept espèces d'esclaves : le prisonnier fait à la guerre, l'enfant d'une esclave, celui qui aliène sa liberté pour vivre,

celui qui a été vendu pour une dette, celui qu'on achète, et
celui qu'on reçoit en héritage.

***

« La femme, le fils, l'esclave, ne possèdent rien en propre,
pas même leur corps ; tout ce qu'ils ont et peuvent acquérir
appartient au père de famille [1].

***

« Que le roi oblige les vaysias et les soudras à accomplir
leurs devoirs et à rester dans leurs castes, car sans cela ils
bouleverseraient le monde.

***

« Que le roi s'occupe sans cesse des affaires qui lui sont soumises, qu'il veille à ses revenus et à ses dépenses, que ces
dernières ne dépassent pas le produit des mines, de l'impôt
et du trésor.

***

« En s'occupant avec soin de toutes les affaires de son peuple et des siennes, selon la loi, un roi exempt de souillures
s'absorbe, après sa mort, dans le sein de Brahma. »

Lorsqu'on lit attentivement les curieuses prescriptions du
Manava-Dharma-Sastra que nous venons de traduire, et dont
la codification se perd dans la nuit des temps antéhistoriques,
on se demande combien il a fallu de siècles et de civilisations
superposés les uns sur les autres, pour arriver à les formuler
dans un droit écrit.

A part certaines formules particulières aux idées religieuses

---

1. N'est-ce pas tout le droit servile, et les prescriptions sur l'autorité
paternelle des Romains ?

des brahmes, et dont l'application a été bornée à l'Inde, tous les autres principes ont passé dans les législations anciennes de la Grèce et de Rome, dans le droit coutumier et féodal du moyen âge et dans nos codes modernes.

On jugera mieux des emprunts en les dégageant de l'ensemble. Voici les principales de ces prescriptions légales.

La justice émane du souverain.

Le souverain peut agir par la délégation de trois assesseurs connaissant la loi.

La loi protége directement les biens des mineurs, des femmes et des absents.

Tout bien sans maître revient au domaine du roi.

Tout trésor appartient, par moitié, au domaine du roi et à l'inventeur.

Le droit est basé sur la tradition, la coutume, et les sentences des sages.

Lorsque la dette ou la convention sont discutées, il faut avoir recours aux témoins quand l'objet est de peu de valeur.

Pour les objets de grande valeur, il faut un titre ou un commencement de titre, qui permette l'audition des témoins comme supplément de conviction.

Le créancier a pouvoir sur la chose et sur la personne du débiteur.

On ne doit entendre comme témoins, ni les parents ni les amis, ni les fous ni les hommes de mauvaises mœurs, ni les enfants ni les femmes.

En l'absence des témoins on peut les entendre à titre de renseignements.

Les parties ne peuvent communiquer avec les témoins à l'audience.

Un seul témoin, pas de témoin; de là l'adage *testis unus, testis nullus*.

Quand il n'y a ni titre, ni témoin, le serment est déféré.

Quand les deux parties font le serment et qu'on ne peut découvrir la vérité, le juge a recours *au jugement de Dieu —* ordalya — jugement par l'épreuve ;

Par le combat, le feu, l'huile bouillante, l'eau, le poison, les serpents, la balance, etc...

La partie qui succombe est condamnée à réparation et à une amende au profit du domaine du roi.

Le faux témoin subit un châtiment corporel, et paye une amende.

Établissement du principe des amendes en monnaie d'acier, d'argent et d'or.

Toute somme prêtée sans aléa, sans risque, sans participation de bénéfice, ne produit qu'un intérêt légal de cinq pour cent par mois.

On ne doit pas jouir d'un gage sans la permission du propriétaire.

Le créancier qui use avec autorisation du gage qu'il a reçu, n'a pas le droit de réclamer d'autre intérêt.

La propriété du gage et du dépôt n'est jamais prescrite par le créancier contre le débiteur déposant.

La propriété se prescrit par une jouissance paisible et sans trouble de dix ans.

On ne prescrit pas contre les mineurs, les femmes, les prêtres et le roi.

La caution de comparution n'oblige qu'elle ; la caution d'une dette s'oblige et oblige ses héritiers.

Tout contrat fait par un enfant, un fou, un malade, un vieillard en enfance, ou tout mandataire non autorisé, est nul.

Tout contrat contraire aux lois et aux bonnes mœurs est nul.

Tout ce qui est fait ou obtenu par fraude est nul.

Tout ce qui est donné, fait, obtenu, possédé, acheté, écrit par force est nul.

Le dépôt est inviolable, il doit être restitué tel qu'il a été confié : ainsi donné ainsi repris.

Il peut être remis aux héritiers.

Le dépositaire n'est pas responsable de la perte dans le cas de force majeure.

Il est responsable de sa faute et de sa négligence.

Déposé en secret, le dépôt doit être rendu en secret.

La maladie constatée ne brise pas une convention de travail.

Le maître est responsable de ses serviteurs.

Les serviteurs, fermiers, pâtres et autres, sont responsables de leur faute et de leur négligence, mais jamais des cas de force majeure.

Chaque village doit conserver une zone libre pour la vaine pâture.

Les discussions sur les limites et les bornes sont décidées par les juges, avec enquête et expertise.

Quiconque cause volontairement ou involontairement du dommage à autrui est tenu de le réparer.

En cas de légitime défense, il n'y a ni faute, ni délit, ni crime.

La répression pénale est basée sur l'amende, la prison, la torture, les peines corporelles de divers degrés[1].

Consécration de ce principe, qu'après la réparation et la punition, l'homme rentre sans souillure dans le sein de la société.

Tout bien appartenant au père de famille, toute autorité réside en lui ; ses enfants, sa femme, ses esclaves sont toujours sous sa tutelle, etc...

---

1. Il n'y a pas encore un siècle que nous possédions encore, en France, tous les genres de tortures et toutes les punitions corporelles des Indous, depuis le fouet et l'ablation des membres, jusqu'à l'écartèlement et la mort.

Il est inutile d'insister sur les points de détail. Tels sont ces principes que tous les législateurs, Minos, Solon, Dracon, les prudents des premiers temps de Rome et Justinien se sont attribués successivement, en développant plus particulièrement les points qui convenaient mieux à leur civilisation et à leur époque.

Mais si, d'un côté, le grand courant d'émigration par le sud a porté toutes ces traditions en Perse, en Asie Mineure, en Arabie, en Égypte, en Grèce et en Italie... de l'autre, par les plateaux du nord, la Slavie, la Scandinavie, la Germanie et la Gaule héritaient des mêmes traditions, s'appropriant également celles qui convenaient le mieux à leur sol.

C'est ainsi que pendant longtemps les populations du Nord, plus énergiques, plus barbares, conservent les épreuves de l'ordalya — jugement de Dieu, — les mutilations, les tortures, l'esclavage du débiteur, que la réaction entreprise par Dracon avait voulu conserver à la Grèce, dont la loi des douze tables à Rome fut un dernier écho, et qui vont en Germanie et en Gaule franchir le seuil des temps modernes.

89 a aboli la torture, la prison pour dettes ne vient que de disparaître.

Il nous reste la mort!

CHAPITRE XVI.

LA GENÈSE ÉGYPTIENNE.

« Primitivement, il n'y avait rien dans le vide, si ce n'est l'*Être dont la substance existe par elle-même éternellement.* Celui qui se donne l'être à lui-même, qui s'engendre éternellement, c'était Ammon.

(Extrait du Rituel funéraire égyptien.)

« C'était Ammon-Ra (Ra, soleil), roi des dieux, lumière du monde. Ammon-Ra, seigneur des trônes. Ammon-Ra, père des dieux, créateur de l'univers, principe vital des essences divines, soutien de tous les mondes. Ammon-Ra, seigneur du ciel, modérateur des dieux. »

(Fragments d'inscriptions de la statue de Memnon,
du temple de Thoutmosis, d'Esnèh et du Rhames-
séum, relevées par Champollion.)

« Ammon-Ra est le créateur du ciel et de la terre. »

(*Hymnes égyptiens.*)

« Ammon-Ra renferme en lui le principe mâle de l'action, Ammon, et le principe femelle de la reproduction, Mouth. De l'union de ces deux principes naît Khons, et la triade égyptienne se trouve ainsi formée :

Ammon, — le Père.

Mouth, — la Mère.

Khons, — le Fils.

« Le point de départ de la mythologie égyptienne, dit l'illustre Champollion, est une *triade* formée des trois parties d'Ammon-Ra, savoir : Ammon le mâle et le père, Mouth la femelle et la mère, et Khons le fils enfant.

« Cette triade s'étant manifestée sur la terre se résout en Osiris, Isis et Horus. Mais la parité n'est pas complète puisqu'Osiris et Isis sont frères. C'est à Kalabschi que j'ai enfin trouvé la triade finale, celle dont les membres se fondent exactement dans trois membres de la triade initiale : Horus, en effet, y porte le titre de mari de la mère, et le fils qu'il eut de sa mère. Malouli est le dieu principal de Kalabschi, cinquante bas-reliefs nous donnent sa généalogie. Ainsi la triade finale se formait d'Horus, de la mère Isis, et de leur fils Malouli, personnages qui entrent exactement dans la triade initiale : Ammon le père, Mouth la mère, et Khons le fils.

(Lettres de Champollion le jeune.)

Ammon, principe générateur et créateur, est adoré sous la forme du *phallus.*

La création de cet univers va s'accomplir également par un germe divin déposé au fond des eaux.

Écoutons le dialogue de l'Être suprême et de Thôth, divinité inférieure, sur la fin du chaos.

« Thôt. — *Primitivement il n'y avait rien dans le vide...* Peu après, une ombre effroyable qui se terminait en obliques replis et se revêtait d'une nature humide, s'agitait avec un fracas terrible. Une fumée s'en échappait avec bruit. Une voix sortait de ce bruit; elle me semblait être la voix de la lumière, et le Verbe sortit de cette voix de la lumière.

« Ce Verbe était porté sur un principe humide et il en sortit le feu pur et léger, qui, s'élevant, se perdit dans les airs. L'air léger, semblable à l'esprit, occupe le milieu entre l'eau et le feu ; et la terre et les eaux étaient tellement mêlées ensemble que la surface de la terre, enveloppée par les eaux, n'apparaissait en aucun point. *Elles furent toutes deux agitées par le Verbe de l'Esprit, parce qu'il était porté au-dessus d'elles.*

« L'Être suprême. — As-tu bien compris ce que signifie ce spectacle?

« Tôth. — Je le connaîtrai.

« L'Être suprême. — Cette lumière, c'est moi ; je suis l'intelligence, je suis ton Dieu, je suis plus ancien que les eaux qui naissent après le chaos, je suis le germe, le Verbe, le Fils de Dieu. »

(Hermès Trismégiste.)

C'est ce germe, ce Verbe, ce fils de Dieu flottant sur les eaux qui, comme dans la Genèse indoue, va maintenant faire émaner de sa propre substance l'universalité des êtres animés et inanimés. Cette Genèse, souvenir évident de traditions anciennes, dont nous aurons à rechercher la source, donna également naissance à un gouvernement théocratique basé sur les castes, dans lequel, comme dans l'Inde, les prêtres eurent le premier rôle et les guerriers le second, avec des agriculteurs et des marchands pour les nourrir, et des esclaves pour servir tout le monde...

Il ne reste de la Genèse égyptienne que ce que les hiéroglyphes nous ont conservé. L'incendie de la bibliothèque d'Alexandrie a fait la nuit sur les traditions les plus intéressantes de cette antique contrée.

CHAPITRE XVII.

LE PANTHÉON ÉGYPTIEN.

Il serait assez difficile de faire une étude exacte de tout point du symbolisme qui a donné naissance aux dieux inférieurs de l'Égypte, aucun ouvrage émané des hiérophantes ne nous étant parvenu. Cependant, en nous aidant de ce que les Grecs nous ont laissé sur ce sujet, ainsi que des travaux des deux Champollion et de l'éminent égyptologue Beauregard, il nous sera possible de donner un tableau à peu près complet de l'Olympe des Égyptiens. Comme dans l'Inde les dieux et déesses subalternes ne sont que des émanations de l'Être suprême et de la trinité créatrice.

Ammon-Ra,

L'Être irrévélé, créateur suprême, principe de tout ce qui existe.

Ammon,
Mouth,
Khons,

Trinité primitive.

Osiris,
Isis,
Horus.

Trinité manifestée, c'est-à-dire créatrice.

Osiris remplit, dans la création, le rôle de père, Isis celui de mère, et Horus est le produit.

Osiris est encore considéré comme le juge des morts. Isis préside à la naissance de l'homme, le protége pendant sa vie, et l'assiste à l'heure de la mort. C'est la vierge immortelle, source de tout ce qu'il y a de grand, de bon et de généreux sur la terre.

Ma ou Thmeï, déesse de la justice ; la Thémis des Grecs et des Romains.

Neith, déesse de la sagesse.

Soven, déesse qui préside aux accouchements.

Horus, dieu du bien.

Seth, dieu du mal.

Thôth, dieu de la science.

Anubis, dieu des tombeaux.

Nephthys, déesse compagne d'Isis, l'assiste dans son rôle de protectrice des morts.

Bès, dieu qui semble n'être qu'une figure de l'Hercule grec.

Aroeris, fils d'Osiris et d'Isis, qui l'engendrèrent étant encore dans le sein de leur mère. L'histoire ne nous a rien laissé sur ce curieux symbole.

Phtah, ouvrier divin, qui façonna l'univers.

Sevek, dieu du temps.

Phré ou Ra, dieu du soleil.

Au-dessous de ces dieux, qui ne sont que des modifications des trois personnages de la triade, recevant des noms différents suivant les missions différentes qu'ils se donnent, il existait une quantité innombrable de génies et d'esprits inférieurs auxquels de nombreux textes anciens font allusion, mais dont les noms et les attributs n'ont pu survivre à la destruction, à peu près complète, de tous les monuments écrits de l'Égypte ancienne.

Le rôle que jouent les animaux dans cette mythologie est également peu connu.

Il paraît bien que le *scarabée*, que l'on rencontre à profusion dans les hypogées, était le symbole de la régénération ;

Que la *chatte* n'était qu'une figure hiéroglyphique de la lune ;

Que l'*ibis* était considéré comme l'oiseau messager d'Isis, venant annoncer les bienfaits périodiques des inondations du Nil ; qu'il était aussi le symbole de Thôth, esprit de Dieu, expression des sciences exactes et des arts ;

Qu'*Apis* était un symbole de fécondité et de richesse ;

Que le *crocodile* était une figure muette de l'Éternel. (Hérodote et Plutarque.)

Que l'*épervier* était une figure de l'âme immortelle.

Mais le sens caché réellement philosophique, que les prêtres donnaient à la représentation de ces figures, n'est et ne sera jamais dévoilé. Tous ces animaux et une foule d'autres n'avaient certainement, dans les temples, qu'une valeur d'hiéroglyphe, et nous ne partageons certes pas l'opinion de certains écrivains catholiques, qui veulent, *quand même*, que les Égyptiens aient adoré des animaux et des monstres. Cependant, nous penserions volontiers que les hiérophantes, conformément aux habitudes sacerdotales, tout en ne voyant que des emblèmes dans les statues d'animaux dont ils ornaient leurs temples, laissaient assez volontiers le vulgaire dans une ignorance profonde du sens réel de ces symboles.

Nous avons vu — cet exemple expliquera notre pensée — de pauvres paysans, à genoux dans l'église de leur village, murmurer, dans une langue qui leur était étrangère, des prières adressées aux saints, aux anges, à la divinité... Il est certain que le prêtre comprenait le symbolisme plus ou moins singulier de cette mythologie. Mais le paysan, lui, nous nous en sommes assuré souvent, n'entendait pas un mot de ce qu'il débitait, par habitude... comme le bœuf qui creuse son sillon ou se rend à l'abattoir, sans savoir ni ce qu'il fait ni où il va.

Partout les prêtres ont tenu à composer leurs mystères dans une langue inconnue de la foule.

CHAPITRE XVIII.

GENÈSE HÉBRAÏQUE.

Bien que la genèse hébraïque soit d'une rédaction de beaucoup postérieure à celle des Chaldéens, des Perses et des Chinois, nous la donnons immédiatement après les genèses indoue et égyptienne dont elle est une émanation directe.

Le premier chapitre de la Bible est sans doute dans toutes les mémoires, mais il est tellement d'usage, dans les versions protestantes et catholiques, d'en atténuer les expressions les plus *significatives*, que nos lecteurs nous sauront gré de mettre sous leurs yeux une traduction plus conforme au texte.

Nous devons citer en entier également ce passage pour les besoins de notre thèse.

« Au commencement *les dieux* — *Elahim* — créa — *bara* — les cieux et la terre.

* * *

« Et la terre était confuse et déserte, et l'obscurité était sur la face de la terre et l'*esprit des dieux* s'agitait sur la surface des eaux.

* * *

« Et *les dieux dit :* Que la lumière soit, et la lumière fut.

***

« Et il vit que la lumière était bonne, et il la sépara de l'obscurité.

***

« Et il appela jour la lumière et nuit l'obscurité, et le soir et le matin furent un premier jour.

***

« Et *les dieux dit* : Que le vide soit au milieu des eaux, et qu'il sépare les eaux des eaux.

***

« Et *les dieux* fit le vide, séparant les eaux qui sont sous le vide des eaux qui sont sur le vide.

***

« Et il donna au vide le nom de cieux, et le soir et le matin furent un second jour.

***

« Et *les dieux dit* : Que les eaux sous les cieux se rassemblent en un seul lieu et que la terre sèche se montre ; cela fut ainsi.

***

« Et il donna au sec le nom de terre et le nom de mer à l'amas des eaux, et cela fut.

***

« Puis *les dieux dit* : Que la terre soit féconde (littéralement pousse son jet) et produise de l'herbe portant semence, des arbres portant du fruit selon leur espèce, ayant leur semence en eux-mêmes sur la terre, et cela fut.

*
* *

« La terre donc produisit de l'herbe portant semence selon son espèce, et des arbres portant des fruits ayant leur semence en eux-mêmes selon leur espèce, et *les dieux vit* que cela était bon.

*
* *

« Ainsi fut le soir, ainsi fut le matin, et ce fut le troisième jour.

*
* *

« Et *les dieux dit :* Qu'il y ait des flambeaux dans l'étendue des cieux pour séparer la nuit d'avec le jour, et servir de signes pour les saisons et les années.

*
* *

« Et que ces flambeaux brillent dans l'étendue des cieux afin de luire sur la terre, et cela fut.

*
* *

« *Les dieux* donc *fit* deux grands flambeaux, le plus grand pour dominer sur le jour, et le moindre pour dominer sur la nuit, et aussi les étoiles.

*
* *

« Et il les mit dans l'étendue des cieux pour luire sur la terre,

*
* *

« Et pour dominer sur le jour et sur la nuit, et pour séparer la lumière d'avec les ténèbres, et *les dieux vit* que cela était beau.

*
* *

« Ainsi fut le soir, ainsi fut le matin, et ce fut le quatrième jour.

14

*

« Puis *les dieux dit :* Que les eaux produisent abondamment des animaux qui se meuvent, qui aient vie, et que les oiseaux volent sur la terre vers l'étendue des cieux.

*

« Il créa donc les grands poissons et tous les animaux vivants qui se meuvent, que les eaux produisirent abondamment selon leur espèce, et tout oiseau ayant des ailes selon son espèce, et il vit que cela était bon.

*

« Et *les dieux les bénit* disant : Croissez et multipliez, et remplissez les eaux dans les mers, et que les oiseaux multiplient sur la terre.

*

« Ainsi fut le soir, ainsi fut le matin, et ce fut le cinquième jour.

*

« Et *les dieux dit :* Que la terre produise des animaux vivants suivant leur espèce, les animaux domestiques, les reptiles et les bêtes de la terre selon leur espèce, et ainsi fut.

*

« *Les dieux* donc *fit* les bêtes de la terre selon leur espèce, les animaux domestiques selon leur espèce, et les reptiles de la terre selon leur espèce, et il vit que cela était beau.

*

« Puis *les dieux dit :* *Faisons* l'homme mâle et femelle à notre image selon notre ressemblance, et qu'il domine sur les poissons de la mer, sur les oiseaux des cieux, sur les animaux domestiques, et sur la terre et sur tout reptile qui rampe sur la terre[1].

*
* *

« *Les dieux* donc *créa* l'homme à son image, et à son image il les créa mâle et femelle.

*
* *

« Et il les bénit et leur dit : Croissez et multipliez[1] et remplissez la terre, et l'assujettissez, et dominez sur les poissons de la mer et sur les oiseaux des cieux, et sur toute bête qui se meut sur la terre.

*
* *

« Et *les dieux dit* : Voici, je vous ai donné toute herbe portant semence qui est sur toute la terre, et tout arbre qui porte du fruit d'arbre et a en soi sa semence, ce qui vous sera pour nourriture.

*
* *

« Et j'ai donné à toutes les bêtes de la terre et à tous les oiseaux des cieux, et à tout ce qui se meut sur la terre, qui a vie en soi, toute herbe verte pour manger, et ainsi fut.

*
* *

« Et *les dieux vit* que tout ce qu'il avait fait était très-beau ; ainsi fut le soir, ainsi fut le matin, et ce fut le sixième jour... »

On sait qu'Élahim — *les dieux* — se reposa le septième jour.

Nous ne pousserons pas plus loin notre citation, et renvoyons toute comparaison à un chapitre spécial. Remarquons cependant : *que l'homme est déjà créé mâle et femelle à l'image*

1. Comment? la femme n'est pas encore créée.

d'Élahim, c'est-à-dire des dieux, et que la femme n'a pas encore vu le jour. Elle ne sera formée d'une côte de l'homme qu'après le repos du septième.

Aucune discussion ne pourrait s'élever quant à la traduction du mot Élahim, les dieux.

En hébreu, le singulier Élah signifie Dieu,

Et le pluriel Élahim, les dieux.

Nous en appelons à tous les hébraïsants sans craindre le moindre démenti.

Or, tout ce passage de la Genèse emploie cette expression Élahim, les dieux, et non Élah, qui signifierait dieu.

De plus, le pluriel Élahim, les dieux, gouverne toujours un singulier :

Élahim bara, les dieux créa.

Si nous observons qu'*Élahim bara, que lés dieux créa l'homme mâle et femelle à son image, et en une seule personne, puisque la femme n'était pas encore créée...* nous en conclurons qu'Élahim représente, dans la Genèse hébraïque, ce dieu à la double nature mâle et femelle que nous avons déjà rencontré dans les Genèses indoue et égyptienne, ce qui, n'en déplaise aux catholiques et aux Juifs, permet de retrouver la vieille tradition trinitaire de l'Orient, tradition dont le rédacteur du *Pentateuque* a subi sans s'en douter peut-être l'influence.

Et alors nous avons :

Élahim, les dieux mâle et femelle représentant ⟨ Le Père. / La Mère.

Et l'esprit d'Élahim, qui, comme le Nara indou et le Khons égyptien, flottait sur les eaux, et qui représente le produit, c'est-à-dire............ Le Fils.

Et voilà pourquoi, catholiques et protestants, quand ils traduisent la Bible, n'ont pas l'air de s'apercevoir qu'*Élahim* est le pluriel d'Élah, et doit se traduire les dieux.

Nous n'en tirons pas la conséquence que le judaïsme fut trinitaire, et n'avons nulle envie de lui contester son grossier monothéisme qui n'a jamais approché des conceptions élevées de l'Inde et de l'Égypte. Mais cela démontre que les fondateurs de la loi mosaïque, en proscrivant la pluralité des dieux, ne sont pas parvenus à se soustraire complétement à l'influence des cosmogonies anciennes, qui voyaient dans l'Être suprême la représentation symbolique de tout ce qu'il y a de plus grand, de plus profond et de plus gracieux à la fois dans le mystère de la vie humaine :

> Le Père,
> La Mère
> Et l'Enfant.

CHAPITRE XIX.

DE L'AUTHENTICITÉ DU PENTATEUQUE ATTRIBUÉ A MOÏSE

Nous ouvrons une parenthèse sous forme de chapitre, au milieu de ces traditions génésiques des différents peuples de l'antiquité, pour nous occuper du *Pentateuque* auquel nous venons d'emprunter quelques pages.

C'est à tort que cet ouvrage est attribué à Moïse dans sa forme actuelle.

Nous n'avons pas la prétention de rien apprendre aux hébraïsants, ni à ceux qui ont fait une étude particulière des questions religieuses, mais il est des vérités qu'on ne saurait trop vulgariser, à l'encontre de certains savants qui prétendent qu'il faut laisser le peuple à ses croyances, comme le bœuf à la charrue, et quand bien même notre livre ne devrait tomber qu'entre les mains d'un seul homme ignorant ces matières, nous estimerions que nous n'aurions point perdu notre temps.

Le *Pentateuque* comprend les cinq premiers livres suivants de la Bible :

La *Genèse*.
L'*Exode*.
Le *Lévitique*.
Les *Nombres*.
Le *Deutéronome*.

Toute la révélation juive et chrétienne s'appuie sur ce fait que Moïse est l'auteur de ces cinq livres.

Cette opinion, que défendent, comme les derniers retranchements d'une place forte, les adeptes de ces deux religions, ne peut aujourd'hui soutenir un examen scientifique, à moins que les plus grossiers anachronismes ne soient de lumineux arguments en matière d'histoire religieuse.

Nous n'avons pas les loisirs d'une étude complète sur la loi mosaïque, mais nous allons demander à la Bible elle-même une série de preuves devant l'autorité desquelles succomberait le livre d'histoire profane le plus authentique en apparence. .

1º Le dernier chapitre du *Deutéronome* nous donne un récit détaillé de la mort de Moïse, et se termine par ces mots :

« Personne jusqu'à ce jour n'a connu le lieu de sa sépulture, et il ne s'est plus élevé dans Israël de prophète égal à Moïse. »

Si Moïse était l'auteur du *Deutéronome*, il est clair qu'il ne pourrait pas nous y raconter sa mort, ni savoir *s'il ne s'est pas élevé plus tard de prophète égal à lui en Israël.*

2º Le premier chapitre du *Deutéronome* débute par ces mots :

« Voici les paroles que Moïse adressa à tout Israël *au delà du Jourdain dans le désert...* »

Moïse ne peut tenir ce langage, puisqu'il est mort avant que son peuple ait traversé le Jourdain. Il est évident que cette phrase a été écrite au delà du Jourdain, du côté de Jérusalem, et l'écrivain, se reportant aux lieux d'où étaient venus ses pères, a pu écrire : au delà du Jourdain dans le désert.

3º *Deutéronome*, chap. III, verset 8, Moïse dit :

« En même temps nous enlevâmes aux deux rois amorrhéens leur pays situé *au delà du Jourdain*, entre le *torrent
Armon* et le *mont Harmon*. »

Comment Moïse aurait-il pu écrire ce verset, étant donné
que le pays des Amorrhéens, le torrent Armon et le mont
Harmon sont situés en avant du Jourdain, et que les Israélites
traversèrent et soumirent ces contrées avant de passer ce
fleuve? Il faut se placer du côté de Jérusalem où Moïse n'a pas
abordé pour qu'il soit possible de dire que le pays des Amorrhéens est situé au delà du Jourdain.

4° *Deutéronome*, Moïse écrit : versets 11, 12, 13, 14.

« Et nous prîmes toutes les villes d'Og, roi de Basan... qui
était resté seul de la race des Raphaïm... son lit est encore en
la ville de Rabat-Ammon... Et je donnai à Jaïr, fils de Manassé,
le pays de Basan qu'il nomma village de Jaïr, *et on les appelle
encore ainsi à ce jour*. »

Ce fait a eu lieu sur la fin de la vie de Moïse ; si ce législateur l'eût inscrit au *Deutéronome*, il ne l'aurait pas constaté
comme un souvenir historique ancien par cette phrase : *et on
les appelle encore ainsi à ce jour!*

5° *Deutéronome*, chap. iv, verset 41, on lit :

« Moïse marqua trois villes au delà du Jourdain vers le
soleil levant. » (Versets 45 et 46.)

« Voilà les lois et statuts que Moïse donna aux enfants d'Israël après la sortie d'Égypte dans la vallée de Bethphégor, au
delà du Jourdain. »

Au delà du Jourdain, par rapport à Moïse qui ne l'avait pas
traversé, *c'était le soleil couchant*. La vallée de Bethphégor

n'est *au delà* du Jourdain *vers le soleil levant* que pour l'écrivain placé du côté de Jérusalem.

Il est évident que tous ces versets sont l'œuvre d'un écrivain anonyme, qui longtemps après la mort de Moïse se donna la tâche d'écrire à Jérusalem l'histoire des primitives traditions juives, sans prendre la peine de les dégager de toutes les traditions religieuses recueillies pendant les longues années de captivité.

6° *Genèse*, chap. XII, verset 6.

Après avoir décrit la route d'Abraham depuis la Mésopotamie jusqu'à Sichem, et la vallée de Moria, l'auteur dit :

« Or les Chananéens occupaient encore ce pays. »

Donc ils ne l'occupaient plus au moment où cette phrase a été écrite, et comme les Chananéens ont été chassés par Josué, le rédacteur de la *Genèse* écrivait après Josué, et par conséquent longtemps après Moïse.

7° *Genèse*, chap. XXII, verset 14 :

« Abraham appela le lieu où il voulut sacrifier son fils Iaouh-Ierah — Dieu verra. — »

Comment le patriarche a-t-il pu appeler Dieu, Iaouh, alors qu'il est dit au chapitre VI de l'*Exode :*

« Dieu ne s'est fait connaître à personne avant Moïse sous le nom de Iaouh. »

La rédaction posthume du *Pentateuque* se décèle à chaque instant.

8° *Genèse*, chap. XIV, verset 14 :

« Abraham poursuivit ses ennemis jusqu'à Dan... »

Le Livre des *Juges*, chap. xviii, verset 29, nous enseigne que la ville sidonienne de Laïs reçut le nom de Dan parce qu'elle fut prise par six cents hommes de la tribu de Dan.

Or, la ville de Laïs n'ayant pas encore été prise sous Moïse, comment se pourrait-il faire que ce dernier, qui ne pouvait pas prévoir que la tribu de Dan lui donnerait son nom, ait pu écrire : qu'*Abraham poursuivit ses ennemis jusqu'à Dan?*

Pour Abraham c'est plus encore ; il ne pouvait guère appeler Laïs du nom de Dan, puisque cette ville ne devait recevoir ce nom que des descendants de Dan, fils de Jacob, petit-fils d'Isaac et son arrière-petit-fils à lui-même.

Quels faits historiques pourraient se tenir debout en présence de pareilles impossibilités?

9° Lisez ce passage frappant :

(*Genèse*, chap. xxxvi, verset 31 et suivants.)

« Voici les rois qui régnèrent sur la terre d'Edom avant qu'Israël eût des rois... »

Or, Israël n'ayant eu des rois que depuis Saül qui fut le premier, comment Moïse aurait-il pu parler d'événements accomplis après sa mort?

Il y a dans le *Pentateuque* une foule de non-sens et d'anachronismes semblables à ceux que nous venons de donner, et qui prouvent d'une manière irréfutable que cet ouvrage a été écrit longtemps après la mort de Moïse, et par conséquent ne peut lui être attribué.

On ne trouve ni dans le livre de *Josué*, ni dans celui des *Juges*, ni dans le livre de *Samuel*, ni dans les livres de Salomon et de David, ni dans les prophéties d'Isaac, aucune citation tirée du *Pentateuque*. A partir du roi Josiah et du grand prêtre Helkiah, cet ouvrage est, au contraire, constamment cité comme le *Livre de la Loi de Moïse.*

Quel est donc son auteur ?

A la Bible elle-même de nous répondre. (Deuxième livre des *Rois*, chap. XXII et XXIII.)

La légende de Josiah.

« Josiah était âgé de huit ans quand il commença à régner, et il régna trente et un ans à Jérusalem. Sa mère s'appelait Jedidah, et elle était fille de Hadaja de Bothskoth.

***

« Il fit ce qui est droit devant l'Éternel et il marcha dans toutes les voies de David, son père, et ne s'en détourna ni à droite ni à gauche.

***

« Or, il arriva, à la dix-huitième année du roi Josiah, que le roi envoya Scaphan, fils d'Astalja, fils de Mescullam, le secrétaire, dans la maison de l'Éternel, lui disant :

***

« Monte vers Helkiah, le grand sacrificateur, et qu'il lève la somme d'argent qu'on apporte dans la maison de l'Éternel, et que ceux qui gardent les *troncs* ont recueillie du peuple.

***

« Et qu'on la délivre entre les mains de ceux qui ont la charge de l'ouvrage, qui sont commis pour la maison de l'Éternel, qu'on la délivre, dis-je, à ceux qui ont la charge de l'ouvrage dans la maison du l'Éternel pour réparer ce qui est à réparer du temple.

***

« Savoir aux charpentiers, aux architectes, et aux maçons

même, pour acheter du bois et des pierres de taille pour réparer le temple.

*
* *

« Mais qu'on ne leur fasse point rendre compte de l'argent qu'on leur délivre entre les mains, parce qu'ils se conduisent fidèlement.

*
* *

« Alors Helkiah, le grand prêtre, dit à Scaphan, le secrétaire : J'ai trouvé le livre de la loi dans la maison de l'Éternel, et Helkiah donna le livre à Scaphan, qui le lut.

*
* *

« Et Scaphan, le secrétaire, vint vers le roi et lui rapporta la chose et dit : Tes serviteurs ont amassé l'argent qui a été trouvé dans le temple, et ils l'ont délivré entre les mains de ceux qui ont la charge de l'ouvrage et qui sont commis à la maison de l'Éternel.

*
* *

« Scaphan, le secrétaire, dit encore au roi : Helkiah, le grand prêtre, m'a donné un livre. Et Scaphan le lut devant le roi.

*
* *

« Et dès que le roi eut entendu les paroles du livre de la loi, il déchira ses vêtements.

*
* *

« Et il donna ce commandement au grand prêtre Helkiah, à Ahikam, fils de Scaphan, à Hachar, fils de Micaja, à Scaphan, le secrétaire, et à Hasaja, serviteur du roi, disant :

**

« Allez consulter l'Éternel pour moi, et pour le peuple, et pour tout Juda, touchant les paroles de ce livre qui a été trouvé ; car la colère de l'Éternel, qui s'était allumée contre nous, est grande, parce que nos pères n'ont point obéi aux paroles de ce livre pour faire tout ce qui nous est prescrit.

**

« Helkiah donc, le grand prêtre, et Ahikam et Hachar et Scaphan et Hasaja s'en allèrent vers Holda, la prophétesse, femme de Scallum, fils de Tikva, fils de Harhas, gardien des vêtements, qui habitait à Jérusalem, dans la seconde enceinte, et ils lui parlèrent.

**

« Et elle répondit : Ainsi a dit l'Éternel, le Dieu d'Israël : Dites à l'homme qui vous a envoyés vers moi :

**

« Ainsi a dit l'Éternel : Voici, je vais faire venir du mal sur ce lieu et sur ses habitants selon les paroles que le roi de Juda a lues.

**

« Parce qu'ils m'ont abandonné et qu'ils ont fait des encensements à d'autres dieux, pour m'irriter de toutes les œuvres de leurs mains, ma colère s'est allumée contre ce lieu, et elle ne sera point éteinte.

**

« Mais, pour ce qui est du roi de Juda, qui vous a envoyés pour consulter l'Éternel, vous lui parlerez ainsi : Ainsi a dit l'Éternel, le Dieu d'Israël, touchant les paroles que tu as entendues.

*_**

« Parce que ton cœur s'est amolli et que tu t'es humilié
devant l'Éternel lorsque tu as entendu ce que j'ai prononcé
contre ce lieu et contre ses habitants, savoir, qu'ils seraient
désolés et maudits et parce que tu as déchiré tes vêtements et
que tu as pleuré devant moi, je t'ai exaucé, dit l'Éternel.

*_**

« C'est pourquoi voici : Je vais te retirer avec tes pères et tu
seras recueilli dans tes sépulcres en paix et tes yeux ne ver-
ront point tout ce mal que je vais faire venir sur ce lieu. Et ils
rapportèrent ces choses au roi.

*_**

« Alors le roi fit assembler vers lui tous les anciens de
Juda et de Jérusalem.

*_**

« Et le roi monta à la maison de l'Éternel, et tous les hommes de Juda, et tous les habitants de Jérusalem, étaient avec
lui, les sacrificateurs y étaient aussi, et les prophètes et tout
le peuple, depuis le plus petit jusqu'au plus grand, et ils en-
tendirent lire toutes les paroles du livre de l'alliance, qui avait
été trouvé dans la maison de l'Éternel.

*_**

« Et le roi se tint auprès de la colonne, et il traita alliance
devant l'Éternel, promettant qu'ils suivraient l'Éternel, et
qu'ils garderaient ses commandements, ses témoignages et
ses statuts, de tout leur cœur et de toute leur âme, pour
suivre les paroles de cette alliance qui sont écrites dans ce
livre et tout le peuple adhéra à cette alliance.

*
* *

« Alors le roi commanda à Helkiah, le grand sacrificateur,
et aux sacrificateurs du second rang, et à ceux qui gardaient
les vaisseaux, de tirer hors du temple de l'Éternel tous les
ustensiles qui avaient été faits pour Baal et pour les bocages, et
pour toute l'armée des cieux, et il les brûla hors de Jérusalem
aux campagnes de Cédron, et il porta leurs cendres à Beth-el.

*
* *

« Et il abolit les camars que les rois de Juda avaient établis
quand on faisait des encensements dans les hauts lieux, par
les villes de Juda et autour de Jérusalem; il abolit aussi ceux
qui faisaient des encensements à Baal, au *soleil*, à la *lune*, aux
astres, à toute l'armée des cieux.

*
* *

« Il fit aussi emporter le bocage de la maison de l'Éternel
hors de Jérusalem dans la vallée de Cédron où, l'ayant brûlé et
réduit en cendres, il en fit jeter les cendres sur les sépulcres
du commun du peuple.

*
* *

« Après cela, il démolit les maisons des *danseuses* qui
étaient dans la maison de l'Éternel, et dans lesquelles les femmes travaillaient à faire des tentes pour *le bocage* [1].

*
* *

« Il fit encore venir tous les sacrificateurs des villes de
Juda, et il profana les hauts lieux où les sacrificateurs avaient
fait des encensements, depuis Guébah jusqu'à Beer-Seibah ;

1. Bois sacré.

et il démolit les hauts lieux des portes qui étaient à l'entrée
des portes de Josué, capitaine de la ville qui est à gauche des
portes de la ville.

*
* *

« Au reste les sacrificateurs des hauts lieux ne montaient
pas à l'autel de l'Éternel à Jérusalem, mais ils mangeaient des
pains sans levain parmi leurs frères.

*
* *

« Et il profana aussi Topheth qui était dans la ville du fils de
Hinnam, afin qu'il ne servît plus à personne, pour y faire
passer son fils ou sa fille par le feu à Mobe.

*
* *

« Il ôta aussi de l'entrée de la maison de l'Éternel les chevaux que les rois de Juda avaient consacrés *au soleil*, vers le
logis de Netaumebe, eunuque, situé à Pavarina, et il brûla les
chariots du soleil.

*
* *

« Le roi démolit aussi les autels qui étaient sur la plate-forme
de la chambre haute d'Achaz et que les rois de Juda avaient
faits, et les autels que Manassé avait faits, dans les deux par-
vis de la maison de l'Éternel, il les brisa, et les ôta de là, et il
en répandit la poudre au torrent de Cédron.

*
* *

Le roi profana aussi les hauts lieux qui étaient vis-à-vis de
Jérusalem, à la main droite de la montagne des Oliviers, que
Salomon, roi d'Israël, avait bâtis à Haschtoreth [1], l'abominable
idole des Moabites, et à Milcom, celle des enfants d'Ammon.

1. Haschtoreth, Astarté, Vénus syrienne.

***

« Il brisa aussi les Phallus, coupa les bocages et remplit d'ossements d'hommes les lieux où ils étaient.

***

« Il démolit aussi l'autel qui était à Beth-el, et le haut lieu qu'avait fait Jéroboam, fils de Nébat, qui avait fait pécher Israël ; il démolit cet autel et les hauts lieux ; il brûla le haut lieu et le réduisit en cendres, il brûla aussi le bocage.

***

« Et Josiah s'étant tourné vit les sépulcres[1] qui étaient dans la montagne, et il envoya prendre les os des sépulcres, et il les brûla sur l'autel et ainsi le profana, selon la parole de l'Éternel, que l'homme de Dieu avait prononcée à haute voix publiquement.

***

« Et le roi dit : Qu'est-ce que ce tombeau que je vois ? Et les hommes de la ville lui répondirent : C'est le sépulcre de l'homme-dieu qui vint de Juda et qui prononça à haute voix les choses que tu as faites sur l'autel de Beth-el.

***

« Et il dit : Laissez-le, que personne ne remue ses os. Ainsi ils conservèrent ses os avec les os du prophète qui était venu de Samarie.

***

« Josiah ôta aussi tous les temples des hauts lieux, qui

1. Nécropoles où les Hébreux conservaient les cadavres momifiés à la façon des Égyptiens.

étaient dans les villes de Samarie, que les rois d'Israël avaient construits, et il fit à leur égard ce qu'il avait fait à Beth-el.

***

« Et il sacrifia sur les autels tous les sacrificateurs des hauts lieux qui étaient là, et il brûla des ossements d'hommes sur eux ; après quoi, il retourna à Jérusalem.

***

« Alors le roi fit ce commandement à tout le peuple, et dit : Célébrez la Pàque à l'Éternel notre Dieu, comme il est écrit dans le livre de cette alliance.

***

« Et jamais Pàque n'avait été célébrée depuis le temps des Juges qui avaient jugé en Israël, ni pendant tout le temps des rois d'Israël et de Juda.

***

« Et cette Pàque fut célébrée à l'Éternel dans Jérusalem, dans la dix-huitième année du roi Josiah.

***

« Josiah extermina aussi ceux qui possédaient des esprits de Python, les diseurs de bonne aventure, les dieux infâmes, et toutes les abominations qu'on avait vues dans le pays de Juda et dans Jérusalem, afin d'accomplir les paroles de la loi qui étaient écrites dans le livre qu'Helkiah, le sacrificateur, avait trouvé dans la maison de l'Éternel.

***

« Avant lui, il n'y eut point de roi semblable à lui, qui se fût tourné vers l'Éternel de tout son cœur, de toute son âme et de toute sa force, selon toute la loi de Moïse ; et après lui, il ne s'en est point levé qui lui aient été semblables. »

*
* *

Cette légende prouve :

1º Que jusqu'au règne de Josiah, et jusqu'au grand prêtre Helkiah, le *Pentateuque* ou livre de la loi fut inconnu des Juifs.

2º Que cet ouvrage est l'œuvre d'Helkiah, qui voulut, en le plaçant sous l'autorité du nom de Moïse, le soustraire à toute discussion, et, par son aide, réformer la religion d'Israël. On ne saurait en effet admettre cette fable grossière du *Pentateuque* perdu pendant sept à huit cents ans et retrouvé par hasard lors des réparations du temple. L'histoire était bonne pour l'époque, elle ne vaut rien pour la nôtre.

3º Que le monothéisme mosaïque date, non de Moïse, dont il ne reste rien d'authentique, mais du réformateur Helkiah. Les actes de démolition auxquels se livre Josiah, à l'instigation du grand prêtre, indiquent surabondamment que la religion juive reposait à cette époque sur les mêmes bases que les cultes fabriqués pour le vulgaire par les prêtres de l'Indoustan, de la Chaldée et de l'Égypte. *Les temples étaient* situés sur les hauts lieux, entourés de bois sacrés. On y offrait des sacrifices à tous les dieux, au soleil, à Haschtoreth ou Astarté, la Vénus assyrienne, dont Salomon avait introduit le culte, au Phallus. On y nourrissait des animaux sacrés, des bœufs, les chevaux du soleil ; on y entretenait des chariots pour les divinités. Il y avait aussi des temples où habitaient des prêtresses, des danseuses consacrées au culte. Et les *maisons* des dieux étaient pleines de statues.

Josiah renversa tous les temples, coupa les bois sacrés, brisa les statues et les chariots, brûla les animaux sacrés et les sacrificateurs eux-mêmes sur leurs propres autels, jeta au vent leurs cendres et leurs ossements, et extermina tous les devins, sorciers, pythonisses et magiciens, *afin d'accomplir ce qui était écrit dans le livre découvert par Helkiah.* La fraude du grand prêtre se décèle d'elle-même, et il est clair, en appliquant à ces faits les règles les plus élémentaires de la critique historique, que le mosaïsme ne date pas de Moïse, mais de Josiah et du grand sacrificateur Helkiah.

L'œuvre de Moïse fut l'œuvre d'un soldat; il chercha à discipliner les bandes d'esclaves qu'il avait entraînées à la liberté. Repoussé de toutes les contrées où il cherchait à établir son peuple, il lui fallut une main de fer pour maintenir dans l'obéissance les anciens parias de l'Égypte et les ramener sans cesse au combat. Sans doute il dut établir la caste des lévites et s'entourer du prestige religieux, mais il eut peu le temps de fonder un culte sérieux au milieu de ses courses aventureuses à travers le désert.

En s'établissant par la conquête en Palestine, les Juifs prirent certainement les croyances religieuses des contrées envahies, — c'est toujours en s'assimilant les vainqueurs que se vengent les peuples vaincus, — et les mélangèrent aux traditions qu'ils avaient conservées d'Égypte. Leurs différentes captivités vinrent encore augmenter la diversité de leurs croyances, la confusion de leurs idées religieuses, jusqu'au jour où le grand prêtre Helkiah tenta la réforme accomplie sous Josiah, réforme qui ne fut que la vulgarisation grossière des mystères élevés des prêtres indous, chaldéens et égyptiens.

Le *Pentateuque* n'a donc été écrit que vers l'an 621 avant l'ère actuelle.

CHAPITRE XX.

LES GENÈSES CHALDÉENNE, ASSYRIENNE, PARSIS ET ÉTRUSQUE.

Les Genèses chaldéenne et assyrienne, à l'imitation de l'Inde et par tradition directe de cette contrée, font naître également l'universalité des êtres animés d'un germe que l'Être suprême — El — laissa tomber dans les eaux de l'Euphrate. *De ce germe*, enfermé *dans un œuf*, sortit Astarté, partie femelle de *El*, et l'union des deux principes donna naissance à tout ce qui existe.

Les peuples anciens connurent parfaitement les sources antiques de leurs traditions. C'est en Asie que les sages de la Grèce allaient apprendre la science de la vie, les écrivains de cette dernière contrée en laissent souvent échapper l'aveu :

« Les anciens Asiatiques, *dit Moïse de Chorène, qui écrivait cinq siècles après Jésus-Christ*, eurent une foule de livres historiques qui furent tous traduits en langue grecque, lorsque les Ptolémées établirent la bibliothèque d'Alexandrie et encouragèrent les littérateurs par leurs libéralités, de manière que la langue grecque devint le dépôt de toutes les sciences anciennes. »

Des croyances identiques se rencontrent chez les Perses qui les avaient, sans aucun doute, reçues également des pays

brahmaniques. Sans nous étendre plus longuement sur toutes
ces légendes cosmiques, qui se modèlent sur les autres avec
une désespérante uniformité, bornons-nous, ce qui est le plus
important pour notre sujet, à bien fixer la source d'où décou-
lent toutes ces traditions.

« *Suivant Ammien Marcellin et Agathias*, le roi Histos, ayant
pénétré dans certains lieux retirés de l'Inde supérieure, arriva
à des bocages solitaires dont le silence favorise les profondes
pensées des brahmes. Là il apprit d'eux, autant qu'il lui fut
possible, les rites purs des sacrifices, les causes du mouvement des astres et de l'univers, dont ensuite il communiqua
une partie aux mages. Ceux-ci se sont transmis ces secrets
de père en fils avec la science de prédire l'avenir, et c'est
depuis que, dans une longue suite de siècles jusqu'à ce jour,
cette foule de mages composant une seule et même race a
été consacrée au service des temples et au culte des dieux. »

Ainsi la Grèce et la Perse tournent avec le même ensemble
leurs regards vers l'Inde, et toutes deux reconnaissent cette
antique contrée comme le berceau de leurs traditions religieuses et scientifiques.

Les Étrusques faisaient également incarner dans l'œuf
l'Être irrévélé, qui revêtait, pour créer, une forme sensible et
composée des doubles attributs mâle et femelle ; de l'union
des deux principes naissait le grand Demi-ourgos, à qui était
confié le soin de créer l'univers. Au rapport de Suidas, article
Tyrrhenia, sur les antiquités étrusques, il employa six mille
ans à cette création :

« Au premier mille il fit le ciel et la terre.
« Au deuxième mille il fit le firmament.
« Au troisième mille il fit la mer et les eaux qui coulent dans
« la terre.

« Au quatrième il fit les deux grands flambeaux de la na-
« ture.

« Au cinquième il fit l'âme des oiseaux, des reptiles, des
« quadrupèdes, des animaux qui vivent dans l'air, sur la terre
« et dans les eaux.

« Au sixième mille il fit l'homme.   .   .   .   .

.   .   .   .   »

Il est inutile d'insister sur la communauté d'origine de pareilles légendes.

CHAPITRE XXI.

LA GENÈSE DU KALÉVALA

CHEZ LES FINLANDAIS ET LES FINNOIS.

Parmi tous les souvenirs que les peuples de race indo-européenne ont gardés de la vieille mère patrie, il n'en est pas de plus extraordinaire, de plus frappant que celui qu'enregistre le vieux poëme finlandais du *Kalévala*, dans sa première runo, *chant*. Mais en passant du pays du soleil au pays des neiges, l'antique Genèse de l'Indoustan s'est voilée de cette teinte rêveuse et sombre que revêtent les productions poétiques des peuples du Nord.

Le *Kalévala* n'est guère connu en France que des érudits, alors que cet ouvrage devrait être classique et se trouver entre les mains de tous ceux qu'intéresse l'étude des origines des différentes races humaines qui couvrent le globe.

Voici la première runo (chant) de ce poëme que nous empruntons à la remarquable traduction de M. Léouzon-Leduc; nous allons retrouver sous une forme mystérieuse plus légendaire la Genèse de Manou et de l'Égypte, appropriée au génie de leur pays par les vieux bardes finnois.

LA PREMIÈRE RUNO DU KALÉVALA.

« Voici que dans mon âme s'éveille un désir que, dans mon

cerveau surgit une pensée : je veux chanter, je veux moduler des paroles, entonner un chant national, un chant de famille. Les mots se liquéfient dans ma bouche, les discours se précipitent, ils débordent sur ma langue, ils se répandent autour de mes dents.

*
* *

« O frère bien-aimé, compagnon de mon enfance, viens maintenant chanter avec moi, maintenant que nous voilà réunis. Rarement, habitants de pays différents, nous nous trouvons ensemble, rarement nous nous rencontrons dans ces terres isolées, dans ces tristes régions de Pohja.

*
* *

« Mets ta main dans ma main, tes doigts entre mes doigts, afin que nous chantions des choses merveilleuses et que cette chère et florissante jeunesse, avide de nous entendre, connaisse les paroles que nous avons recueillies dans la ceinture de Waïnamoïnen, dans la forge d'Ilmarinen, à la pointe du glaive de Kaukomieli, sur l'arc de Joukahaïnem, aux frontières de Pohja, dans les landes stériles du Kalévala.

*
* *

« Jadis mon père m'a chanté ces paroles en taillant le manche de sa hache, ma mère me les a enseignées en faisant tourner son fuseau. Alors je n'étais qu'un enfant, un petit enfant à la mamelle, être inutile, se traînant sur le pavé, aux pieds de sa nourrice, le menton barbouillé de lait.

*
* *

« Et les paroles n'ont pas manqué non plus sur le Sampo, ni sur Louki les runos puissantes. Le Sampo a vieilli au milieu des paroles, Louki s'est éteinte en chantant des runos,

Wipunen est mort en vociférant des vers, Lemmikäinem en folâtrant dans les jeux.

* * *

« Il est encore d'autres paroles, des paroles que j'ai puisées aux sources de la science, trouvées le long des chemins, arrachées du sein des bruyères, détachées des rameaux, cueillies à la cime des branches, ramassées au bord des sentiers, lorsque dans mon enfance j'allais garder des troupeaux au milieu des gazons ruisselants de miel, des collines dorées à la suite de la noire Menrikki et de Kimmo à la peau bigarrée.

* * *

« Le froid m'a aussi chanté des vers, la pluie m'a apporté des runos, les vents du ciel, les vagues de la mer m'ont fait entendre leur poëme, les oiseaux m'ont instruit par leurs accords, les arbres chevelus m'ont convié à leurs concerts.

* * *

« Et tous ces chants, je les ai roulés en peloton, je les ai emportés dans mon beau petit traîneau de fête et je les ai déposés au fond d'une arche de cuivre, sur la tablette la plus élevée de mon *aitta* (demeure.)

* * *

« Longtemps ils sont restés cachés, engourdis par le froid. Maintenant, je veux les tirer de leur engourdissement, je veux les éveiller de leur sommeil de glace. Je prendrai mon arche, ma petite arche, je la poserai à l'extrémité de ce banc de pierre, sous cette poutre bien connue, sous ce beau toit, et j'ouvrirai le trésor de ses paroles, je dénouerai le sac plein de runos, je déroulerai mon peloton.

*_**

« Oui, je chanterai un chant magnifique, un chant splendide,
quand j'aurai mangé le pain de seigle, quand j'aurai bu la
bière d'orge. Et si la bière vient à manquer, si l'on n'offre point
de taari, — bière commune, — alors ma bouche sèche invo-
quera la goutte d'eau, et je chanterai pour réjouir le soir, pour
célébrer l'éclat du jour, je chanterai jusqu'à l'aurore pour char-
mer le lever du soleil. . . . .
. . . .

*_**

« J'ai entendu qu'il a été dit, je sais qu'il a été chanté :
Seules, une à une, les nuits tombent sur la terre ; seuls, un à un,
les jours brillent, seul a surgi Waïnamoïnen, seul s'est révélé
le barde éternel, — Runoïa, — une femme l'a porté dans son
sein, la fille d'Ilma, — l'air, l'infini, — lui a donné le jour.

*_**

« Il était une vierge, une belle vierge, Luonnotar, fille
d'Ilma. Elle vivait depuis longtemps chaste et pure au milieu
des vastes régions de l'air, des espaces immenses de la voûte
éthérée.

*_**

« Mais voilà qu'elle sentit l'ennui dans ses jours, qu'elle se
fatigua de sa virginité stérile, de son existence solitaire au milieu des vastes régions de l'air, de ses plaines désertes et mornes.

*_**

« Et elle descendit de ses hautes sphères, et elle s'élança en
pleine mer, sur la blanche croupe des vagues.

*
* *

« Alors un vent impétueux, un vent d'orage souffla de l'*Orient*, la mer se gonfla et s'agita dans ses flots.

*
* *

« La vierge fut ballottée par la tempête, *elle flotta de vague en vague sur les cimes couronnées d'écume.* Et le souffle du vent vint caresser son sein, et la mer la rendit féconde.

*
* *

« Durant sept siècles, durant neuf vies d'homme, elle porta son fardeau. *Et celui qui doit naître n'est pas encore né, celui que nul n'a engendré n'a point encore vu le jour.*

*
* *

« La mère de l'onde, la vierge nage ; elle nage à travers l'Orient, elle nage à travers l'Occident, elle nage à travers le Nord-Ouest et le Midi, elle nage à travers tous les rivages de l'air. D'effroyables douleurs lui brûlent les entrailles ; mais celui qui doit naître n'est pas encore né, celui que nul n'a engendré n'a point encore vu le jour.

*
* *

« La vierge pleure doucement et dit : Ah ! malheureuse, que tristes sont mes jours ! Pauvre enfant, qu'errante est ma vie ! Partout et toujours, sous la voûte immense du ciel, poussée par le vent, emportée par les vagues au sein de cette vaste mer, de ces flots sans limites.

*
* *

« Mieux eût valu pour moi de vivre simple fille d'Ilma que de flotter ainsi comme la mère de l'onde, il fait si froid ici !

Il est si dur de se voir entraînée, telle qu'un glaçon, dans ces humides demeures.

*
* *

« O Ukko, dieu suprême, toi qui supportes le monde, viens ici, car on a besoin de ton secours. Hâte-toi, car on t'appelle ! Délivre la jeune fille de ses angoisses, la femme des douleurs de ses entrailles ! Viens, oh ! viens vite, le besoin de ton aide presse de plus en plus !

*
* *

« Un instant, un court instant s'écoula, et soudain un aigle aux larges ailes prit son essor. Il sillonne l'air à grand bruit, cherchant une place pour son nid, un lieu pour sa demeure.

*
* *

« Il vole à l'Orient, il vole à l'Occident, il vole au Nord-Ouest et au Midi, mais il n'y trouve pas un endroit, un seul endroit où il puisse bâtir son nid, fixer sa demeure.

*
* *

« Il vole de nouveau, puis il s'arrête ; et il pense, et il médite : — « M'établirai-je dans les régions du vent ou au milieu de la mer ? Le vent renversera mon habitation, la mer l'engloutira dans ses flots. »

*
* *

« Or, voici que la mère de l'onde, la fille de l'air, éleva son genou au-dessus des vagues, offrant ainsi à l'aigle une place pour sa demeure, pour son nid bien-aimé.

*
* *

« L'aigle, le bel oiseau, suspend son vol, il aperçoit le

genou de la fille d'Ilma sur la surface bleue, et le prend pour
un tertre de verdure, pour une motte de frais gazon.

* * *

« Il se balance lentement dans les airs. Enfin il s'abat sur
la pointe du genou, et y construit son nid, et dans ce nid il
dépose *six œufs, six œufs d'or* et un septième de fer.

* * *

« L'aigle se met à couver ses œufs. Il couve un jour, il
couve deux jours, il couve presque trois jours, alors la mère
de l'onde, la fille d'Ilma, sentit une chaleur ardente dans sa
peau ; il lui sembla que son genou était en feu, que tous ses
nerfs se liquéfiaient.

* * *

« Et elle replia vivement son genou, elle secoua tous ses
membres ; et les œufs roulèrent dans l'abîme en se brisant
à travers les flots.

* * *

« Cependant, ils ne se perdirent pas dans la vase, ils ne se
mêlèrent point à l'eau. Leurs débris se changèrent en belles et
excellentes choses.

* * *

« *De la partie inférieure des œufs se forma la terre, mère
de tous les êtres, de leur partie supérieure le ciel sublime, de
leurs parties jaunes le soleil radieux, de leurs parties blanches
la lune éclatante ; leurs débris tachetés devinrent les étoiles,
leurs débris noirs les nuages de l'air.*

* * *

« Et les temps marchèrent en avant, et les années se succé-
dèrent, car le soleil et la lune avaient commencé à briller.

* * *

« Mais la mère de l'onde, la fille d'Ilma, continua encore à errer sur la vaste mer, sur les flots vêtus de brouillards. Au-dessous d'elle la plaine humide, au-dessus d'elle le ciel clair.

* * *

« Et la neuvième année, le dixième été, elle leva la tête hors de l'eau, et se mit à répandre autour d'elle ses créations.

* * *

« Partout où elle étend sa main, elle fait surgir des promontoires ; partout où touchent ses pieds, elle creuse des trous aux poissons ; partout où elle plonge, elle rend les gouffres plus profonds. Quand elle effleure du flanc la terre, elle y aplanit les rivages ; quand elle la heurte du pied, elle y fait naître des filets fatals aux saumons ; quand elle la frappe du front, elle y perce des golfes.

* * *

« Puis elle prend son élan et s'avance jusqu'en pleine mer. Là elle crée des rochers, elle enfante des écueils, pour le naufrage des navires, pour la mort des marins.

* * *

« Déjà les îles émergent des flots, les piliers de l'air se dressent sur leur base ; la terre, née d'une parole, déploie sa masse solide, les veines aux mille couleurs sillonnent les pierres et émaillent les rochers. Et Waïnamoïnen n'est point encore né, le Runoia éternel n'est point encore apparu.

* * *

« Le vieux, l'imperturbable Waïnamoïnen se promena dans

le sein de sa mère pendant trente étés, pendant trente hivers
sur l'abîme immense, sur les flots nébuleux.

*
* *

« Il méditait profondément, il se demandait, dans sa pensée,
comment il lui serait possible d'exister, de passer sa vie dans
cette sombre retraite, dans cette étroite demeure, où jamais
ni la lune ni le soleil ne laissaient pénétrer leur lumière.

*
* *

« Et il dit : Romps mes liens, ô lune, soleil, délivre-moi ! Et
toi, radieuse Otawa, enseigne au héros à franchir ces portes
inconnues, ces voies infréquentées, à sortir de cet obscur réduit,
de cet étouffant repaire ; conduisez le voyageur sur la terre,
le fils de l'homme sous la voûte de l'air, afin qu'il contemple
le soleil et la lune, qu'il admire la splendeur d'Otawa, qu'il
jouisse de l'éclat des étoiles.

*
* *

« Mais la lune ne rompit point ses liens, le soleil ne le délivra point. Alors Waïnamoïnen s'ennuya dans ses jours, il se
fatigua dans sa vie. Et il frappa vivement avec le doigt sans
nom à la porte de la forteresse ; il força la cloison d'os avec
l'orteil gauche, et il se traîna sur les ongles hors du seuil,
sur les genoux hors du vestibule.

*
* *

« Et maintenant le voilà enfoncé jusqu'à la bouche, jusqu'aux extrémités des doigts dans l'abîme. Le héros puissant
demeure soumis au pouvoir de l'onde.

*
* *

« Pendant cinq ans, pendant six ans, pendant sept et huit

ans, il se vit ballotté de vague en vague, enfin il s'arrêta sur un cap inconnu, sur une terre dépouillée d'arbres.

*
* *

« Là, s'aidant des coudes et des genoux, il se dressa de toute sa taille et se mit à contempler le soleil et la lune, à admirer la splendeur d'Otawa, à se réjouir de l'éclat des étoiles.

*
* *

« Ainsi naquit Waïnamoïnen, ainsi se révéla l'illustre Runoïa. Une femme l'a porté dans son sein, la fille d'Ilma lui a donné le jour. »

La runo suivante chante l'apparition des végétaux sur la terre que Waïnamoïnen défriche et ensemence.

En langue finnoise le mot *runo*, selon l'explication qu'en donne M. Léouzon-Leduc, l'éminent traducteur du *Kalévala*, signifie *vers, chant, poëme.*

Il est à remarquer que dans la plupart des langues orientales, les radicaux *rn, rhn, rnm* donnent les significations de *son* et de *chant.*

Ainsi en hébreu *ranan, ranah* signifient *crier, sonner.* *Rinnah* signifie *cri, chant, prière.*

En chaldéen *rnan* signifie *crier; rinnanah, rinnum,* murmure, chant, hymne.

En syriaque, *rno, reno* signifient *méditer, méditation.*

En arabe *ranna,* sonner, crier, gémir; *rannin,* son, cri, gémissement; *rana, ranaa,* chanter avec exaltation; *runaa,* le bruit du chant.

Ces rapprochements philologiques sont d'autant plus précieux que les traditions religieuses de ces différents peuples sont, ainsi que nous l'avons vu, émanées de la même source.

16

Malgré les obscurités poétiques de cette première runo du *Kalévala*, on retrouve facilement toutes les idées cosmogoniques de la Genèse indoue.

Au commencement il n'existe rien que les jours et les nuits qui tombent une à une sur le monde.

Ukko, le dieu suprême et irrévélé, s'unissant à Ilma, force génératrice, produit la vierge Luonnotar, dont le nom signifie fille de la nature — Luonto, force créatrice, nature.

Comme Nari la vierge indoue, Luonnotar la vierge finnoise *flotte sur les eaux*, elle reçoit de la mer un germe qui la rend féconde, et celui qui doit naître d'elle est celui que nûl n'a engendré.

La vierge flotte, flotte sur l'onde, son sein fécondé tressaille, elle appelle Ukko le dieu suprême à son secours, la plainte est entendue et l'Être suprême sous la forme d'un aigle dépose dans le giron de la vierge *six œufs d'or et un œuf de fer*, et les œufs en se partageant forment le ciel, la terre et les astres.

Puis la vierge donne naissance à l'éternel Waïnamoïnen, celui que nul n'a engendré, et ainsi se trouve formée la trinité finlandaise :

Ukko, le principe *père*.

Luonnotar, le principe *mère*.

Waïnamoïnen, le *fils*.

Et de même que Viradj le fils, dans la trinité indoue, continue la création, Waïnamoïnen achève l'œuvre d'Ukko et de Luonnotar.

Nous verrons surgir de bien plus frappantes similitudes encore lorsque nous aurons à comparer entre elles les Genèses des différents peuples que nous ne faisons qu'exposer, et à expliquer leur symbolisme d'une origine plus scientifique qu'on ne le croit communément.

CHAPITRE XXII.

L'OCÉANIE POLYNÉSIENNE.

LA GENÈSE OCÉANIENNE.

Les peuples de race mahorie.

Tracez dans l'océan Pacifique un polygone dont les sommets seraient : la Nouvelle-Zélande, les îles Wallis, l'archipel des Navigateurs, les îles Sandwich, l'île de Pàques, l'archipel des Poumoutou et des Gambiers, et dans lequel sont compris Tonga, Foutouna, Ouvéa, les Samoa, les îles Sous-le-Vent, les Marquises et Taïti, et tous les petits groupes et îlots intermédiaires, et vous aurez enfermé dans cette figure, composée de plusieurs centaines d'îles souvent éloignées de huit cents à mille et quinze cents lieues les unes des autres, une population de race jaune uniforme, assez semblable à celle de l'Indoustan méridional, d'une taille au-dessus de la moyenne, belle de forme, douce de mœurs, possédant les mêmes coutumes, les mêmes traditions religieuses, parlant la même langue, et dont toutes les tribus, tous les rameaux se reconnaissent à première vue, malgré les distances infranchissables qui les séparent, comme étant de la même famille, et portant le même nom, celui de Mahori.

Il est un fait que l'ethnographe ne peut relever sans le plus profond étonnement.

Bien qu'il soit matériellement impossible que les populations de ces îles aient pu communiquer entre elles avant l'arrivée des Européens, séparées qu'elles sont par des distances infranchissables, toutes possèdent les mêmes croyances cosmiques, le même culte rendu aux mêmes divinités en plein air sur les maraës, les mêmes mœurs, les mêmes coutumes. Et ce qu'il y a de plus extraordinaire, c'est que la langue s'est conservée la même dans tous ces groupes d'îles, sauf quelques insignifiantes variations qui ne consistent que dans le changement de quelques voyelles et consonnes, ou dans le retranchement de quelques consonnes. Ainsi : alors que dans certains archipels on dit Atua, Dieu ; dans d'autres on dit Etua. Les uns prononcent Taïti, les autres Tasiti. Ra ou la, soleil ; henua ou fenua, terre ; tanata, tagata, kanaka, taàta, homme. Lorsque la consonne disparaît comme dans taâta, elle se remplace en accentuant gutturalement la voyelle suivante. Quelques groupes d'îles se passent absolument de certaines consonnes. Aux Marquises on retranche l'*r*, aux Gambiers l'*h*, à Taïti le *g* et le *k*.

Ces différences sont si peu importantes que nous avons pu voir à Taïti quatre naturels, amenés dans un but d'étude, des Sandwich, de l'île de Pâques, de la Nouvelle-Zélande et des Samoa, et qui n'avaient jamais jusqu'à ce jour quitté leurs îles distantes les unes des autres de six cents, mille et douze cents lieues, se donner l'accolade de la même manière, en quelques minutes se mettre d'accord sur la prononciation de certaines lettres, et converser immédiatement ensemble sans la moindre difficulté. C'est aux soins de l'éminent gouverneur des possessions françaises en Océanie, M. de La Roncière, que la science doit la solution définitive de cet intéressant problème philologique.

Dès la découverte de ces îles, la science officielle émit l'opinion qu'elles avaient été colonisées par les peuples de l'Amérique du Sud, et, sans s'inquiéter de savoir si la route

L'OCÉANIE POLYNÉSIENNE

LES PEUPLES DE RACE MAHORIE.

était possible, si ces peuplades habitant un vaste continent avaient senti le besoin de le quitter et s'étaient élevées, dans l'art nautique, au-dessus de la pirogue et de la navigation fluviale et côtière, elle s'est cantonnée dans cette hypothèse, en vertu de cette infaillibilité qui lui a fait proscrire la vapeur, appeler le télégraphe un joujou, et repousser à leurs débuts presque toutes les grandes découvertes de ce siècle.

Il serait à peu près aussi logique de faire coloniser cette partie de l'Océanie par les Lapons ou les Esquimaux.

« Quel est le marin, *dit M. de Bovis, lieutenant de vaisseau, qui a navigué dix ans dans ces mers*, qui voudra accepter que des pirogues, quelque perfectionnées qu'elles fussent sous le rapport nautique, aient pu franchir des distances *de cinq ou six cents lieues et plus*, sans but, sans moyen de diriger leur route, autre que la course variable des vents généraux et la marche du soleil qui, selon les époques de l'année, donnent des *rumbs* de vent assez distants l'un de l'autre? Comment auraient-ils pu réunir assez de vivres dans ces pirogues pour passer simplement quinze jours à la mer? Et à supposer que la force du vent les ait poussés au large et les ait à jamais éloignés de la côte, comment peut-on croire qu'une pareille éventualité les ait surpris justement munis d'une quantité de vivres et d'eau suffisante pour entreprendre un pareil voyage? »

Et nous ajouterons que pour faire peupler l'Océanie polynésienne par l'Amérique du Sud, il n'aurait pas fallu que le fait déclaré impossible par M. de Bovis n'eût lieu qu'une fois, mais bien des centaines de fois, et cela dans toutes les directions, ce qu'il serait absurde de supposer même un seul instant. Ajoutons qu'arrivés aux premières îles, les naturels de l'Amérique du Sud n'eussent guère été plus avancés, des distances infranchissables continuant à les séparer des autres groupes de l'Océanie.

D'où viennent donc les populations de tous ces groupes d'îles et d'îlots parsemés dans l'immensité de l'océan Pacifique? Quel lien les a réunies dans le passé? L'étude des légendes cosmiques et des traditions religieuses communes à ces archipels va nous donner la clef de l'énigme.

CHAPITRE XXIII.

LA GENÈSE OCÉANIENNE.

Voici tout ce qui reste des anciennes traditions cosmiques des Polynésiens, tout ce que le vandalisme des missionnaires de tous les cultes nous a permis de retrouver en Océanie.

« Dans le principe, il n'y avait rien, et le Dieu suprême Jhoiho-Taaroa habitait dans le vide. Il créa d'abord les eaux dont il recouvrit les abîmes, et le dieu germe, Tino, se mit à flotter à la surface. »

M. de Bovis, officier de marine des plus érudits, dont nous avons déjà cité l'opinion, et qui, comme nous, s'est inquiété de recueillir les vieilles légendes mahories, traduit ce même passage de la manière suivante :

« Dans le principe, il n'y avait rien, et le vide était Dieu ; il y eut ensuite une masse liquide recouvrant les abîmes, et le dieu type, source de la race humaine, flottait à la surface. »

Ces deux versions ne diffèrent pas sensiblement l'une de l'autre.

La nôtre, qui contient les noms du Dieu suprême et du Dieu

créateur, appartient aux traditions de l'île de Raïatea, et l'autre à celles de l'île de Rapa.

Nous poursuivons :

« Taaroa, le Dieu suprême, laissa tomber dans le sein des eaux l'œuf primitif Rumia, aussi brillant que le soleil, et cet œuf fut fécondé.

* *

« L'œuf resta l'espace de neuf mois dans l'élément liquide, et, s'étant brisé par la force des vagues, il en sortit le ciel et la terre.

* *

« Taaroa unit alors son principe mâle à son principe femelle la déesse Ina, et il produisit Oro, le dieu créateur, qui, pendant de longs mois, flotta à la surface des abîmes.

* *

« Il fit sortir des eaux de grandes quantités de terres et des rochers en abondance, et Raïatea, l'île sainte, sur laquelle il construisit un maraë, et le premier il adora Taaroa.

* *

« Et, ayant construit une pirogue dans l'île sainte, il se mit à parcourir la vaste mer, jetant dans les abîmes de la semence de poissons de toutes espèces.

* *

« Il en jeta pour créer des poissons avec des écailles, d'autres avec des cuirasses, et d'autres pour s'enfermer dans des coquillages. Et cela dura des années, jusqu'à ce que la mer fût bien peuplée de poissons.

* *

« Et, étant de nouveau revenu à Raïatea, l'île sainte, il planta un cocotier sur le rivage pour y amarrer sa pirogue, et le cocotier produisit des fruits délicieux.

* *

« Ayant construit une case, il s'y reposa, et se mit à fabriquer des filets avec des feuilles de cocotier et des hameçons avec des coquillages.

* *

« Et Taaroa et Ina, ayant produit un second fils Tané, ce dernier vint dans Raïatea, l'île sainte, chercher querelle à son frère, il saisit sa pirogue qui était amarrée sur le rivage et la brisa contre un rocher.

* *

« Oro, furieux, s'élança à la poursuite de Tané pendant deux jours, il courut à travers les vagues que son frère soulevait pour l'aveugler, et il l'atteignit près de l'île de Tupaï.

* *

« Un violent combat s'étant engagé, Oro tua Tané, ensevelit son corps sous une montagne de l'île de Tupaï, et précipita son âme au fond de la mer, en lui ordonnant de régner dans ce sombre empire.

* *

« Il lui défendit de revenir jamais chercher son corps dans l'île de Tupaï, et comme il ne se fiait pas à lui, il prononça le tabou [1] sur la montagne sur laquelle la dépouille de son frère était ensevelie.

---

1. Sorte de défense qui protége l'objet qui en est frappé de toute atteinte divine et humaine, encore aujourd'hui en Océanie. Tout objet, champs, moisson, arbre, un instrument quelconque, qui a reçu le tabou est respecté des indigènes.

***

« Pendant le jour, Tané reste caché au fond des mers, mais dès que le soleil se retire de la terre pour aller éclairer la demeure des dieux — fenua noté Atua — littéralement la terre de Dieu — il revient errer dans l'île de Tupaï, à la recherche de son corps qu'il ne peut jamais retrouver.

***

« Oro menaça alors Taaroa et Ina de les détrôner s'ils s'avisaient de produire un autre créateur, et il retourna à Raïatea, l'île sainte.

***

« Et ayant construit une autre pirogue, il planta un maïoré — arbre à pain — pour l'amarrer sur le rivage, et l'arbre à pain produisit des fruits délicieux.

***

« Alors, il couvrit Raïatea, l'île sainte, d'arbres, de fleurs et de végétaux, et planta dans les marais l'igname et le taro, et il ordonna au vent de la mer de transporter sur les autres terres des semences d'arbres, de fleurs et de végétaux.

***

« Or, Tané s'étant uni à Marama — la mer — il produisit Haui, qui vint dans Raïatea, l'île sainte, chercher querelle à Oro pour venger son père.

***

« Oro entra dans une colère qui fit trembler l'univers. Haui fut tellement effrayé qu'il prit la fuite, espérant échapper à son terrible adversaire à la faveur de la nuit qui s'approchait.

*
* *

« Et Marama, pour protéger son fils, envoyait jusqu'aux cieux ses vagues irritées.

*
* *

« Oro, s'apercevant que Ra — le soleil — précipitait sa course pour lui dérober son ennemi dans l'obscurité, s'élança sur lui, et comme il était près des îles Sandwich, il l'amarra solidement sur le Mowna-Roa pour qu'il continuât à éclairer sa poursuite.

*
* *

« Ayant atteint Haui, il le ramena à Tupaï, et l'ayant cloué sur un récif, il ordonna à l'oiseau Oovéa de lui manger éternellement les entrailles.

*
* *

« Et étant revenu à Raïatea, l'île sainte, il vit la terre couverte de fleurs, d'arbres et de végétaux de toutes espèces ; alors il emplit les forêts d'oiseaux et de porcs sauvages.

*
* *

« Et jugeant que la terre pouvait produire et nourrir, il créa l'homme et la femme et leur donna la case qu'il avait construite et la pirogue et les filets de feuilles de cocotier et les hameçons de coquilles.

*
* *

· « Et pour qu'ils pussent aussi construire des pirogues pour leurs enfants, il planta le tamanu.

*
* *

« Il leur donna aussi en garde le maraë en leur recommandant d'y offrir des sacrifices.

***

« Raïatea, l'île sainte, fut bientôt couverte d'habitants, mais un jour qu'ils offraient les sacrifices, ils oublièrent de prononcer le nom de Taaroa, l'Être suprême, et ce dernier, entrant en fureur, souleva la mer pour les détruire.

***

« Oro accourut, et voulant sauver de la destruction Horoa et sa famille, il lui conseilla de se réfugier sur le Toa-Marama — écueil de la mer — et qu'il le protégerait contre les flots.

***

« Horoa s'étant réfugié sur le Toa-Marama, avec sa famille, il échappa à la destruction, et revint habiter Raïatea, l'île sainte.

***

« Et de nouveaux enfants ayant rempli les vallées, Oro, qui craignait de voir détruire encore une fois son ouvrage, si les fils d'Horoa venaient à négliger les maraës, résolut d'y porter remède.

***

« Il assigna aux hommes qu'il avait créés différentes fonctions pour l'harmonie de l'univers, et il leur défendit de s'y soustraire, ou de se livrer aux occupations qui ne leur avaient pas été dévolues.

***

« Aux orero-tahuas (prêtres), il confia le service des maraës, la garde des statues des dieux et l'accomplissement des sacrifices et la propriété entière de tout ce qui existe.

*
* *

« Aux ariis, il donna la mission de défendre les maraës, de faire la guerre, de gouverner le peuple, de le protéger, et de prélever les présents destinés aux maraës et aux orerotahuas.

*
* *

« Aux raatiras fut imposée l'obligation de faire le commerce, cultiver la terre, porter les ordres des ariis, les faire exécuter et d'enrichir les maraës par leur travail.

*
* *

« Les manahunes durent servir les trois autres classes, construire les maraës, *les cases sacrées*, creuser les pirogues, plonger pour récolter la nacre, pêcher le poisson, fabriquer les filets.

*
* *

« Et pour récompenser les manahunes des services qu'ils rendaient dans leurs humbles attributions, Oro décida que, dans cette caste seulement, seraient choisies les Tamahinés-Paretenias — filles vierges — chargées de conserver le feu sacré, ou l'honneur du soleil — Ra.

*
* *

« Oro, ayant ainsi assuré la garde des maraës et la perpétuité des sacrifices, s'en fut dans l'île de Tupaï, où, ayant dépouillé sa forme humaine, qu'il cacha dans un lieu écarté, il remonta au séjour de Taaroa, dont il prit la place.

*
* *

« Et le vieux Jhoiho-Taaroa, tombant dans un profond sommeil, se mit à flotter dans le vide — conservant en lui tous les germes et tous les principes de toutes choses, il se reposait des mille et mille créations qu'il avait déjà fait émaner de sa substance... »

(Tradition génésique polynésienne.)

C'est à Roura, mari de la *cheffesse* du district de Mahaena et conseiller à la haute cour taïtienne, dont j'étais le président, que je dois la communication de ces curieuses traditions génésiques.

Le père de Roura avait été grand prêtre du culte d'Oro avant l'arrivée des missionnaires européens, et malgré toutes les sollicitations, il était mort dans la croyance de ses aïeux. Son fils, quoique converti, conservait avec soin tous les souvenirs historiques et religieux de la vieille race mahorie, gémissant en secret sur l'abandon des maraës et du culte des ancêtres.

Grâce à lui, nous allons pouvoir tracer un tableau complet de la société polynésienne d'il y a plusieurs siècles, société qui offre, avec celle de l'Indoustan, les rapprochements les plus frappants.

CHAPITRE XXIV.

LE PANTHÉON POLYNÉSIEN.

Les cieux océaniens sont peuplés de dieux inférieurs agissant sous les ordres du dieu unique, dont ils sont une émanation directe. On ne verra pas sans étonnement quelles étaient les attributions des dieux de la mythologie australe.

Jhoiho, dieu unique.

Principe primitif irrévélé, habitant dans le vide pendant la dissolution de tout ce qui existe, immortel foyer duquel tout descend et vers qui tout remonte, principe éternel existant de lui-même et par lui-même, cause efficiente et universelle, germe primordial, intellect et matière réunis renfermant en lui toutes les qualités et tous les attributs.

Trinité :
Taaroa ;
Ina ;
Oro.

Taaroa ! principe révélé, germe qui se développe, création qui commence. Il renferme en lui les doubles attributs mâle et femelle. L'union de Taaroa, principe mâle, et d'Ina, principe femelle, produit Oro.

Ina! reine des cieux et de la terre, matrice divine d'où s'échappe l'œuf Rumia qui va donner naissance à l'univers.

Oro, le fils, créateur et transformateur constant. C'est lui qui, dans le grand œuvre, est chargé de couvrir l'univers de végétaux et de fleurs, de créer les animaux et l'homme.

Tané, premier des dieux inférieurs, dieu des mers.

Second fils de Taaroa et d'Ina, époux de Marama, déesse des eaux, condamné lui-même par Oro à régner sur les mers.

Haui, dieu des vents.

Fils de Tané et de Marama, dieu des vents. Ayant tenté de venger le dieu Tané son père dont Oro avait enfermé le corps sous une montagne de l'île de Tupaï, il fut lui-même saisi par son puissant ennemi et attaché sur un rocher où un oovea vient lui dévorer les entrailles. L'âme d'Haui depuis cette époque fuit constamment dans les airs pour éviter la colère d'Oro ; elle soulève à sa suite des tourbillons de vent, et Marama, pour secourir son fils, agite ses flots et envoie jusqu'aux cieux ses vagues écumantes.

Selon d'autres traditions, Haui serait une espèce d'Hercule océanien, qui, tout glorieux d'avoir détruit les géants, s'avisa un beau jour de s'emparer de Ra, le soleil, et de le clouer sur une des montagnes de son île pour en être éclairé éternellement. Oro aurait délivré le soleil et mis Haui à sa place pour le châtier.

Manuteaha, dieu des enfers.

Manuteaha préside aux enfers.

On le représente sous la forme d'un faucon. L'enfer polynésien se compose d'un vaste océan de flammes au milieu duquel apparaissent çà et là quelques îlots que les âmes des damnés cherchent sans cesse à atteindre à la nage sans pouvoir y parvenir. Mais comme la peine est proportionnée aux fautes à réparer, de temps à autre Manuteaha laisse aborder les âmes qui se sont purifiées sur les récifs, le dieu du vent les emporte en passant, et elles vont animer d'autres corps qui recommencent une nouvelle existence.

Uretaetae, juge des enfers.

Uretaetae est le chef des génies qui président à la mort lorsque les âmes quittent leurs enveloppes humaines ; elles sont saisies par une troupe de génies qui les amène dans l'île de Tupaï, ou île des Trépassés. Là Uretaetae les fait comparaître devant lui, et, suivant que la somme des actions bonnes ou mauvaises l'emporte dans la balance, il les envoie dans l'Oro-hutu-noanoa ou paradis d'Oro, ou dans le sombre empire de Manuteaha. Les âmes de ceux qui n'ont accompli que le bien sur la terre sont soustraites au jugement de Uretaetae, et, par le seul effet de leurs vertus, elles vont s'absorber dans le sein de Jhoiho, c'est-à-dire de l'âme universelle.

Nous ne pouvons faire un pas à travers ces croyances singulières sans rencontrer d'extraordinaires similitudes avec celles de l'Inde.

Encore aujourd'hui, où toutes les traditions religieuses de l'ancien culte ont dû disparaître devant l'intolérance des missionnaires, où c'est à peine si les vieillards osent en converser entre eux et dans le plus grand secret, le nom seul de l'île de Tupaï inspire aux Polynésiens une mystérieuse terreur, et dès que la nuit couvre la terre, nul d'entre eux n'oserait prononcer ce nom terrible et maudit.

Voici à propos de cette île une légende que M. de Bovis a

recueillie de la bouche d'un ancien orero — prêtre — ainsi que quelques détails curieux sur les mauvais génies et les lieux hantés.

« Hura et Péna étaient deux amis; ils allèrent un jour à Tupaï; ils vinrent à manquer de vivres.

« Il fut convenu que Hura irait à Borabora chercher des provisions.

« Mais pendant son absence, le corps de Péna vint à mourir et fut enseveli par son âme.

« Hura apporta des vivres le septième jour au lieu du cinquième comme ils en étaient convenus, ce qui avait causé la mort de Péna.

« Le spectre de Péna ne fit aucun reproche à son ami, et se mit à manger avec lui les vivres qu'il avait apportés.

« Mais pendant le repas Hura s'aperçut qu'il n'avait plus affaire qu'à l'âme de son ami.

« Il fit semblant de ne pas s'en douter, et lui donna la coupe en coco pour aller chercher de l'eau douce.

« Il profita alors de son éloignement pour s'évader dans sa pirogue.

« Péna à son retour ne trouvant plus Hura et voyant une ombre au loin sur l'eau, jugea qu'il en était abandonné.

« Saisi d'une violente colère, il entra dans le corps d'un otuu, atteignit Hura au récif de Raanoro et le tua à coups de bec. »

Les voisinages de cette île sont pleins de revenants et de mauvais génies. Il y en a qui saisissent le passant à la gorge jusqu'à l'étouffer presque et qui lui enlèvent tout d'un coup sa chevelure, le laissant chauve pour toute sa vie.

On en rencontre aussi la nuit à Puhia, district de Tevaïtapu, mais ils se contentent de pousser des cris et de produire des sons divers. Il s'y est donné jadis une grande bataille du temps de Pani, elle a été très-sanglante, et ce sont les âmes de ceux qui y ont péri qui causent ces bruits nocturnes.

A Topua, près du maraë, il y a des lutins, mais ils sont peu nuisibles et se bornent à sauter dans votre pirogue, armés d'un bâton ou d'une longue pagaie avec laquelle ils se plaisent à détourner la pirogue de la direction que vous cherchez à lui imprimer, jusqu'à ce que, ennuyés eux-mêmes, ils plongent tout à coup en donnant une dernière secousse.

Il y a peu d'apparitions à Borabora ; la raison en est que la presque totalité des âmes s'en vont après la mort à Tupaï où elles mènent une existence plus ou moins errante. Mais le principal tupanou — mauvais esprit — de Tupaï est un génie femelle, il violente les hommes qui s'endorment lorsqu'ils lui plaisent, et quand on va pour arracher aux buissons de Tiaré les fleurs dont il se pare pour ses nocturnes maferas — orgies — on entend sa voix qui nous le défend. Son nom est Te hura iti ahotu.

Ra, dieu du soleil, préside à la lumière, aux moissons et à la croissance des fleurs et des fruits.

Thi, ce dieu était chargé de conserver les bornes des héritages.

Toa, dieu de la guerre.

Marama, déesse des eaux, épouse de Tané, fille de Taaroa et d'Ina.

Marama, déesse de la lune, fille de l'union incestueuse d'Oro, le dieu suprême, et de Marama, sa sœur, épouse de Tané. Cela ne rappelle-t-il pas la légende d'Osiris et de Nephthys en Égypte ?

Malgré notre désir de narrer d'abord et de comparer ensuite, il est de telles ressemblances, écho sans doute des mêmes fables primitives, que nous ne pouvons nous empêcher de les accuser.

Hita, dieu du feu.

Hiro, dieu des voleurs.

Faaha, dieu des richesses, a donné son nom à un des plus fertiles districts de Taïti.

Roha, dieu qui préside à l'union des sexes.

Mara, dieu de la pêche.

En outre de ces dieux, l'air, la terre et les eaux étaient peuplés de bons et de mauvais génies de diverses espèces.

Il y avait aussi les esprits protecteurs des villages et des familles, sortes de dieux pénates, dont on conservait les statues grossières dans l'intérieur des maisons, et que l'on sortait aux jours de grandes fêtes pour les conduire près des maraës, où le sacrifice allait être offert à Oro, afin qu'ils en aient leur part.

Telle est cette étonnante mythologie dont nous aurons bientôt à rechercher l'origine et les affinités.

CHAPITRE XXV.

TRADITIONS RELIGIEUSES.

Les deux hommes qui ont le plus étudié l'Océanie et le mieux connu les traditions anciennes de cette contrée sont : le chef Roura de Mahaena, homme d'une rare intelligence, qui toute sa vie resta attaché aux anciens usages de son pays, et fut longtemps notre collaborateur judiciaire, et M. de Bovis, éminent officier de la marine, dont nous avons déjà invoqué l'autorité.

Pour ce chapitre sur les anciennes traditions religieuses, nous nous sommes aidé de leurs recherches, et nous compléterons les lacunes fatales de leur œuvre à l'aide de nos propres travaux, qui, ayant embrassé un plus grand nombre d'archipels, nous ont permis *de retrouver ici* ce qui avait été *oublié là*, et de renouer entre eux les anneaux interrompus de la même chaîne traditionnelle.

Sous peu, les derniers vestiges, les derniers souvenirs auront disparu au souffle inintelligent des séides de tous les cultes, qui, sous prétexte de progrès, brisent partout où ils les trouvent les points de repère, les jalons de l'histoire universelle, et n'apportent la plupart du temps à ces peuples que les plus singuliers enseignements.

Il est d'un haut intérêt ethnographique de sauver du naufrage toutes ces coutumes, mœurs, institutions, souvenirs, de peuples en train de disparaître devant la race blanche, et dont avant un siècle il ne restera peut-être pas un seul couple... loi fatale qui atteint chaque branche de la grande famille humaine. Les nations meurent comme les individus, pour faire place à des nations plus avancées, qui à leur tour élèvent aussi avant de s'en aller le niveau de l'humanité, jusqu'au jour où la terre bouleversée jette de nouveau l'oubli et la poussière sur le passé et recommence son œuvre...

CHAPITRE XXVI.

DES MARAËS.

Le maraë était le temple en plein vent de la religion polynésienne. A l'état rudimentaire, il se composait d'une enceinte à
peu près rectangulaire et d'un autel en pierre placé au milieu.

Le maraë le plus ancien qu'il y ait aujourd'hui dans les différents groupes d'îles, est celui d'Opoa, à Raïatea, l'*île sainte*.
Par une raison que M. de Bovis n'explique pas, mais que Roura
attribue au plus ou moins de grandeur et de puissance des
dieux auxquels ils sont consacrés, tous les autels des maraës
diffèrent de forme et de grandeur. Ainsi l'autel d'Opoa n'a pas
plus de deux mètres et demi de haut; sa longueur faisant face
au devant du maraë peut être de douze à quinze mètres et
son épaisseur de quatre à cinq.

Ce maraë fut bâti par Hiro, premier roi de Raïatea, qui devint après sa mort le dieu des voleurs. Le maraë resta la propriété de la descendance royale qui, pour honorer le fonda-
teur, lui fit élever dans la même enceinte un maraë en
miniature, sur le côté qui regarde la grande montagne de
Raïatea. Ce maraë n'a guère plus de trois mètres de côté et
d'un mètre de haut. Il paraît que la cause de ces petites di-
mensions était la nature du culte rendu à ce dieu, culte dont
les pratiques étaient tout à fait incompatibles avec la présence
d'un public nombreux.

Dans les autres maraës, que l'on rencontre encore debout à Taïti et à Mourea, quelques autels sont en parfait état de conservation. Ces autels se terminent en gradins qui règnent sur toute la longueur de la grande base, sur le devant du maraë. Ces gradins étaient en nombre variable, mais le plus souvent au nombre de *trois* ou de *sept*. Ils donnaient tout à fait à l'ensemble de la construction l'aspect des autels brahmaniques et des temples chrétiens ; seulement l'œuvre était plus grandiose, car l'autel formait tout le monument et ne manquait pas de grandeur bien qu'il fût grossièrement travaillé.

La pierre employée dans ces constructions appartenait indifféremment à la roche des montagnes ou aux bancs de corail de la plage. Le rocher pur était considéré comme une matière plus noble ; mais ces roches ignées étaient si difficiles à travailler et à emboîter exactement les unes dans les autres, qu'il fallait toujours avoir recours au corail qui, lorsqu'il est appliqué tout vivant, possède une grande force d'adhérence, et reste ainsi soudé aux autres cailloux de corail qui l'environnent, se durcissent de plus en plus jusqu'à complète dessiccation. L'intérieur des maraës est presque toujours en corail, et les revêtements extérieurs se composent de larges dalles grossièrement taillées dans la pierre des montagnes.

Outre l'enceinte et l'autel, les maraës les plus complets possédaient d'autres compartiments construits dans l'intérieur de l'enceinte générale ou y attenant. C'est ainsi que derrière le maraë principal se trouvait le charnier où l'on jetait les os des victimes, qui, exposés à toutes les intempéries de l'air, exhalaient d'ordinaire une assez mauvaise odeur.

Dans les maraës riches en offrandes, le charnier était placé à une certaine distance de l'autel.

Sur le devant se trouvait l'enceinte du *fatarou* ou des offrandes. Le fatarou se composait d'une grande claie supportée par des pieux, sur laquelle on plaçait des fruits et de la viande consacrés aux dieux. On ne paraît pas y avoir exposé de victimes humaines.

Cependant Roura prétend que cet usage, tombé en désuétude depuis quelques siècles, était fort en honneur autrefois, et que les cadavres humains offerts aux dieux demeuraient exposés sur le fatarou, tant qu'ils n'entraient pas en décomposition.

Le temple était, comme dans l'Inde, en Grèce et à Rome, entouré de bois sacrés.

Aux jours de fête, l'idole représentant Oro, le dieu créateur, était placée sur l'autel, et tous les assistants apportaient eux-mêmes les statues des dieux inférieurs qu'ils plaçaient dans le maraë pendant la durée du sacrifice.

Les rois et les princes avaient des temples qui leur étaient particuliers.

Le personnel desservant du maraë se composait :

1° Du grand prêtre,

2° Des desservants secondaires,

3° Des prêcheurs,

4° Des chanteurs,

5° Des porteurs et gardiens des statues,

6° Des illuminés et démoniaques.

Tous appartenaient à la caste des oreros.

7° Des paratenias ou jeunes filles vierges chargées de conserver le feu sacré.

Le grand prêtre avait, ainsi qu'on le conçoit, le premier rôle dans les cérémonies du culte, c'est lui qui offrait le sacrifice le plus important, consacrait aux dieux les fruits et la chair *qu'il distribuait ensuite aux assistants*. Il sacrait les rois sur une énorme dalle placée à cet effet près de l'autel, indiquait les prières solennelles, réglait les fêtes et cérémonies, et avait la juridiction la plus étendue sur tous les maraës de son ressort.

A de certaines époques de l'année, le peuple se réunissait à sa voix pour accomplir de solennelles purifications qui duraient trois jours. Cette fête se terminait par une procession générale sur des charbons ardents, et par la miraculeuse puissance du grand prêtre personne n'était brûlé.

Cette fête existe dans l'Inde.

Les fonctions des autres prêtres étaient semblables à celles du grand prêtre, à cette différence près qu'ils lui étaient subordonnés et qu'ils ne pouvaient pas le remplacer dans certaines cérémonies spéciales et pour le sacre des rois.

Les oreros chanteurs et prêcheurs devaient avoir des poumons infatigables et une mémoire à toute épreuve. Ils étaient le livre vivant de la religion et des traditions historiques. Leur rôle était de débiter cela devant le maraë, au milieu de la foule des fidèles sans hésitation, sans altération de mémoire.

Ils devaient connaître :

1° L'histoire des dieux,

2° Celle de la création de l'univers,

3° Celle des astres,

4° Les formules sacrées pour chasser les esprits mauvais et annuler les maléfices,

5° Tous les hymnes en l'honneur de tous les dieux,

6° L'art d'interpréter les songes et de lire dans les *entrailles* des victimes,

7° L'art de la médecine,

8° Tout ce qui concerne les sacrifices, les prières et les cérémonies,

9° L'histoire des races royales descendues de Oro et de Hiro,

10° Enfin, les règles de l'art de la guerre et de la navigation qu'ils enseignaient aux jeunes princes.

Les mêmes sciences étaient, dans l'Inde, l'apanage exclusif des prêtres.

N'est-ce pas le cas de rappeler le curieux passage suivant, que nous a conservé Clément d'Alexandrie, sur les sciences que devaient également apprendre les prêtres égyptiens?

« Le chef ou chantre, dit-il, porte un des instruments symboles de la musique, et deux livres de Mercure contenant, l'un des hymnes aux dieux, l'autre la liste des rois. Après lui, l'horoscope, observateur du temps, porte une palme et une horloge symbole de l'astrologie ; et quatre livres : le premier sur l'ordre des planètes, le second sur les levers du soleil et de la lune, et les deux autres sur les levers et aspects des astres.

« L'écrivain sacré vient ensuite ayant des plumes sur la tête comme Kneph, et en main un livre, de l'encre et un roseau pour écrire. Il doit connaître les hiéroglyphes, la description de l'univers, le cours du soleil, de la lune, des planètes ; la division de l'Égypte en trente-six nomes, le cours du Nil, les instruments, les ornements sacrés, les lieux saints, les mesures...

« Puis vient le porte-étole, qui porte la coudée de justice ou mesure du Nil, et un calice pour les libations : dix volumes concernant les sacrifices, les hymnes, les prières, les offrandes, les cérémonies, les fêtes.

« Enfin, arrive le prophète, qui porte dans son sein et à découvert une cruche ; il est suivi par ceux qui portent les pains.

« Ce prophète, en qualité de président des mystères, apprend dix autres volumes sacrés qui traitent des lois, des dieux, et de toute la discipline des prêtres.

« Or, il y a en tout quarante-deux volumes dont trente-six sont appris par ces personnages, les six autres sont du ressort *des pastophores ;* ils traitent de la médecine, de la construction

du corps humain, des maladies, des médicaments et des instruments. »

Les porteurs d'idoles n'avaient d'autres fonctions que celles
de garder les statues des dieux et de les porter sur l'autel ; le
contact des dieux rendait leur personne sacrée, et il était défendu de toucher même à leur nourriture.

Au-dessous de ces personnages se trouvaient les haerepos.

Les haerepos étaient en général des jeunes gens qu'on élevait pour la prêtrise, et ils devaient un jour y occuper un
rang proportionné à leur habileté et surtout à leur naissance.

Ils remplissaient dans le maraë des emplois subalternes,
assistaient les simples desservants et comme eux étaient placés
sous les ordres du grand prêtre. Ils avaient surtout une fonction spéciale qui est dépeinte très-bien par leur nom, ils étaient
coureurs de nuit. L'espionnage de leur district pendant la nuit,
et celui des ennemis en temps de guerre, étaient leur plus im-
portante fonction.

Ce métier était considéré comme fort honorable, et il a été
fait même par des jeunes gens de race royale qui plus tard
furent appelés à monter sur le trône.

Hopoa, que les traditions océaniennes surnomment le Grand,
fut haerepo dans sa jeunesse. Le plus grand nombre cependant étaient placés dans cette carrière sans pouvoir prétendre
à aucun avancement ultérieur, et gardaient cet emploi toute
leur vie, c'est-à-dire tant que l'âge ne les mettait pas dans
l'impossibilité de l'exercer.

CHAPITRE XXVII.

DES ILLUMINÉS ET DÉMONIAQUES.

De même que chaque pagode dans l'Inde a ses fakirs, de même chaque maraë avait en Océanie ses illuminés.

D'après M. de Bovis, cette caste n'était pas organisée régulièrement, c'est-à-dire qu'il n'était pas nécessaire qu'il y eût un certain nombre d'inspirés par maraë. Quelquefois il y en avait plusieurs, quelquefois pas du tout.

Le dieu était censé choisir son homme et entrer dans son corps; l'homme le manifestait par un prodige quelconque : aussitôt le bruit s'en répandait et son corps devenait aussi sacré que la statue du Dieu. Il pouvait non-seulement entrer au maraë et partout où il lui plaisait, mais même il montait sur l'autel et s'y livrait aux diverses extravagances que lui imposait le dieu qui était dans son corps.

Les prodiges que les vieillards racontent sur ces individus sont la répétition de ce que l'on rapporte des anciens possédés, et on peut encore les voir s'accomplir dans l'Inde et dans tout l'Orient.

Le sorcier n'était pas toujours en état d'inspiration, quelquefois le dieu l'abandonnait, et alors il redevenait de tout point semblable à un simple mortel.

Quelquefois l'inspiration avait lieu par une boutade du dieu qui saisissait son homme à l'improviste. D'autrefois il l'appelait à l'aide de certaines formules inexplicables aujourd'hui même par les Océaniens les plus versés dans la vieille langue.

Voici une de ces formules qui nous a été donnée par le chef de Mahaena :

TINO-TIOI-TIRO !

Et dont il n'a pu lui-même nous donner le sens.

Ces inspirés, comme les fakirs, jouissaient de la plus grande considération, quelque basse que fût leur naissance.

A côté de ces personnages attachés aux maraës d'une manière permanente, il existait une classe d'individus qui s'en allaient de temple en temple, de maison en maison, faisant des tours de force et d'habileté, et quêtant partout un modique salaire pour l'entretien des maraës.

Parmi ces individus, ceux qui, paraît-il, émerveillaient le plus la foule, étaient les pimotos ou grimpeurs de rochers.

Voici comment on raconte leurs exploits :

Ils se rendaient au pied d'un roc perpendiculaire et d'une surface lisse et glissante. Un grand concours de monde s'y rencontrait avec eux ; ils prononçaient leurs formules ou invocations, prenaient ensuite dans chaque main une petite baguette en bois de fer, taillée en pointe, de six pouces environ de longueur, et de la grosseur d'une plume d'oie ordinaire ; ils appliquaient contre le roc les deux pointes et se mettaient à gravir le rocher sans le secours de leurs pieds, et les deux baguettes dont ils s'aidaient alternativement, étaient les seuls points de contact qu'ils eussent avec le roc. On prétend qu'ils arrivaient ainsi au sommet d'escarpements inaccessibles, et où personne n'est parvenu depuis eux.

Il en est, parmi ces illuminés, qui avaient le don d'ubiquité, et se montraient en même temps dans deux îles différentes. D'autres commandaient aux orages, apaisaient la mer, guérissaient les sourds, les aveugles, et même ressuscitaient les morts...

Le prêtre polynésien n'eut rien à envier, comme on le voit, à l'habile duplicité des hiérophantes d'Égypte et des brahmes de l'Inde.

CHAPITRE XXVIII.

LES CÉRÉMONIES DANS LE MARAÉ.

Il y avait des jours officiels pour honorer les dieux dans les temples, et chaque homme, quel que fût son rang, était tenu de s'y rendre.

Plusieurs jours avant, la réunion est annoncée dans chaque village, et le matin de la cérémonie, la voix des haerepos se fait entendre, dominant le bruit de la foule, et appelant les fidèles au sacrifice.

Chacun accourt, le fatarou ploie déjà sous le poids des offrandes; les victimes, si ce sont des animaux, sont attachées au pied de l'autel, attendant le moment d'être immolées; si c'est un homme, son cadavre, placé dans un panier en feuilles de cocotier tressées, attend, devant l'autel, l'heure des prières.

La multitude entoure l'enceinte sacrée et n'y entre pas; les hommes sont au premier rang, car les femmes ne doivent même pas toucher les pierres du maraé; chacun a son idole sous son bras ou posée devant soi. La famille royale se présente enfin, traverse la foule qui s'ouvre et lui fait place avec respect; elle entre dans le maraé et le chef de la famille va se poster à quelques pas devant l'autel.

Les prêtres arrivent ensuite, et se placent entre l'autel et le roi.

Le grand prêtre est au milieu, et sur les côtés se placent tous les desservants inférieurs.

Le gardien apporte l'idole et la dépose devant le grand prêtre; les prières commencent.

Si c'est un sacrifice humain, on prie le dieu de se contenter de la mort d'une seule victime et de récompenser ceux qui offrent cet holocauste pour la piété dont ils viennent de faire preuve. On l'adjure d'être propice à l'entreprise que l'on va commencer, qui est ordinairement une guerre ou un voyage que l'on a l'intention d'entreprendre.

Si c'est simplement le sacrifice d'un animal, les prêtres l'égorgent au pied de l'autel, et l'on tire des augures de sa mort. Y a-t-il un défaut dans l'épine dorsale, le foie est-il affecté de taches blanches, les oreilles se tiennent-elles droites après le sacrifice, il ne fallait pas entreprendre la guerre sous peine d'être battus, le voyage sous peine de couler en mer.

Dans les occasions graves, le grand prêtre interrogeait lui-même les présages, et c'est par l'étude difficile des entrailles des victimes, par le vol et le chant des oiseaux sacrés qu'il prédisait l'avenir.

Le sacrifice humain paraissait avoir plus particulièrement un but expiatoire.

Lorsque le grand prêtre venait avertir le roi qu'un homme était nécessaire, le roi envoyait une pierre noire au chef du district qu'il lui plaisait de choisir. Celui-ci désignait la victime à ses gens et le malheureux était tué, autant que possible, au moment où il s'en doutait le moins, et avant même qu'il sût qu'il était désigné. Il était ensuite porté au maraë dans un panier en feuilles de cocotier.

Tous les maraës n'avaient pas le droit d'offrir des sacrifices humains. On pouvait, par exemple, faire passer le cadavre dans un maraë inférieur consacré à Tané, mais il devait immédiatement être transporté dans un des grands maraës consacrés au Dieu suprême Oro.

Les maraës acquéraient aussi une grande importance par leur antiquité.

Ainsi tous les grands maraës royaux reconnaissaient au maraë royal d'Opoa, à Raïatea, l'île sainte, une suprématie sur eux-mêmes, et ils le lui exprimaient par un tribut de victimes humaines. Ils devaient lui envoyer un certain nombre de cadavres par an, et ce n'était que le surplus de ce nombre qu'ils avaient le droit de conserver.

L'ossuaire d'Opoa était énorme.

Il y avait aussi une pratique singulière, dont on retrouve des exemples dans l'Inde primitive.

Lorsqu'un grand chef, ou un guerrier d'une bravoure éprouvée, venait à mourir, on ne l'enterrait pas comme les autres.

Le grand maraë le plus voisin réclamait sa dépouille mortelle, ce qui était un grand honneur pour la famille. Le corps était alors hissé au sommet d'un des arbres du bois sacré qui entourait l'enceinte du temple, et il restait là jusqu'à ce que le travail de la décomposition l'eût fait disparaître en entier. L'opération était lente par les temps de sécheresse, et il n'était pas rare que le bocage d'un grand maraë comptât parfois jusqu'à quinze ou vingt de ces funèbres ornements.

Les prières finies, le grand prêtre psalmodiait un chant monotone et grave, auquel répondaient les chanteurs et une partie de la foule. Cet hymne était toujours un récit des innombrables exploits d'Oro, le dieu créateur.

Les louanges des dieux inférieurs étaient abandonnées aux prêtres subalternes.

Alors un des oreros ou rapsodes s'avançait sur le devant de l'autel, et jusqu'à une heure avancée de la nuit, souvent même jusqu'aux premiers rayons du soleil levant, il racontait, sans que son débit se ralentît et sans la moindre hésitation, l'histoire des dieux et de la création.

Dès que l'orero avait fini son récit, la cérémonie était terminée, les gardiens rentraient l'idole, les cadavres des victimes étaient jetés au charnier, et chacun rentrait dans son village, emportant ses dieux pénates qu'il avait apportés avec lui au sacrifice, attendant un nouvel appel des coureurs sacrés pour se rendre de nouveau au maraë principal.

CHAPITRE XXIX.

LES THIS.

Sous les ordres du Dieu supérieur Thi, conservateur des héritages, se trouvaient une foule d'esprits inférieurs, représentés par les bornes placées le long des chemins et des champs comme les *Pouléars* de l'Inde et les *Termes* des Romains.

Le culte qu'on leur rendait était tout local et variait de village à village.

Ici on leur offrait des fruits, des couronnes de fleurs, on construisait au-dessus de leur tête des abris contre les ardeurs du soleil, où venait se reposer le voyageur. Là, tous les matins, on les enduisait avec de l'huile fraîche extraite du coco, et on leur faisait comme une litière d'herbes parfumées de la montagne. Ailleurs on leur immolait des colombes, ou une espèce de petite perruche verte et rouge qui a presque entièrement disparu aujourd'hui de la Polynésie, Plus loin, on leur offrait un repas d'igname ou de taro, et de porc sauvage, et ce repas était ensuite mangé par le propriétaire des champs où ils se trouvaient, comme étant une nourriture sanctifiée.

Quelquefois les this étaient placés sur les bords de la mer, ou sur quelque récif entouré d'eau pour borner le droit de pêche ; les offrandes qu'ils recevaient dans ce cas se composaient de coquillages, de poisson, d'arborescences, œuvre des corail-

laires, ainsi que de grandes et belles coquilles de nacre que
l'on encastrait dans la pierre qui leur servait de base.

La pierre qui représentait ces esprits affectait également,
suivant les villages, des formes différentes ; chacun y était très-
attaché et veillait avec un soin jaloux à ce que le voisin n'imi-
tât pas la forme symbolique qu'il donnait lui-même à ses dieux.
Chose remarquable, nous avons vu, à la Nouvelle-Zélande,
de ces dieux affectant la forme du linguam indou.

CHAPITRE XXX.

LES GÉNIES FAMILIERS.

Il existait aussi des génies familiers dont la protection était, depuis un temps immémorial, acquise à telle ou telle famille.

Ces esprits veillaient à ce que celle qu'ils avaient prise sous leur sauvegarde ne s'éteignît pas faute d'héritiers ; ils éloignaient de chacun de ses membres les accidents imprévus, les embûches, les mauvaises rencontres, et après avoir présidé à leur vie, ils les escortaient après leur mort jusqu'à l'île de Tupaï, et se faisaient leurs défenseurs auprès du terrible Uretaetae.

Le culte rendu à ces génies n'était pas assujetti à des formes régulières, chacun les honorait à sa convenance; cependant il fallait connaître leurs goûts, car ils étaient fort capricieux : tel aimait telle fleur, tel arbre, tel fruit ; malheur aux imprudents qui osaient porter la main sur ceux qui leur étaient réservés, ou qui s'engageaient sur les bords de certains précipices hantés par les esprits avec des couronnes de fleurs que ces derniers affectionnaient; ils étaient immédiatement précipités au fond de l'abîme, et un beau jour un voyageur égaré retrouvait leurs ossements blanchis au fond de quelque ravin inconnu, et leurs âmes errantes ne trouvant pas d'esprits pour les conduire à Tupaï, et les protéger le long de la route contre les esprits mauvais, ou étaient entraînées dans les lieux infernaux, ou erraient la nuit avec des plaintes et des bruits sinistres dans les vallées écartées, attendant que les génies de leur famille parvinssent à apaiser ceux des leurs dont elles avaient excité la colère, et à mettre fin à leur supplice.

CHAPITRE XXXI.

DES ANIMAUX SACRÉS.

Les Océaniens rendaient à de certains animaux un culte comme à des dieux, sans cependant les considérer comme des divinités. La croyance commune était que certains dieux s'étaient plu autrefois à habiter leurs corps; de là, le respect qu'ils inspiraient. Au fond de ce culte, on rencontre également ment certaines idées vagues de métempsycose, traditions d'un passé disparu que nous n'avons pu retrouver en l'absence de tout monument écrit.

Une seule légende témoigne aujourd'hui de cette croyance. Aux Samoa on raconte : « Qu'un sage du nom de Ruanu, qui vivait il y a des milliers d'années sur les grandes terres de l'ouest, sur le point de remonter au séjour d'Oro après une vie pleine de bonnes œuvres et de sacrifices, ayant fait des offrandes à Tané, le dieu du mal, pour se le rendre propice, fut condamné par Oro, le dieu suprême, furieux de l'abandon momentané de ses autels, à revenir accomplir une nouvelle existence sur la terre, dans le corps d'un otuu. »

L'otuu est une sorte de crabier de mer qui passe sa vie sur les récifs de corail.

L'oovea, oiseau fantastique de la mythologie polynésienne, passe pour avoir souvent servi de refuge au dieu Manuteaha.

Et le ruro, espèce de martin-pêcheur, était l'oiseau favori de Ra, dieu du soleil.

Le requin fut également un animal révéré. Il paraît certain qu'on lui élevait des maraës.

Une foule d'autres animaux fantastiques, sur le compte desquels les Océaniens n'ont plus que des souvenirs monstrueux et confus, recevaient aussi des offrandes. Or, comme la Polynésie n'a plus que quelques oiseaux et des porcs sauvages dans ses forêts, on pourrait en induire que ces traditions légendaires ne sont par nées sur le sol, ou qu'elles ont survécu à des bouleversements géologiques qui ont profondément changé la configuration géographique, ainsi que la faune de cette partie du globe.

C'est, à n'en pas douter, un des derniers vestiges des peuples et des continents disparus dont nous recherchons les traces.

CHAPITRE XXXII.

DU TABOU.

L'Inde avait son signe sacré, imprimé sur les animaux, les bornes des champs, les esclaves des pagodes, et en général sur tous les objets réservés au culte.

La Polynésie a le tabou.

Le tabou se plaçait sur quelqu'un ou sur quelque chose, et cet homme ou cet objet, dit M. de Bovis, devenait aussitôt sacré pour tout autre but que celui auquel il était destiné.

Le tabou était placé sur un homme lorsqu'il était dévoué à la mort pour servir d'holocauste dans les sacrifices. Ainsi que nous l'avons déjà vu, il l'ignorait lui-même ; mais parmi ceux qui le savaient, personne même de sa famille n'eût osé détourner de sa tête ce coup fatal. Il appartenait aux dieux.

Dès qu'il était immolé, le tabou était aussi mis sur son cadavre, qui devenait la propriété du maraë. Il en était de même s'il s'agissait d'un animal. Cette prohibition religieuse se plaçait aussi sur certains chemins, bois ou cours d'eau réservés au service du temple.

Le grand prêtre seul avait le droit de prononcer et de lever le tabou.

Deux cas spéciaux cependant échappaient à son action.

Tout ce qui servait à la nourriture du roi était *tabou* par destination.

Tout ce que les statues des dieux touchaient, devenait à l'instant même sacré et appartenait au temple.

Si l'idole, dans une procession, venait à tomber par terre, tout le sol, à une assez grande distance à la ronde, devenait immédiatement la propriété du dieu, c'est-à-dire de ses ministres... Et l'on peut croire que ces éternels jongleurs savaient admirablement profiter de la crédulité publique pour faire trébucher l'idole à propos, et arrondir leur patrimoine des propriétés les plus fertiles et les plus à leur convenance.

Il ne faudrait pas faire l'essai de ce droit en de certaines contrées, tous les habitants ne seraient bientôt plus que les colons partiaires du prêtre.

CHAPITRE XXXIII.

DES FUNÉRAILLES.

C'est peut-être dans les cérémonies funéraires que les popu‑
lations primitives qui ont peuplé l'Océanie ont laissé les traces
les plus profondes de leur origine.

Lorsqu'un homme était mort, sa dépouille n'était pas ac‑
compagnée au champ du repos par les prêtres, ni aucun des
desservants des temples. C'est au fils aîné qu'il appartenait
d'ensevelir son père ou sa mère décédés, et de prononcer sur
leur tombe les prières expiatoires qui devaient les laver de
leurs souillures, et d'invoquer les génies familiers qui devaient
accompagner leurs âmes à Tupaï, et les défendre devant le
juge suprême.

C'est la coutume indoue dans toute sa pureté ; nous verrons
bientôt, comme dans l'Inde, cette coutume engendrer égale‑
ment l'adoption en Polynésie.

Le corps du défunt était conduit nuitamment et sans bruit
dans un lieu secret par le fils aîné, assisté de quelques mem‑
bres seulement de sa famille, qui l'aidaient à transporter le
corps et se retiraient dès qu'on était arrivé au lieu choisi pour
la sépulture. Pendant trois jours le fils restait en prière sur
la tombe, ne prenant de nourriture qu'une fois chaque jour
après le lever du soleil.

Au bout de ce laps de temps, l'âme était parvenue à Tupaï guidée par les esprits, et le fils regagnait sa demeure.

Cette coutume de tenir secret le lieu de la sépulture a dû naître des guerres nombreuses que les peuplades d'Océanie ont soutenues autrefois entre elles, et pour éviter la profanation de la tombe des ancêtres.

Les ariis, — caste des chefs, — mettaient un soin tout particulier à ce que leur lieu de sépulture ne fût point connu. On enlevait le corps du défunt en grand secret à l'aide de quelques affidés. On allait le cacher dans la montagne dans quelque creux de rocher, et on le recouvrait du mieux que l'on pouvait, avec des quartiers de rochers que l'on garnissait de terre et de feuillage.

Ces sortes de secrets étaient religieusement gardés, protégés du reste par la superstition religieuse. En effet, tout individu qui dévoilait le lieu d'une sépulture se voyait refuser l'aide des esprits protecteurs pour se rendre à Tupaï, et l'âme du mort qui tentait d'accomplir seule ce voyage était à peu près certaine d'être enlevée dans le parcours par les mauvais génies, et conduite aux séjours infernaux.

Avant le départ du corps de la maison mortuaire, ceux des parents qui se trouvaient près du défunt commençaient à pousser des gémissements lamentables en proférant les paroles suivantes, sorte de dialogue dans lequel chacun prenait rang suivant sa parenté.

LA FEMME.

Pourquoi as-tu quitté ta demeure? Étais-tu donc si pressé de voir la figure du terrible Uretaetae? N'avais-tu plus de maioré autour de ta case — fruit de l'arbre à pain —, étais-tu las de ta femme et de tes enfants, pour appeler sitôt près de toi les esprits qui conduisent à Tupaï?

LES PARENTS.

— Est-ce que ton bras n'était plus assez fort pour manier la pagaie ?

— N'étions-nous pas près de toi pour t'aider à conduire la pirogue de guerre ?

— N'avais-tu pas la place qui te revenait au maraë ?

— Est-ce que tes bras vigoureux ne savaient plus traîner sur les récifs les filets de feuilles de cocotier ?

— Était-ce l'âme d'un tupanou vahine — esprit femelle — qui par ses chants trompeurs t'attirait dans les régions maudites des Trépassés ?

— Avais-tu entendu sur les vagues et dans le vent de la mer le chant de l'oiseau des morts ?

— Si tu dors, réveille-toi !

— Si tu n'es pas encore loin d'ici, reprends le chemin de ta demeure.

— Veux-tu que les jeunes filles te préparent du taïro tout frais, et te servent de la poïpoï conservée dans du bambou — mets indigènes dont le premier se fait avec de l'amande de coco, et le second avec de la bouillie de fruits à pain —.

— Nous irons chasser pour toi les porcs sauvages dans la montagne.

— Nous boirons ensemble le jus parfumé de l'évi (pomme de Cythère).

— Tu ne nous réponds pas?

— Reconnais-nous bien avant de quitter ces lieux sans retour.

— Si Uretaetae te force à errer sur les mers dans la tempête, ne pousse pas nos pirogues au récif.

— Ne fais pas souffler le maramou (vent violent d'ouest

succédant sans transition à un vent violent d'est), quand nous serons au large.

— Puisque tu ne veux pas revenir, dis notre nom aux esprits, afin qu'à notre mort ils sachent nous appeler par nos noms pour nous conduire à Tupaï.

Et de nouveau les cris et les gémissements recommençaient de plus belle, augmentés de moment en moment par l'arrivée de parents qui venaient visiter le mort, et étaient tenus de faire leur partie dans le chœur funéraire.

Quant aux marques de deuil, elles consistaient, pour les hommes, à se raser la tête d'une certaine façon selon leur degré de parenté avec le défunt. Les femmes se coupaient les cheveux.

Étranges analogies que nous aurons bientôt l'occasion de mieux faire ressortir encore.

Cette coutume est encore en vigueur de nos jours. Il est bon de noter que la plupart des pleureurs et des pleureuses n'en sont pas plus tristes, car on les voit, au sortir de la maison mortuaire, se livrer à leurs jeux et à leurs plaisanteries ordinaires jusqu'à ce que l'arrivée d'un nouveau parent vienne les avertir qu'il est temps de recommencer les cris...

Nous ne croyons pas qu'il soit possible d'ajouter quelque chose à cette esquisse rapide des anciennes coutumes et croyances religieuses des primitifs Polynésiens. L'influence religieuse nouvelle, plus encore que le temps, a fait trop facilement son œuvre de démolisseur. Dans quelques années le dernier souvenir aura disparu avec le dernier vieillard...

Nous dirons un jour, les mains pleines de preuves *officielles*, comment s'éteignent les habitants de certains groupes polynésiens, et la conscience humaine reculera épouvantée, devant les crimes de l'*Inquisition* océanienne.

Nous dirons ce que quelques fanatiques ont osé faire des populations si simples et si douces de certains groupes de la Polynésie où ils se sont établis, et comment ces populations ont diminué de plus de moitié depuis le jour où les premiers prédicants ont mis le pied sur leur rivage.

CHAPITRE XXXIV.

VESTIGES DE DROIT CIVIL.

La société polynésienne était primitivement divisée en quatre castes, et à l'exemple de l'Inde, ces castes étaient considérées comme ayant été établies par Dieu dès le début de la création.

Les prêtres	Oreros.
Les rois	Ariis.
Les marchands et cultivateurs	Raatiras.
Les esclaves	Manahunes.

Toute alliance par mariage était prohibée entre ces différentes castes et les enfants issus d'une union défendue.

Il existait cependant une singulière coutume : toute femme ayant un enfant naturel de père inconnu ou non déclaré, lui transmettait non-seulement sa caste, mais encore tous les priviléges qui étaient attachés à la situation particulière dans laquelle elle pouvait se trouver.

Ainsi une fille du sang royal pouvait descendre, dans ses libres amours, jusqu'à un homme de la dernière caste, jusqu'à l'esclave ; l'enfant dont elle devenait mère était de race royale et pouvait hériter du trône.

Il n'en était point ainsi lorsqu'un prince se mésalliait ; les enfants qu'il obtenait par cette union n'avaient droit ni aux priviléges, ni à la position de leur père.

« On peut encore voir de nos jours la confirmation vivante de cette vieille coutume, dit M. de Bovis.

« Tamatoa, roi de Raïatea, qui est le descendant actuel de la ligne royale de l'île sainte Tomatoa, duquel tous les princes actuels de l'archipel se vantent d'être parents, sans quoi ils ne seraient pas princes, a épousé jadis une femme de la lie du peuple. Ses enfants appartiennent à une sorte de noblesse intermédiaire ; ils ont fait presque tous des alliances princières, mais nul d'entre eux ne pourra succéder à son père ; le vieux roi lui-même n'y songe point. Il a donc été obligé d'adopter depuis longtemps un fils des Pomaré de Taïti, qui est son successeur désigné, et à la naissance duquel il n'y a rien à dire. »

Quels sont les motifs de ce droit accordé à la femme et refusé à l'homme ?

Nous exposerons, dans notre seconde partie consacrée aux vierges créatrices, la situation de la femme dans les primitives sociétés, et nous verrons qu'avant la réaction sacerdotale qui la fit esclave, elle fut reine et prêtresse, et que l'homme entre la tendresse de sa mère et l'amour de sa femme ne trouvant rien de plus grand sur la terre, fit sortir la création entière du sein d'une déesse vierge fécondée par le germe primitif.

Ainsi l'homme dès le début, se contentant de régner par la force sur les animaux, de conquérir peu à peu son domaine par le travail et la lutte, laissa la femme régner sur son cœur, et comme on couvre aujourd'hui une femme de diamants, la couvrit de priviléges et d'honneurs.

CHAPITRE XXXV.

DE LA PROPRIÉTÉ.

Dans l'ancien droit polynésien, toute propriété appartenait au roi ; le peuple n'était qu'usufruiter. Cet usufruit ne pouvait jamais être cédé, chaque famille vivait en communauté et son droit de jouissance était limité par ses besoins.

L'usufruit se répartissait non par famille, mais par village, et chaque habitant avait même droit sur les terres allouées dont il était obligé de père en fils de cultiver une portion. L'Inde a vécu des milliers d'années sous des prescriptions identiques, et nos biens dits communaux sont encore un souvenir vivant de ces anciennes traditions légales transportées sur notre sol par l'émigration asiatique. Le droit de vente et d'échange n'existe en Océanie que depuis l'arrivée des Européens.

Les possessions des maraës et des prêtres étaient soustraites à l'autorité royale.

Il y avait aussi des fiefs, propriétés personnelles des princes et des rois, et qui par cela pouvaient changer de mains par la conquête.

CHAPITRE XXXVI.

DE LA FAMILLE ET DU MARIAGE.

Nous venons de voir que la femme libre conférait, dans la génération, un degré supérieur à celui que l'homme pouvait transmettre ; ce droit était un dernier vestige de traditions anciennes complétement oubliées. Dans la famille, en effet, la femme était habituellement la servante de son mari, qui généralement usait assez rudement de son autorité.

Elle apprêtait la nourriture et ne s'attablait pas avec les hommes. Si elle mangeait en même temps qu'eux, ce qui était rare, elle prenait son repas à distance, mais à portée de la voix pour entendre les ordres qui lui étaient donnés.

C'était elle qui avait soin de tous les ustensiles de chasse et de pêche, de la pirogue et des pagaies de son mari, et elle l'accompagnait souvent dans ses excursions.

Il est juste de dire que le mari, à son tour, était chargé de l'approvisionnement de la maison, de la cuisson du dîner, de la préparation du four, et de tous les ouvrages de force de la communauté. Le mariage était une simple cérémonie civile qui avait lieu par la *dation* de la femme au mari par le père, et pour consacrer ce contrat, le mari faisait au père des présents en rapport avec sa situation personnelle. Ces présents se composaient, tantôt d'une pirogue de guerre garnie de toutes ses armes, tantôt d'un troupeau de porcs. (C'est le seul animal que les Européens aient trouvé à leur arrivée en Polynésie : le bœuf, le mouton, les poules sont d'introduction récente.)

Dans la classe pauvre, le mari se contentait de donner aux parents un paquet de taro ou d'igname, et de leur offrir un repas.

Dans tout mariage on procédait de la manière suivante :

Le père se chargeait de marier sa fille et la mère son fils.

Dès qu'une mère avait jeté les yeux sur une fille pour son fils, après avoir consulté l'orero pour savoir si les augures étaient favorables, elle se décidait à aller faire la demande. Revêtant une pagne neuve, un coco vert dans la main, elle se rendait à la demeure de la jeune fille. Chemin faisant, elle devait observer de ne pas rencontrer un cadavre, de n'être pas croisée par le vol d'un oovea, car tous les présages heureux auraient été à l'instant détruits, et elle eût été forcée de remettre sa visite à un autre jour. A son arrivée, elle présente sa requête aux parents, qui se mettent à se lamenter et à pousser des soupirs pendant deux ou trois minutes, puis la demande est accordée.

La matrone se retire alors comme elle était venue, évitant les fâcheuses rencontres.

Le lendemain elle revient avec son fils apporter les présents d'usage. L'orero est de nouveau consulté, il indique un jour heureux d'après les auspices, et l'époque du mariage est fixée ; on construit alors une case de feuillage que l'on garnit de fleurs pour la cérémonie.

Le premier jour se passe à chanter des hymnes de circonstance, à faire des offrandes aux this, et aux génies familiers des maisons.

Le second jour on envoie des offrandes à tous les maraës voisins, et les deux époux, assis sous un berceau de fleurs, reçoivent les félicitations de tous leurs parents et amis.

Le troisième jour on invite, par des prières et des chants,

les ancêtres qui sont partis pour Tupaï, à venir assister au mariage et à le rendre fécond.

Le quatrième jour a lieu la cérémonie qui unit les deux époux définitivement, ils brisent un coco et s'en répandent mutuellement le lait sur la tête; puis ils mangent chacun un morceau de l'amande intérieure, le mari le recevant de sa femme et la femme de son mari. Le soir les deux jeunes époux partagent la même couche.

Le cinquième jour on donne un repas à tous les parents et à tous les amis qui ont assisté au mariage. Le mari emmène sa femme dans sa case et tout est terminé.

Le symbolisme de ces cérémonies n'a rien de bien difficile à saisir. Grâce aux missionnaires de tous les cultes, ces usages ne sont plus observés, mais il ne faudrait pas croire qu'en abandonnant la foi de leurs ancêtres, les Océaniens soient devenus des chrétiens. A part les naturels des Gambiers que l'on mène à la messe et à confesse à coups de trique, que l'on fouette sur les places publiques au moindre refus d'obéissance, on ne rencontrerait pas dans toute la Polynésie deux naturels pratiquant sérieusement la croyance nouvelle.

CHAPITRE XXXVII.

DE L'ADOPTION.

Nous avons vu que le père et la mère n'étaient délivrés de leurs dernières souillures à l'heure de la mort que par les prières de leur fils aîné, et que ce n'était qu'après trois jours de purifications que les esprits venaient chercher leurs âmes pour les conduire à Tupaï.

De cette croyance, que l'on retrouve également dans la vieille religion brahmanique, naquit la nécessité de laisser après sa mort un fils qui pût accomplir les cérémonies funéraires expiatoires.

Lorsque leur union était stérile, les deux époux, pour éviter le sort terrible des tupanous errants dans le vague, adoptaient un enfant de leurs proches ou même complétement étranger à leur famille. L'adopté prenait le nom des adoptants et devenait si bien leur fils, tant au point de vue religieux qu'au point de vue civil, que si, postérieurement à son adoption, d'autres enfants venaient à naître, il n'en restait pas moins le fils aîné, et continuait à jouir de toutes les prérogatives attachées à ce titre.

Aujourd'hui, bien que les traditions attachées à cette coutume n'aient plus d'empire, les Polynésiens n'en ont pas moins conservé l'habitude de l'adoption à ce point que, dans presque toutes les familles indigènes, on trouve, à côté des enfants nés de l'union du père et de la mère, les enfants d'adoption, et souvent ce sont ces derniers qui sont les plus aimés.

Un jour nous demandions à un habitant de l'île de Mourea, qui se trouvait dans cette situation, pourquoi il paraissait avoir une plus grande affection pour ses adoptés que pour ses enfants réels ; il nous répondit :

« C'est que ceux-ci sont les enfauts de mon choix, tandis que ceux-là sont les enfants du hasard. »

On peut juger par cette réponse de l'esprit de famille des Océaniens et apprécier les progrès que le christianisme leur a fait faire...

CHAPITRE XXXVIII.

ENFANTS ADULTÉRINS OU ILLÉGITIMES.

Les enfants adultérins ou illégitimes n'étaient soumis à aucun préjugé funeste, ils étaient aussi bien venus que les autres.

« Le mari, dit l'éminent officier dont nous invoquons souvent les lumières, avait bien pu être transporté de jalousie jusqu'à tuer la femme infidèle, mais lorsqu'il lui naissait un enfant qu'il savait être d'un autre, il l'entourait des mêmes soins et de la même affection que les siens propres, et si l'on peut citer quelques exceptions à cette règle générale, on pourrait aussi citer des cas où ces fruits, notoirement illégitimes, ont été entourés d'égards tout à fait privilégiés, et il est heureux qu'il en ait été ainsi, car la débauche effrénée qui règne chez ces peuples aurait amené une incalculable série de malheurs et de haines, si la naissance des enfants y avait été vue du même œil que dans notre civilisation. »

Il faut dire aussi que les liens du mariage ne sont point tellement lourds et indissolubles que les époux ne puissent les rejeter. Il suffit pour cela, aujourd'hui, de l'accord commun et l'union est rompue.

Dans certaines îles même on se marie à terme pour une, deux

ou trois années; à l'expiration du contrat, on se partage les enfants et on se sépare.

Grâce aux prédicants américains, le mormonisme est en train de faire de nombreux prosélytes dans ces contrées, surtout aux Sandwich.

CHAPITRE XXXIX.

LES ARIOIS.

Avant de clore cet examen des anciennes traditions polynésiennes, nous devons dire quelques mots d'une coutume qui a
existé également chez certaines peuplades de la haute Asie.

Les anciens rois océaniens s'entouraient d'une troupe de
guerriers chargés spécialement de leur défense à la guerre, et qui
jouissaient des priviléges les plus étendus. Ils avaient le droit
d'user et d'abuser de tout ce qui appartenait au roi et aux particuliers; toujours prêts à se faire tuer les premiers en temps de
guerre, ils passaient, en temps de paix, leur vie au milieu des
chants, de la danse et des orgies de toute nature. Ils ne se ma-
riaient pas, ne formaient que des unions passagères et tuaient
tous les enfants qui venaient à leur naître. Cette singulière
caste, qui se fût bientôt éteinte avec un pareil système, se conservait par le recrutement.

En guerre, le commandement de toutes les troupes de terre
et de mer était confié aux ariois, et il n'y a pas d'exemple qu'ils
aient jamais abusé de leur autorité pour essayer de jouer un
rôle politique.

On a vainement cherché les motifs d'une pareille associa-
tion. Peut-être pourrait-on penser avec quelque raison que les
rois qui l'ont fondée, espéraient augmenter le courage de
cette classe de guerriers en les privant de tout lien de fa-

mille ; ils durent désirer aussi que les priviléges extraordinaires qu'ils leur avaient accordés ne fussent pas transmissibles par héritage, ce qui, avec le temps, eût créé une caste trop puissante et trop riche pour qu'elle ne fût pas un danger pour l'État...

Nous en avons terminé avec ces curieuses traditions, qui offrent de si frappantes analogies avec celles de l'Inde et de la haute Asie, et qui vont nous guider dans la recherche de la source commune d'où elles sont descendues.

Avant peu ces îles poétiques de la Polynésie auront vu s'éteindre leur dernière légende et leur dernier habitant sous la persécution de Rome.

CHAPITRE LX.

LES PEUPLES ET LES CIVILISATIONS
DE L'ORIENT ET DES CONTRÉES AUSTRALES CONTEMPORAINES
DES PÉRIODES GLACIAIRES ET DILUVIENNES
DES CONTRÉES OCCIDENTALES.

Il est temps de conclure :

A l'époque où l'homme vivait en compagnie du renne, de l'aurochs, de l'ours des cavernes, au milieu des glaciers qui couvraient la plus grande partie de l'Europe actuelle, quelle était la situation des autres parties du globe ?

Doit-on croire que l'homme que l'on appelle *primitif* et dont nous retrouvons les traces dans les terrains quaternaires, avec les instruments et les armes rudimentaires qui servaient à son alimentation ou à sa défense, soit le type exact de tous les habitants de la terre à cette époque ?

Est-il plus logique de penser que des civilisations plus avancées avaient déjà, depuis des siècles, fait leur apparition dans le monde ?

Les études auxquelles nous venons de nous livrer répondent à ces questions.

L'homme quaternaire des contrées occidentales était au monde civilisé d'alors ce que sont aux civilisations présentes les Esquimaux et les Lapons.

A la pierre polie, qui paraît être le dernier effort de l'homme des glaciers, succède immédiatement le bronze.

Et il est impossible de lui attribuer cette découverte, car les types d'armes, de parures, d'instruments, de vases et d'us-tensiles que l'on rencontre souvent pêle-mêle avec les haches en silex et autres objets de même matière, sont d'une telle per-fection de forme, que dans la marche logique du progrès, l'homme quaternaire de nos contrées eût mis des siècles pour l'atteindre, du jour où un feu allumé dans une caverne ou sur les flancs d'une montagne de minerai lui eût révélé l'existence de ce métal. Et il n'existe aucune transition entre les instru-ments primitifs en silex et les modèles perfectionnés de bronze.

Pas d'essais, pas de tâtonnements.

Puis immédiatement avec le bronze, nous trouvons des pro-duits céramiques d'une égale perfection.

Tout ce que nous possédons de cette époque, bracelets, plats ciselés, vases, récipients de toutes espèces, poignards, terres cuites des types les plus variés, ont une destination spéciale, répondent à de vieux usages, et *ne sont autres que ceux encore en usage dans l'intérieur de l'Indoustan.*

Le jour où l'on voudra bien confier à l'éminent archéologue qui dirige le Musée des antiquités nationales de Saint-Ger-main, une mission dans l'Inde, il retrouvera, parmi les objets dont le peuple se sert encore aujourd'hui, tous les modèles de sa collection.

Le bronze et la terre cuite ont donc été apportés sur notre sol par une civilisation plus parfaite, et il en est advenu des populations autochthones ce qu'il advient, en face de la race blanche envahissante, des peuples de l'Amérique, de l'Australie et de la Polynésie, qui s'éteignent... elles ont disparu.

Les causes humaines sont identiques dans leurs effets, dans le passé comme dans le présent. Les populations primitives ne sont pas élevées à leur niveau par les populations plus avancées qui viennent s'établir sur leur sol, elles sont anéanties.

Les hommes à qui il faudrait encore vingt siècles de progrès lent et mesuré pour arriver à un état social déterminé, mis inopinément en présence de cet état social, perdent leur vitalité ; les forces de résistance ne sont pas en rapport avec les forces modificatrices nouvelles ; il n'y a pas d'assimilation possible, et l'homme civilisé détruit l'homme primitif, malgré les plus généreux efforts pour l'attirer à lui.

Et puis physiologiquement le cerveau n'est pas prêt, on ne peut pas forcer le travail de la nature : comment voulez-vous que le fils de la prairie, qui vit d'espace, d'air, de soleil et de gibier ; que le fils des glaces qui se nourrit de poisson cru, se frotte d'huile et s'enfume, puisse comprendre cette création idéale, cette fiction des sociétés avancées qu'on appelle la loi... le devoir ?

Les peuples remplacent les peuples, comme l'homme remplace l'homme.

La mort joue un rôle égal dans la vie des nations et dans celle des individus.

Et cela au bénéfice du continuel progrès, de l'incessante transformation.

L'art perfectionné du bronze, remplaçant sans transition l'art rudimentaire de la pierre polie, marque d'un sceau ineffaçable la première des émigrations asiatiques.

Les glaciers s'étaient fondus, les grands courants des eaux avaient accompli leur travail, la terre s'était peut-être légèrement inclinée, déplaçant son axe, un ciel plus clément avait couvert les vallées et les monts de bois et de verdure, les autochthones s'étaient peu à peu réfugiés vers le nord avec le renne, plutôt que de changer leurs coutumes, la nourriture à laquelle ils étaient habitués...

Les premiers fils de l'Indoustan firent leur apparition avec leurs troupeaux.

Cette civilisation antédiluvienne, dont le centre fut l'Asie, et qui fit rayonner ses fils dans toutes les contrées occidentales, a laissé partout les traces les plus profondes, elle semble s'être étendue de l'est à l'ouest, alors que l'Europe n'était qu'un glacier, dans le sens du tropique nord depuis la Polynésie, la Chine, l'Inde, jusqu'aux côtes du Mexique qui se seraient prolongées fort avant dans l'Atlantique, et dont les Açores, les Canaries, Madère, seraient les derniers vestiges.

D'un autre côté, un vaste continent inscrit dans le triangle formé par les Sandwich, la Nouvelle-Zélande et l'île de Pâques, se serait étendu du tropique nord au tropique austral.

Dans cette hypothèse, une partie de l'Amérique du sud et du continent africain n'aurait été représentée dans le monde géographique que par des îles formées par leurs hautes montagnes émergeant au-dessus des eaux.

L'hypothèse de cette première zone civilisée s'étendant de l'est à l'ouest, de l'Asie aux rives du Mexique, devient presque une vérité scientifique, en face des nombreuses identités de types, de coutumes et de ruines.

Nous avons visité toutes ces contrées en détail ; il y a peu de différence entre les Indous des basses classes et les Indiens de la vieille-race du Mexique ; la similitude de leurs coutumes vulgaires est véritablement extraordinaire, et leurs croyances religieuses paraissent avoir puisé aux mêmes sources polythéistes.

Le culte du Soleil fut en honneur dans les deux contrées, toutes deux ont possédé les mêmes castes, et quant à l'architecture des temples, qu'on regarde les deux dessins du temple d'Ellora dans l'Inde, et du temple de Chichen-Itza au Mexique, que nous avons nous-mêmes rapportés de ces deux contrées [1], et qu'on nous dise si ces deux architectures n'accusent pas des civilisations identiques.

1. Page 25.

Malheureusement, le passé du vieux pays des Incas est tout entier à exhumer, et nous possédons peu de documents, bien qu'ils soient abondants. Les forces de l'homme sont relatives, et après avoir affronté le ciel de l'Inde pendant de longues années, et sillonné en tous sens les îles de la Polynésie, nous n'avons pu donner au Mexique que quelques mois, là où il aurait fallu des années également.

Mais à mesure que l'on se rapproche de l'Inde, l'hypothèse disparaît, les signes de colonisation se pressent en telle abondance que ce n'est plus une preuve à faire en science, que le berceau des races européennes soit en Asie, que l'Inde soit l'*Alma parens* de l'Occident, et la Grèce et l'Égypte filles aînées de la vieille terre des brahmes. Grec, latin, scandinave, germain, celte, breton sont des dérivés de la vieille langue mère du Nord. Chaldéen, hébreu, arabe et tous les idiomes sémites, sont des dérivés du tamoul, la langue vulgaire du Sud.

Quant au continent polynésien disparu lors des derniers bouleversements géologiques, son existence repose sur de telles preuves que logiquement le doute ne pourrait se produire...

Les trois sommets de ce continent, îles Sandwich, Nouvelle-Zélande, île de Pâques, sont éloignés les uns des autres de quinze à dix-huit cents lieues, et les groupes d'îles du centre, Viti, Samoa, Tonga, Foutouna, Ouvea, Marquises, Taïti, Poumoutou, Gambiers, sont eux-mêmes distants de ces points extrêmes de sept, huit cents et mille lieues.

Tous les navigateurs sont d'accord sur ce point, que les groupes extrêmes et les groupes du centre n'ont jamais pu communiquer entre eux dans leur situation géographique actuelle, et avec les seuls moyens de navigation qui étaient en leur possession.

Il est matériellement impossible de franchir des distances

de quinze à dix-huit cents lieues en pirogue, et, en outre de l'insuffisance de l'embarcation, comment se diriger sans boussole, comment voyager des mois sans vivres ?

Cela ne supporte pas l'examen.

D'un autre côté, les naturels des Sandwich, des Viti, de la Nouvelle-Zélande, des groupes du centre, Samoa, Taïti, Gambiers, de l'île de Pâques et des îles Marquises, *ne se connaissaient pas, n'avaient jamais entendu parler les uns des autres* avant l'arrivée des Européens. *Et tous cependant prétendaient que leur île faisait partie autrefois d'une immense étendue de terre qui s'étendait vers l'ouest, du côté de l'Asie. Et tous, mis en présence, ont parlé la même langue, ont accusé les mêmes* usages, les mêmes coutumes, les mêmes croyances religieuses. Tous, à cette question : Quel est le berceau de votre race ? pour toute réponse, *étendaient la main du côté du soleil couchant...*

Nous nous souvenons encore de l'émotion réelle que nous avons éprouvée lorsque nous avons vu deux indigènes, l'un de Taïti et l'autre de l'île de Pâques, mis en présence pour la première fois.

Sur tous les autres points les plus éloignés de la Polynésie, le problème avait été résolu. Il y avait identité de coutumes, de traditions, de croyances religieuses, de langage, entre les populations des divers groupes. On ne savait rien de l'île de Pâques, que l'on considérait comme en dehors du rayon polynésien, en raison de la distance qui la séparait des autres et de sa proximité des côtes de l'Amérique du sud.

Sous le gouvernement de M. de La Roncière et par ordre de cet intelligent administrateur, un naturel de cette île fut amené à Taïti, et, à peine débarqué, mis en présence d'un Taïtien.

Nous regardions, anxieux de ce qui allait se passer.

Les deux naturels s'observèrent pendant quelques instants.

C'était bien les mêmes types extérieurs de race.

L'habitant de l'île de Pâques semblait craintif.

Le Taïtien, plus déluré, s'avança près de lui.

« Ia orana oé, lui dit-il. — Salut à toi. »

La figure de l'autre Indien s'illumina de plaisir.

« Iorana taio, répondit-il. — Salut ami. »

Tous les spectateurs de cette scène se regardèrent avec un indicible étonnement.

Les deux naturels venaient de se souhaiter la bienvenue dans la même langue. L'habitant de l'île de Pâques avait seulement élidé deux voyelles, que le Taïtien avait au contraire distinctement prononcées.

Ia sois, *iorana* bien portant, *oé* toi.

Iorana sois bien portant, *taio* ami.

La conversation continuait, nous écoutâmes.

« *No héa mai oé.* — D'où viens-tu [1] ?

— *No motu hénua maoro mai au.* — Je suis venu ici d'une île très-éloignée [2]. — A Taïti on dirait fénua au lieu de hénua.

— *E aha to oé eré.* — Quel est le but de ton voyage [3] ?

— *A ita paha oé ité éna.* — Je ne sais peut-être pas bien cela [4]. »

Il n'y avait plus de doute possible, les deux indigènes appartenaient bien à la même race.

Nous ne transcrirons pas la suite de cette curieuse conversation que nous avons précieusement conservée, mais qui serait sans intérêt pour le lecteur.

Comment tous ces indigènes, répartis sur des îles et des îlots parsemés dans le Pacifique, sur une étendue plus grande que celle de tout le continent africain, pourraient-ils posséder

---

1. *No héa mai oé.* Traduction littérale : D'où, jusqu'ici toi?

2. *No motu hénua maoro mai au.* Traduction littérale : De île terre éloignée venu moi.

3. *E aha to oé teré.* Traduction littérale : Et quel? le de toi venue.

4. *A ita paha oé ité éna.* Traduction littérale : Pas peut-être moi sachant cela.

les mêmes usages, les mêmes traditions, parler la même langue, dans l'impossibilité où ils ont été et sont encore de communiquer les uns avec les autres, et l'ignorance où ils sont actuellement de leur mutuelle existence, si leurs ancêtres communs n'ont pas été autrefois réunis sur un vaste continent disparu aux dernières époques diluviennes, dont les îles actuelles représenteraient les derniers vestiges ?

Une chose vient encore donner du poids à cette opinion, c'est qu'à part les îlots des Poumoutous qui sont de formation madréporique, toutes les îles polynésiennes ne sont que des cônes de rochers avec d'étroites vallées, des cimes de montagnes sous-marines qui émergent.

Les îlots madréporiques des Poumoutous sont une preuve de plus. On sait que les polypes ne construisent jamais dans les mers profondes, et choisissent toujours pour base d'appui les plateaux solides les plus voisins de la surface des mers.

Il y a donc là, on n'en saurait douter, un continent disparu !

Explique qui pourra, en dehors de cette hypothèse, ces incroyables identités de croyances, de traditions, de mœurs et de langage.

Ce n'est pas tout.

Ce continent était forcément relié à l'Asie, dans le sens de la zone tropicale que nous avons indiquée sur la carte, page 21, soit par un prolongement, soit par des îles assez rapprochées, soit par tout autre moyen de communication facile, car les mœurs, les coutumes, les traditions religieuses, les superstitions [1] de la Polynésie sont les mêmes, nous l'avons vu, que celles de l'Indoustan primitif. Quant au langage, le parler mahori, resserré entre des îles étroites, s'est simplifié comme la vie des

1. Rien n'indique la communauté d'origine de deux peuples, comme des superstitions identiques.

indigènes, a perdu toute syntaxe, n'a presque plus de mots pour les idées métaphysiques, et se borne à peu près à traduire les choses matérielles et les besoins. Malgré cela on peut encore retrouver une certaine quantité de mots qui sont du samscrit pur.

Nous ne voulons pas reprendre en détail les traditions religieuses des deux contrées que nous avons exposées. Rapprochons cependant les panthéons.

Le dieu irrévélé

Dans l'Inde	*En Polynésie*
Zyaus.	Jyoiho.

Le principe mère de la divinité

Dans l'Inde	*En Polynésie*
Nari.	Ina.

La trinité

Dans l'Inde	*En Polynésie*
Brahma.	Taaroa.
Vischnou.	Ina.
Siva.	Oro.

Dieux inférieurs, mandataires de la trinité

Dans l'Inde	*En Polynésie*
Indra, dieu des sphères célestes.	Oro, dieu des cieux inférieurs.
Varouna, dieu des eaux.	Tane, dieu des eaux.
Agni, dieu du feu.	Hita, dieu du feu.
Pavana, dieu du vent	Haui, dieu des vents.

<table>
<tr><td align="center">Dans l'Inde</td><td align="center">En Polynésie</td></tr>
<tr><td align="center">Yama,
juge des morts, dieu des régions infernales.</td><td align="center">Manuteaha,
dieu des enfers.</td></tr>
<tr><td align="center">Couvera,
dieu des richesses.</td><td align="center">Faaha,
dieu des richesses.</td></tr>
<tr><td align="center">Cartikeia,
dieu de la guerre.</td><td align="center">Toa,
dieu de la guerre.</td></tr>
<tr><td align="center">Cama,
dieu de l'amour.</td><td align="center">Roha,
dieu qui préside à l'union des sexes.</td></tr>
<tr><td align="center">Sourya,
dieu du soleil.</td><td align="center">Ra,
dieu du soleil.</td></tr>
<tr><td align="center">Soma,
déesse de la lune.</td><td align="center">Marama,
déesse de la lune.</td></tr>
<tr><td align="center">Ganesa,
Dieu qui préside aux portes des temples, éloigne les obstacles et préside aux entreprises heureuses.</td><td align="center">Thi,
préside aux heureuses entreprises.</td></tr>
<tr><td align="center">Poulear,
dieu des champs, veille aux bornes des héritages.</td><td align="center">Thi,
conservateur des bornes et des maraës.</td></tr>
<tr><td align="center">Neiritia,
dieu des voleurs et du commerce.</td><td align="center">Hiro,
dieu des voleurs.</td></tr>
<tr><td align="center">Isania,
dieu des champs, qui protége les cultivateurs et les travaux des champs.</td><td align="center">Thi,
dieu qui protége les champs.</td></tr>
<tr><td align="center">. . . . .
. . . .</td><td align="center">Mara.
dieu de la pêche.</td></tr>
</table>

Dans les deux contrées, la divinité irrévélée renferme la double nature mâle et femelle, et la création s'opère par un œuf fécondé qui s'échappe du sein de la divinité mère et qui roule à la source des eaux. Nous leur avons vu adopter également les mêmes principes trinitaires, les mêmes dieux inférieurs, les mêmes croyances, presque les mêmes cérémonies

du culte, les mêmes castes, et, quelque élémentaires que
soient les derniers vestiges de traditions civiles qu'on puisse
rencontrer en Polynésie, elles paraissent avoir été puisées à la
source même qui a fécondé l'Inde.

N'oublions pas que, pour cette dernière contrée, la tradition
s'est conservée sans interruption par l'écrit, tandis que la Polynésie, fractionnée en plus de deux mille cinq cents îles ou
îlots qui, depuis plusieurs milliers d'années, vivent isolés par
groupes, a fatalement oublié son passé.

Il est donc extraordinaire que la moisson puisse encore être
si abondante.

Qu'on relise avec soin ce que nous avons pu retrouver de ce
passé océanien enfoui sous les eaux, qu'on le compare avec
notre étude plus complète — nous venons d'en dire les motifs
— sur les croyances, les cérémonies vulgaires, les mœurs et
les traditions législatives de l'Indoustan, et qu'on nous dise
s'il n'est pas vrai que les peuples de ces deux contrées
soient unis par une indiscutable communauté d'origine.

Et quelles preuves frappantes surgissent de certains détails !

La caste des rois se nomme

Dans l'Inde	*En Polynésie*
Aryas (samscrit).	Ariis (mahori).

C'est le même radical Ari.

Le soleil se nomme

Dans l'Inde	*En Polynésie*	*En Égypte*
Ra.	Ra.	Ra.

Ra est en samscrit le nom de l'astre lumineux, le dieu qui le
dirige reçoit le nom de Sourya.

Ra en mahori est le nom de l'astre et du dieu.

Ra en égyptien signifie soleil.

« Dans les légendes, dans les inscriptions dédicatoires, dans les invocations, dans les prières, dit l'éminent égyptologue Beauregard, le nom sacré d'Ammon est toujours accompagné du mot égyptien *ra*. Le mot *ra* signifie soleil. »

Ces mots *ari* et *ra* ne sont pas en usage par pur résultat du hasard, dans l'Inde et en Polynésie. Tous deux réunis expriment un état social, particulier, défini, au sommet duquel se trouvait la caste des aryas ou ariis, caste des rois, et le culte primitif de Ra ou du soleil, cette splendide manifestation de la puissance suprême, vers laquelle tous les peuples primitifs ont tourné leurs regards.

Et ces castes des prêtres, ces inspirés, ces démoniaques, ces sorciers qui interrogeaient les entrailles des victimes et rendaient des oracles, et ces dieux pénates, ces génies familiers protecteurs des maisons, et tous ces esprits mauvais des deux mythologies, et ces animaux sacrés, ces sacrifices humains, et toutes ces coutumes, ces traditions communes aux deux peuples? Quelles nations ont entre elles des relations plus étroites?

Dans notre introduction des *Fils de Dieu*, nous avons donné quelques comparaisons de mots samscrits et mahoris, qu'il nous paraît utile de rappeler ici. Nos études ont entre elles de telles affinités que nous sommes obligé de nous citer quelquefois.

Samscrit.	*Mahori.*
Tomara,	Tomara,
tronc d'arbre, levier, massue.	cœur d'arbre.
Totara,	Totara,
hérisson.	hérisson de mer.
Ura,	Ura,
braise rouge sous la cendre.	flamme.
Upa,	Upa,
danse.	danser.

Samscrit.	*Mahori.*
Uta, sable.	**Uta,** terre.
Gugupa, tourterelle.	**Uupa,** tourterelle [1].
Ari, maître de maison.	**Ari,** chef de famille.
Aryas, guerriers, rois.	**Ariis,** guerriers, rois.
Ara, prompt, éveillé, rapide.	**Ara,** éveillé, sur ses gardes.
Ariva, faible, débile.	**Ariva,** mince, délicat, faible.
Maya, femme de magicien, de médecin, sage-femme.	**Maia,** sage-femme.
Matara, libre, affranchi.	**Matara,** délié, débarrassé.
Mana, considération, puissance, honneur.	**Mana,** puissance, pouvoir, influence.
Nina, fin, mort.	**Nina,** enterrer, enfouir.
Nupa, sombre, obscur, ombragé.	**Nupa,** obscurité, fourré impénétrable.
Urupa, tempête.	**Urupa,** vent violent.
Rata, réjoui.	**Rata,** joyeux, doux, privé.
Tana, mari.	**Tané,** homme marié.
Iripa, emporté, insolent.	**Iripa,** pétulant, insolent.
Vahin. femme enceinte.	**Vahiné.** femme mariée.

1. Le *g* n'existe pas dans le mahori.

Ces mots n'ont subi aucun changement dans les deux langues.

Que dire de toutes ces similitudes, dans les mythologies, dans les coutumes, dans les traditions, dans les castes, dans les deux langues de l'Inde et de la Polynésie ?

Tout fait d'émigration, d'infiltration, d'échange d'idées, dans l'état géographique actuel du globe, est chose impossible.

Les Indous n'ont jamais navigué : une défense religieuse des plus sévères leur interdisait la mer, ils n'ont jamais eu que des pirogues pour la pêche, et ce frêle esquif ne peut tenir longtemps loin des côtes.

Nous avons déjà dit, à propos des différents groupes d'îles de l'Océanie, que l'opinion des marins était invariable sur ce point. Et si la pirogue n'a pu faire communiquer ensemble les Sandwich, la Nouvelle-Zélande, les îles de la Société, l'île de Pâques ; si elle n'a pu franchir des distances de mille, quinze cents et dix-huit cents lieues, comment aurait-elle pu relier l'Inde et la Polynésie, distantes l'une de l'autre de deux mille cinq cents à trois mille lieues?

On aura beau étudier le problème sous toutes ses faces, il n'y a qu'une solution d'acceptable !

— Avant les derniers bouleversements diluviens et gla-ciaires, alors que l'Europe était le pays du renne et de l'homme des glaces, il existait : du tropique nord au tropique austral, sur une longue ligne qui s'étendait de l'ouest à l'est, de l'Inde et la Chine à la Polynésie, au Mexique et à l'Atlantide, de vastes continents dont les habitants étaient arrivés déjà à un haut degré de civilisation, continents qui furent en partie submergés au dernier cataclysme diluvien —.

L'Atlantide disparut, ne laissant que quelques îles : Madère, Canaries, Açores, Cap-Vert.

Le continent polynésien, grâce à ses hautes montagnes, laissa des milliers d'îles, îlots, pointes de rochers, récifs, pour

témoigner de son existence antérieure. La plus grande partie
de l'Asie fut modifiée dans ses contours, elle regagna d'un
côté ce qu'elle perdait de l'autre.

Un continent nouveau surgit presque tout entier, l'Afrique.
Les contrées occidentales, grâce à un déplacement d'équilibre
de la terre, reçurent plus directement l'action bienfaisante du
soleil, et peu à peu la nature couvrit de végétation les vieilles
terres du renne et des glaciers.

Sur les hauts plateaux de l'Himalaya, dans les nombreuses
îles de la Polynésie, quelques groupes de la vieille race étaient
restés...

Ceux de l'Inde trouvant devant eux la vaste terre se déve-
loppèrent, continuant les traditions du passé. Le grand livre de
la loi, les védas, avait été sauvé par Vischnou déguisé en poisson, dit la légende religieuse, et peu à peu les descendants des
Rutas[1] envahirent le globe par deux courants sensibles, l'un
au sud par l'Iran, l'Arabie et l'Égypte ; l'autre, à l'ouest et au
nord, par l'Iran occidental, l'Asie Mineure, la Grèce, l'Italie,
le Caucase, la Russie, la Scandinavie, la Germanie, la Gaule.

Les émigrations du sud parlaient le tamoul qui était la langue vulgaire.

Les émigrations de l'ouest et du nord parlaient le samscrit
qui était la langue des castes élevées.

Et c'est ainsi que nous retrouvons au sud, à l'ouest et au
nord, les mêmes traditions, les mêmes croyances : la trinité
égyptienne et la trinité scandinave, Osiris-Isis-Orus, et Ukko-
Luonnotar-Waïnamoïnen, issues de Brahma-Vischnou-Siva ; la
genèse des hiérophantes de Thèbes et de Memphis, et la genèse du Kélevala, issues toutes deux de la genèse de Manou.

Les autres groupes de Rutas échappés au grand cataclysme,
sur les fragments du grand continent polynésien submergé,

____

[1]. Nom que les Indous donnent à leurs ancêtres antédiluviens.

réduits à vivre sur ces îlots sans possibilité d'expansion exté-
térieure, perdirent peu à peu une partie des grands souvenirs
du passé ; mais, par contre, ils conservèrent, sans les modifier
par des fréquentations étrangères, leurs croyances religieuses,
leurs castes, leurs coutumes civiles, leurs préjugés, leurs superstitions, leur langage.

Tout cela, il est vrai, par la loi fatale des milieux, s'est ra-
petissé, s'est harmonisé avec l'îlot ou le récif habité ; telle
croyance a perdu son symbole, telle superstition a disparu,
telle autre au contraire s'est généralisée, la langue s'est sim-
plifiée au point de ne plus permettre la moindre conversation,
philosophique ou scientifique ; mais le sceau ineffaçable de
l'origine commune s'est conservé, et à tous les points de vue
ethnographiques, nous permet de dire :

L'Inde et la Polynésie sont sœurs.

Des milliers, peut-être des centaines de mille ans ont passé
sur ces faits.

La nature, que les peuples primitifs symbolisèrent dans le
principe mère de la divinité, la Vierge immortelle, pour lui
donner l'appellation de choix des poëtes indous, n'a pas inter-
rompu son œuvre.

Les contrées polaires sont en ce moment dans leurs périodes glaciaire et diluvienne, le pôle du froid n'est déjà plus
le pôle géographique. La terre, appauvrie par les âges passés,
se repose sous sa couche de neige et de glace ; mais ces contrées, elles aussi, reverront à leur tour des printemps sans fin,
des parfums enivrants, des nuits tièdes et parfumées ; de
vastes forêts abriteront des milliers d'oiseaux, et des fleurs
reflétant toutes les nuances des cieux.

Nous aurons disparu : à peine quelques groupes d'indigènes,
habitant quelques îles, indiqueront où fut l'Europe...

Et le *nouvel* habitant des terres *nouvelles*, inconscient du
passé, écoutera la voix du prêtre qui lui dira :

Dieu t'a créé hier.

Et cet homme courbera la tête et les genoux pendant des siècles sous la main de l'hiérophante, jusqu'au jour où, creusant le sol, sillonnant le monde, faisant parler les ruines, exhumant les fossiles, retrouvant lui aussi les traces de ses ancêtres disparus, il dira à son tour :

Rien ne commence, rien ne finit... tout se modifie et se transforme... la vie et la mort ne sont que des modes de transformation.

Où est le sommet ?

DEUXIÈME PARTIE

LES VIERGES CRÉATRICES

LES
VIERGES CRÉATRICES

CHAPITRE PREMIER.

NARI.

LA VIERGE INDOUE.

Les légendes génésiques, que nous avons étudiées dans la première partie de cet ouvrage nous ont révélé l'existence d'un principe mère de la divinité qui, d'après les croyances mythologiques des anciens, aurait joué le rôle le plus important dans la création.

Ces croyances, que les émigrations brahmaniques ont répandues dans le monde entier, sont nées du sloca suivant de **Manou**.

*
* *

« Ayant divisé son corps en deux parties, le souverain maître devint moitié mâle et moitié femelle, et en s'unissant à cette partie femelle il engendra *Viradj*. »

(MANOU, livre Ier, *sloca* 32.)

⁎ ⁎ ⁎

Le *germe* qui a fécondé le *principe-mère divin*, la matrice d'or, suivant l'expression des védas, a reçu dans l'Inde et chez tous les peuples dont cette vieille terre fut le berceau, les noms d'Esprit [1] et de Verbe.

Telle est l'origine de la trinité initiale.

Brahma ou Nara, le père.

Nari, la mère.

Viradj, le fils.

Nous disons Brahma ou Nara, car l'*Esprit*, le *Verbe*, se confondait dans Brahma, le père.

Toutes les déesses *initiales* naquirent de cette fiction.

Plus tard la trinité se manifesta sous un autre aspect ; à mesure qu'une réaction brutale dans les mœurs tendit à faire de la femme l'esclave de l'homme, le principe-mère disparut du culte vulgaire comme dieu créateur. On n'admit plus qu'un générateur mâle, Brahma, dans lequel se confondirent les trois qualités, *créatrice*, *conservatrice*, *transformatrice*.

De là, la trinité dans l'unité.

Brahma, le créateur.

Vischnou, le conservateur.

Siva, le transformateur.

Tous les dieux et esprits inférieurs, mandataires de l'unité trinitaire, sont nés de cette croyance.

Du jour où le dieu père ne s'est plus uni au dieu mère pour se manifester, pour créer et développer sans cesse, le dieu unique a agi par procuration et a partagé l'infini des cieux entre un nombre infini de dieux directeurs de l'univers, sous sa suprême direction.

Cependant une fiction religieuse ne disparaît point tout d'un

---

1. En samscrit *Nara*, esprit.

coup sans laisser des traces que plusieurs siècles effaceront à peine, et pendant longtemps, le dieu qui, du même coup, a perdu *et sa femme et sa mère*, puisque en fécondant il renaissait lui-même, cédera au désir de remplacer la vierge des cieux disparue par des vierges terrestres, et de s'incarner dans leur sein en les fécondant.

Toutes les vierges mères des différentes religions du globe, *anciennes ou modernes*, sont nées de cette troisième conception.

Ces transformations successives de l'idée religieuse sur la nature de l'être existant par lui-même (Swayambhouva) expliquent toutes les incohérences des mythologies anciennes, tous les emprunts des mythologies modernes.

Sans nous arrêter plus longuement sur cette thèse, qui fait le fond de toutes les études orientales que nous avons déjà publiées [1], et pour couronner les recherches présentes sur les genèses des peuples primitifs et les sources originales, religieuses et civiles où ces derniers ont puisé, nous allons démontrer que toutes les religions du globe sont issues d'une même conception initiale, en retrouvant dans leurs mystères cette tradition de la divinité-mère.

De la vierge immortelle, épouse de l'immortel créateur !

NARI.

Nari est l'épouse de Nara.

Nara, c'est Zyaus ou Brahma révélé, c'est-à-dire passant de l'inaction à l'action, du repos à la création.

L'être immense qui est tout et dans tout, qui est matière et intelligence, qui est l'univers, a, disent les védas et Manou, ses jours et ses nuits.

---

1. *Bible dans l'Inde*, — les *Fils de Dieu*, — *Christna et le Christ*. — A. Lacroix et Cᵉ, éditeurs. Paris.

Pendant la nuit, il sommeille, et tout, dans la nature, se dissout, se désagrége, tombe dans le chaos ; au réveil, tout renaît à la vie.

Chaque jour et chaque nuit durent des centaines de millions d'années.

Pendant la nuit, Nara et Nari sont confondus dans le même sommeil : dès que le jour céleste paraît, commence la longue période de leurs amours, d'où naissent toutes les transformations successives de la nature.

« Un baiser de Nara sur les lèvres de Nari et la nature entière s'est éveillée. »

(VINA SNATI [1].)

Le feu symbolisait l'amour des deux principes et cette continuelle fécondité de Nari, qui donnait la vie à tous les êtres, de l'aurore du jour divin au crépuscule, signal de la décomposition de tout ce qui existe.

Dans cet extraordinaire symbole, Nara le père et Nari la mère créaient sans cesse, s'épuisaient à soutenir Viradj le fils, c'est-à-dire l'univers, suivant la belle expression de Humboldt, qui avait l'intuition de l'Inde ancienne.

« *Ils se sacrifiaient constamment pour la création.* »

Telle est cette étrange conception sous laquelle se cachait un naturalisme des plus élevés. Dans les représentations vulgaires des temples, Nara affectait la forme d'un taureau et Nari celle d'une génisse.

Dans l'Inde ancienne, la divinité mère fut la première à laquelle on éleva des temples, la première qui reçut publiquement les hommages des hommes.

Nara n'était invoqué qu'avec un certain effroi, dans l'inté-

---

1. Poëte indou de la période védique.

rieur des forêts ; la seule cérémonie dont la tradition ait gardé
le souvenir consistait à lui offrir un rameau de chêne, avec un
sacrifice humain.

Plus tard, dans le système trinitaire, Nara ou Brahma n'eut
que de rares adorateurs et des autels isolés. — Il n'est plus
adoré dans l'Inde que dans deux temples. — Du brahmanisme
au christianisme, toutes les religions ont continué la tradition
ancienne : oublier Dieu pour s'agenouiller devant les demi-
dieux, des anges, des saints, des vierges, et craindre le
diable.

Une religion entièrement unitaire, sans mystère, sans intermédiaires célestes, sans demi-dieux, sans archanges, sans rakchasas et sans Lucifer, serait trop simple, elle deviendrait trop
facilement philosophique, ne porterait pas à la superstition,
et ferait peu l'affaire du prêtre...

Le culte de Nari fut complétement organisé, et des femmes
consacrées dès l'enfance et qui devaient rester vierges étaient
chargées du soin de ses autels.

Toutes les cérémonies publiques de ce culte se résumaient
dans des danses symboliques et des chants d'hymnes en l'honneur de la mère universelle.

A ces vierges, qui passaient leur vie dans l'intérieur du
temple, était confiée également la garde du feu sacré, symbole
de l'union des deux principes de la divinité, feu qu'elles ne
devaient jamais laisser éteindre sous peine de mort.

La mort également punissait toute violation du vœu de
chasteté.

Ces vierges recevaient le nom de dévadassi, — danseuses
célestes.

Chaque matin, elles offraient un sacrifice de fleurs à Nari,
avec une libation d'eau et une adoration au feu, en prononçant
les paroles suivantes :

*
* *

« Adoration à Nari, la mère du monde !

*
* *

« Reçois cette libation d'eau. L'eau est la première et la plus excellente des choses sorties de ton sein, c'est elle qui féconde la terre, fait pousser la moisson et nourrit les hommes.

*
* *

« Adoration à Nari, la mère du monde !

*
* *

« Feu, vous êtes l'amour, vous êtes la fécondité de Nari, vous êtes la vie, vous purifiez tous les êtres, vous êtes la lumière, rien ne peut exister sans vous.

*
* *

« Adoration à Nari, la mère du monde !

*
* *

« Reçois ces libations d'eau et de feu, protége l'univers sorti de ton sein. Que nos prières et nos chants s'élèvent vers toi dans la vapeur que développe le feu des sacrifices.

*
* *

« Adoration à Nari, la mère du monde !

*
* *

« Le jour se lève : tout ce qui a reçu la vie de toi chante tes louanges, invoque ton nom, célèbre ta beauté, mère immortelle, matrice de tous les êtres.

*_**

« Adoration à Nari, la mère du monde ! »

*_**

Ce culte a précédé l'époque védique, et il reste fort peu d'hymnes et de prières qui lui appartiennent d'une manière incontestable.

L'hymne au *lotus blanc* — gardawabahya — que nous avons donné dans *Christna et le Christ,* date de la décadence, alors que Nara et Nari n'étaient plus représentés que par les organes de la génération ;

Nara sous la forme du linguam,

Nari sous celle celle du nahamam.

Les vierges consacrées au culte de la mère universelle étaient l'objet d'une extraordinaire vénération pendant leur vie ; elles étaient soustraites à toute autorité paternelle, étaient capables d'hériter et restaient maîtresses de leurs biens qu'elles pouvaient transmettre par testament. Quand elles sortaient, elles étaient suivies d'une garde d'honneur, et occupaient les premières places dans toutes les fêtes publiques. Elles étaient crues sur parole en justice, et affranchissaient de la mort ou de la prison tous les condamnés qu'elles rencontraient sur leur passage ; à leur mort, elles étaient brûlées sur un bûcher de sandal, et leurs cendres, recueillies dans des urnes, étaient déposées dans des cryptes réservées où nul homme n'avait le droit de pénétrer sous peine de mort.

Lorsque le culte de Nari, de transformations en transformations, disparut dans le culte grossier du nahamam, les dévadassi survécurent à leur *déesse*, continuèrent à chanter les louanges de la trinité et des nouveaux dieux, et furent également les gardiennes du feu sacré dans les temples de Brahma, de Vischnou et de Siva ; mais elles n'eurent plus qu'un rôle secondaire comme prêtresses, en face des brahmes qui attirèrent à eux toute l'autorité religieuse. Longtemps encore leur vie resta chaste et pure, les traditions antiques en témoignent du moins, mais, peu à peu, les prêtres se servirent de l'autorité qu'ils avaient sur elles pour en faire les dociles instruments de leurs débauches, en leur persuadant que se donner aux ministres des autels n'était pas rompre leur vœu de chasteté.

Elles ne sont plus aujourd'hui que les prêtresses de l'amour.

En vénérant le principe mère de la nature entière, toutes les religions anciennes eurent également leurs prêtresses, gardiennes du feu, ce symbole de l'amour divin.

En remontant à travers les âges et les civilisations disparues, en face des traditions légendaires qui se sont modifiées de siècle en siècle, il est impossible d'exhumer plus complétement cette grande figure de la divinité mère, qui servit aux hommes primitifs à expliquer la création par l'amour.

Ces quelques pages renferment tout ce que les pundits les plus savants de l'Indoustan savent et nous ont révélé sur ce sujet.

Dans la plupart des grandes pagodes du sud, Villenoor, Chelambrum, Tirvicarré, Trichnapoli, Ramiseram, au milieu du sanctuaire qui sert de dépôt à toutes les statues des dieux de la mythologie vulgaire des Indous, les brahmes savants, s'ils vous jugent dignes de discourir sur ces spéculations anciennes, vous montrent une belle statue de granit noir, couchée sur une feuille de lotus, dans la pose du sommeil.

La tête en est douce, gracieuse et énergique en même temps, et pourvue d'une abondante chevelure. La poitrine a une richesse toute féminine, les hanches sont largement développées, les membres d'un modèle délicat et viril en même temps... On dirait Vénus et Apollon unis dans un même corps, toutes les beautés de l'homme et de la femme se trouvent représentées

dans cette admirable statue. Déjà vous cherchez le symbole,
lorsque d'un geste le brahme qui vous accompagne attire vos
regards sur les organes de la génération... Les deux sexes s'y
trouvent réunis !...

Et le pundit, en souriant, laisse tomber ces mots :

« Nara et Nari ! »

C'est la statue du Dieu primitif à la double nature *mâle et
femelle*.

C'est le *créateur initial*, le père et la mère de l'univers.

C'est ce type dont la Grèce, fille de l'Inde, conserva la tradition artistique, longtemps après avoir oublié la signification du symbole religieux.

Il est certain qu'Hermaphrodite est né de la croyance primitive, et que les mystères d'Éphèse et d'Éleusis en avaient
conservé le souvenir dans la mémoire des *initiés*.

Libre à cette science étroite qui se cantonne dans les explications du passé, de continuer à croire que le ciseau des sculp-
teurs grecs n'a voulu représenter qu'une monstruosité de
la nature humaine... elle est dans son rôle d'immobilité. Mais
pour ceux qui pensent que les civilisations procèdent les unes
des autres, que les sociétés antiques échangeaient leurs idées
ni plus ni moins que les sociétés modernes, la statue d'Hermaphrodite représentera le symbole que nous venons d'étudier.

Il n'y a guère plus d'un siècle que ce qu'on appelle *le monde
savant* refusait de rien voir, de rien étudier au delà des antiquités grecques.

L'expédition d'Egypte et les deux Champollion viennent révéler l'Égypte. Les chercheurs se précipitent sur ce champ
nouveau d'exploration, la *science officielle* est forcée de suivre,
mais elle ne fait que transporter sa barrière un peu plus loin,
et de nouveau elle échafaude des systèmes dont elle ne veut

plus sortir, bien que l'Inde se dresse devant elle de toute la hauteur de ses vingt-cinq à trente mille ans de civilisation.

La science officielle ressemble à ces soldats qui n'arrivent au campement que quand l'avant-garde a déjà préparé la couchée !

CHAPITRE II.

MOUTH-ISIS.

LA VIERGE ÉGYPTIENNE.

> Isis est appelée Mouth, c'est-à-dire mère.
> **PLUTARQUE.**

« Je suis tout ce qui a été, tout ce qui est, tout ce qui sera, et nul mortel n'a levé mon voile ! » dit Mouth dans l'hiéroglyphe célèbre du temple d'Esneh.

Mouth est, dans la croyance primitive des Égyptiens, la mère universelle.

Les rapports étroits des traditions indoues et égyptiennes sont sur ce point faciles à établir.

Suivant l'expression de Manou : « Le souverain Maître existant par lui-même divise son corps en deux parties, mâle et femelle, et de l'union de ces deux principes naît Viradj, le fils,» d'où la trinité initiale :

Nara, le père,
Nari, la mère,
Viradj, le fils.

Dans la mythologie égyptienne, Ammon-Ra, le dieu primitif, avait également les deux principes mâle et femelle qu'il renferme en lui, et de cette union naît Khons, le fils.

D'où la trinité initiale :

> Ammon, le père,
> Mouth, la mère,
> Khons, le fils.

« Le point de départ de la mythologie égyptienne est une triade formée de trois parties d'Ammon-Ra : Ammon le mâle, Mouth la femelle et Khons l'enfant.

(Champollion le jeune.)

Sur cette question, toute discussion paraît impossible. Textes de Manou et inscriptions égyptiennes sont des traductions de la même idée. Une fois la création opérée, la trinité initiale indoue se résout dans la trinité manifestée :

> Brahma,
> Vischnou,
> Siva,

destinée comme intermédiaire à relier l'humanité à l'Être irrévélé existant par lui-même.

Le même phénomène s'accomplit dans les mystères de l'Égypte, et la trinité initiale se résout également dans la trinité manifestée qui va recevoir la mission de conduire les hommes,

> Osiris,
> Isis,
> Horus.

L'imitation se continue, et il est impossible d'admettre, en face de la haute antiquité des monuments écrits laissés par l'Inde ancienne, que les traditions religieuses de l'Égypte ne soient point sorties des pagodes brahmaniques.

Nari, la vierge immortelle, est bien l'ancêtre de Mouth manifestée dans Isis. Et de même que Nari était la créatrice par excellence, la matrice d'or donnant la vie à tous les êtres,

Mouth, ainsi que le prouve le nom de Thamoun qui lui est souvent attribué dans les hiéroglyphes, représente avant tout la faculté créatrice.

Ces étranges rapprochements ne s'arrêtent point là.

Le culte de Nara, *le principe mâle* du symbolisme élevé des temps primitifs, tombe dans la tradition obscène du linguam, et Nari s'absorbe dans le nahamam.

Les deux grandes facultés fécondatrices et créatrices de la divinité ne sont plus représentées dans l'Inde que par les organes de la génération des deux sexes.

Le culte d'Osiris tombe à son tour dans celui du phallus.

Et celui de Mouth-Isis dans celui de Thamoun.

De là la légende vulgaire d'Osiris, mutilé par Seth, destinée à expliquer les motifs du culte séparé rendu aux organes sexuels d'Osiris.

On sait que le phallus n'est que la représentation des organes virils d'Osiris jetés dans le Nil après la mutilation du dieu.

Nous avons retrouvé cette conception singulière dans la légende d'Oro, en Océanie.

Enfin Nari et Isis étaient toutes deux représentées sous la forme allégorique d'une belle génisse.

Nari recevait dans l'Inde les noms de :

Vierge immortelle — Nari,

Mère universelle — Brahmy,

Matrice d'or — Hyranya,

Ame de tous les êtres — Paramatma,

Reine de l'univers — Sakty,

Lumière céleste — Lakmy,

Fécondité perpétuelle — Mariama,

Fluide pur — Agasa,

Conscience suprême — Ahancara,

Chaste vierge — Canya,

Réunion des cinq éléments, l'air, le feu, l'eau, la terre, l'éther — Tanmâtra,

Vertu, richesse, amour — Trigana,

Virginité éternelle — Canyabâva.

Etc...

Isis, d'après le savant égyptologue Beauregard, était appelée :

Mère universelle — Mouth,

Vierge génératrice — Neith,

Terre sacrée — Isis,

Reine des cieux — Sati,

Mère des dieux — Athyr,

Modèle des mères — Hathor,

Beauté céleste — Hathor,

Mère mystérieuse du monde — Bouto,

Ame de l'univers — Anouké,

Reine de justice — Thmei,

Miroir de vérité — Thmei,

Effroi des Méchants — Rascht.

Nous pouvons donc affirmer sans craindre un démenti *scientifique* que les Égyptiens, à l'imitation des Indous, eurent la conception d'un dieu-mère primitif, foyer immense de mouvement et de vie d'où s'échappèrent tous les êtres.

De même que Nari, Mouth dut recevoir un culte particulier dans le sanctuaire mystérieux d'Esneh, de Denderah, de Thèbes et de Memphis, mais le voile de poussière et d'oubli qui recouvre ce passé de huit à dix mille ans n'est pas encore déchiré.

Le sera-t-il jamais ?

Le culte d'Isis dans la trinité manifestée est mieux connu ; nous n'avons donc pas à en parler ici.

CHAPITRE III.

ASTAROTH !

LA VIERGE HÉBRAÏQUE.

Juifs, catholiques, protestants soutiennent avec un ensemble singulier que les primitives traditions judaïques étaient monothéistes.

Rabbins, prêtres et pasteurs combattent *pro aris et focis*, c'est pour eux la question d'*être* ou de *ne pas être :* laissons-les à leurs prônes, sermons et conférences, laissons-les au *travail forcé* qu'ils s'imposent, et qu'ils ne pourraient abandonner sans se réunir tous sur le terrain de la philosophie, de la science et de la raison, et sans sonner le glas funèbre du sacerdoce... Mais l'homme, pour retourner la parole du sage, ne vit pas seulement de spéculation, il est matière en même temps qu'intelligence, et chaque jour il faut gagner le pain du corps.

Qu'on nous pardonne cette parole peut-être un peu brutale.

Les différents ministres des cultes ne sont plus séparés, aujourd'hui, que par des questions d'existence et d'influence de castes. En veut-on la preuve ? Tous, en attribuant une origine divine et révélée à leurs croyances, à part les purs ultramontains de Rome, cherchent à s'appuyer sur la philosophie et la science dès qu'ils sont en face d'un auditoire d'élite, comme si la philosophie, la science, la raison pouvaient s'accorder avec la fable religieuse et la révélation.

Le siècle prochain verra leur alliance dans la science et la liberté.

Mais qu'on ne nous parle plus du monothéisme judaïque.

Est-ce que les tendances unitaires du judaïsme ne datent pas seulement de Josiah? est-ce qu'avant ce roi et le grand prêtre Helkiah, le Pentateuque ou livre de la loi était connu?

Est-ce que même, dans cet apocryphe Pentateuque écrit sous le roi que nous venons de nommer, dans le but d'unir les Juifs contre leurs ennemis du dehors, par les liens d'une tradition nationale, on ne voit pas éclater le dualisme primitif de l'Inde et de l'Égypte?

Est-ce que ce n'est point un dieu mâle et femelle qui crée, au premier livre de la Genèse, l'homme mâle et femelle à son image?

Est-ce que cette expression Elahim, *les dieux créa*, *les dieux fit*, *les dieux dit*, que l'on retrouve sans cesse dans cette Genèse, n'indiquent pas par l'emploi de ce *pluriel* dans la dénomination des dieux créateurs, et de ce *singulier* dans le verbe qui rend l'action de *créer*, de *faire*, de *parler*, que la conception d'une double nature mâle et femelle se réunissant dans l'auteur de la création fut puisée par la Judée dans les traditions égyptiennes?

Toutes ces mythologies sont tirées du même fonds primitif.

Ce n'est pas ici le lieu d'une étude complète sur le judaïsme, nous voulons simplement constater que la prétendue loi mosaïque, origine de la révélation, n'est qu'une copie des vieilles croyances religieuses de l'Égypte et de l'Inde.

Pendant longtemps, les enfants d'Israël adorèrent, sous le nom d'Astaroth, le principe mère de la divinité, la grande faculté créatrice qui avait donné le jour à l'univers.

La Bible elle-même va nous fournir la preuve de cette assertion.

Jérémie prêchait au peuple de Judas, cherchant à le rattacher aux idées de la révolution religieuse tentée sous Josiah.

Il lui fut répondu :

« Pour ce qui est de la parole que tu nous as dite au nom de l'Éternel, nous ne t'écouterons point.

« Mais nous ferons certainement ce que tu nous as défendu. En faisant des encensements à la *Reine des cieux*, en lui faisant des aspersions, comme nous et nos pères, nos rois et les principaux d'entre nous avons fait dans les villes de Judas et dans les rues de Jérusalem, nous avons été alors rassasiés de pain, et nous avons été à notre aise, et nous n'avons point connu la souffrance.

« Mais depuis le temps que nous avons cessé de faire des encensements à la *Reine des cieux* et de lui faire des aspersions, nous avons manqué de tout, et nous avons été consumés par l'épée et par la famine.

« Et quand nous, les femmes, nous faisions des encensements à la *Reine des cieux*, et que nous lui faisions des aspersions et des gâteaux où elle était représentée, est-ce que nous répandions ces aspersions à l'insu des hommes?

« Alors Jérémie parla à tout le peuple, contre les hommes, contre les femmes, contre tout le peuple qui avait ainsi répondu... »

(Liv. de Jérémie, chap. XLIV.)

Cette reine des cieux était Astaroth, dont la tribu de Manassé avait donné le nom à une de ses villes.

Il est impossible de trouver un texte plus clair, et si l'on veut bien se reporter à la description des temples, bois sacrés, hauts lieux consacrés à la Reine des cieux et aux autres dieux, aux sanctuaires où étaient conservés les animaux et les chevaux du soleil, que Josiah détruisit après avoir lu le livre de la loi, aux prêtres, devins et magiciens qu'il fit mourir, on se persuadera que la religion hébraïque fut pendant longtemps semblable à celles de ses nombreux voisins.

Il ressort de ce passage du livre de Jérémie, non-seulement que les Hébreux adoraient la *Reine du ciel*, mais encore, à l'imitation de ce qui avait eu lieu dans l'Inde, que les autels d'Astaroth étaient desservis par des femmes.

Plus nous creuserons les différentes civilisations de l'antiquité, et plus nous nous persuaderons qu'on ne peut les étudier séparément les unes des autres, si l'on veut résoudre dans un sens rationnel le problème de leurs croyances religieuses.

Nous ne saurions trop le répéter à chaque page, car là est le point de départ des études nouvelles sur le monde ancien :

Toutes les nations de l'antiquité ne se sont pas plus désintéressées les unes des autres que ne le font entre elles les nations du monde présent.

Où se rendaient tous les sages de Rome, de la Grèce, de l'Égypte, quand ils voulaient apprendre la science de la vie, étudier les traditions du passé ? Sur les bords de l'Indus et du Gange, qui furent les deux foyers de la lumière antique.

CHAPITRE IV.

ASTARTÉ OU HASCHTORETH!

LA VIERGE MÈRE SYRIENNE.

Les Syriens et les Chaldéens crurent, eux aussi, à un principe divin, *mère* de tous les êtres.

Le peu qui nous reste sur les croyances religieuses de ces peuples, a les rapports les plus étroits avec les traditions indoues et égyptiennes; ce qui doit peu étonner quand on songe que les contrées qu'ils habitaient furent de tout temps la grande voie d'émigration de l'Indoustan aux rives du Nil.

Astarté, la reine des cieux des Syriens, n'est autre que l'Astaroth judaïque. Comme dans la légende indoue, cette vierge immortelle naquit de l'œuf primitif dans lequel l'Être suprême s'était renfermé lui-même, pour se révéler, passer de l'inaction à l'action et créer l'univers.

Astarté sortit de cet œuf fécondé par l'Esprit divin qui avait pris la forme d'un pigeon, et de son sein s'échappera le germe de tous les êtres.

« Les Syriens disent qu'un pigeon couva pendant plusieurs jours un œuf dans les eaux de l'Euphrate, d'où naquit Astarté. »

(NIGIDIUS, in Germanico.)

Nous ne savons rien du culte rendu primitivement à Astarté, comme mère de l'univers. De même que Nari était peu à peu tombée dans le nahamam, Mouth-Isis dans Thamoun, Astarté, la *mère initiale*, *la créatrice*, se confondit dans Vénus ; et l'écho des traditions antiques redit encore, à travers les âges, combien furent monstrueuses et obscènes les fêtes de la Vénus syrienne.

On ne pourrait les comparer qu'aux orgies brahmaniques.

Des milliers d'années se sont écoulées, les hommes de Ninive et de Babylone dorment dans la poussière avec les ruines de leurs monuments ; seuls les Indous, immobiles dans leur passé, comme des hommes oubliés depuis quinze à vingt mille ans, célèbrent encore, avec toute la pompe antique, dans les sanctuaires mystérieux de leurs pagodes, les fêtes de la fécondation de la nature et de l'amour universel.

CHAPITRE V.

APHRODITE-ANADYOMÈNE.

LA MÈRE UNIVERSELLE DES GRECS.

La tradition se continue.

En Grèce comme en Égypte, en Syrie et dans l'Inde, la mère universelle sort de l'œuf primitif et flotte sur les eaux, *son premier lieu d'action*, selon l'expression de Manou. Elle est appelée Aphrodite-Anadyomène, – déesse de beauté sortie des eaux.

Dans les spéculations métaphysiques des Grecs, elle reçoit le nom de Génétyllide et préside, comme Nari, à la fécondation universelle, à la création de tous les êtres. Elle est *reine du ciel* sous le nom de Vénus Uranie.

A Paphos et à Cythère elle se nomme Vénus, et ses sectateurs l'adorent comme le symbole de l'amour.

Puis elle tombe, comme ses devancières des mythologies de l'Orient, dans le culte vulgaire et reçoit le nom de Vénus-Pandémos.

Reine de la création au début.

Mère de Priape à la fin.

Nous n'avons pas à refaire ici l'histoire si connue de la Vénus grecque, dont l'immense fécondité, accusée par les croyances populaires, ne fut évidemment qu'un symbole poétique de cette puissance créatrice femelle imaginée par l'Orient pour expliquer la formation de tous les êtres. Qu'il nous suffise de restituer à cette intéressante conception sa véritable filiation.

Tous les dieux de l'Olympe grec ne sont que des figures allégoriques, dont il faudra aller chercher l'explication dans les temples de l'Égypte et de l'Inde, le jour où l'on voudra sérieusement refaire l'histoire du passé, et enseigner aux générations nouvelles autre chose que des fables ridicules ou obscènes.

Est-ce que vous ne sentez pas que cette course impudique de Vénus Aphrodite, à travers le ciel et la terre, dans les bras des dieux, des demi-dieux et des hommes, que ces leçons de débauche mythologique ont fait leur temps... et que l'heure va sonner, où la raison reprenant son empire fera table rase de tous ces mythes absurdes du passé, en ne conservant que la pensée symbolique qui leur a donné naissance?

CHAPITRE VI.

VESTA.

LA VIERGE CRÉATRICE DES ROMAINS

et de la plupart des peuplades de l'Italie ancienne.

Vénus, c'est Nari ! c'est Mouth ! c'est la légende des genèses primitives transportées en Grèce !

Vesta, *mère de la terre*. Tel était son titre à Rome.

Elle était adorée sous la forme du feu.

La terre et le feu, la matière et la vie [1], ce double symbole indique, par lui-même, le rôle dévolu à cette déesse chez les anciens Latins.

C'était la mère des dieux et des hommes, la principale divinité de la Rome ancienne.

La légende qui rattache les Latins à l'Asie Mineure fait également venir le culte de Vesta de l'Orient. Comme dans les pagodes de l'Inde, des prêtresses du nom de vestales étaient chargées d'entretenir le feu sacré dans les sanctuaires du temple dédié à la déesse et de présider aux mystérieuses cérémonies qu'on accomplissait en son honneur.

Elles devaient être consacrées vierges, garder leur chasteté

---

1. Le feu fut le symbole de la vie dans toutes les mythologies anciennes.

pendant toute leur existence, et la mort punissait toute infraction à ce vœu solennel [1].

Le choix, qui les prenait dans les plus grandes familles de Rome, indique l'importance du culte auquel elles étaient vouées.

Elles recevaient les mêmes honneurs que les dévadassi dans l'Inde. Ainsi que ces dernières, elles étaient accompagnées d'une garde, étaient libérées de la puissance paternelle et de la tutelle, occupaient les premières places dans les spectacles, aux cérémonies et aux jeux, n'étaient pas soumises à la formalité du serment devant les tribunaux, et graciaient les condamnés qu'elles venaient à rencontrer.

A l'encontre de la Grèce, qui avait noyé la tradition primitive dans une foule de légendes défigurées par la poésie, l'Italie avait conservé pure la conception initiale de la mère universelle, de l'immortelle créatrice, qu'elle tenait de ses ancêtres de l'Orient.

Le culte élevé et chaste de Vesta, symbole de la création, fut, de toutes les croyances anciennes, celle qui lutta le plus longtemps contre le christianisme. On sait que le collége des vestales ne fut aboli que sur la fin du ive siècle de notre ère par Théodose, à la sollicitation de saint Ambroise.

Primitivement Vesta n'avait pas de statue, elle n'était représentée que par le feu que les prêtresses entretenaient sur ses autels.

C'était bien ce souffle divin, cet esprit universel qui animait tous les êtres, tel qu'il était primitivement adoré sur les rives de l'Euphrate, dans la Perse et sur les bords du Gange, et qui est resté, dans les temples brahmaniques, comme l'image la plus parfaite de l'éternelle fécondité.

---

1. Plus tard elles furent relevées de leurs vœux après trente ans de service.

CHAPITRE VII.

LUONNOTAR.

LA VIERGE DES PEUPLES FINNOIS.

Le nom de la vierge finnoise Luonnotar signifie *force créatrice.*

C'est la personnification de l'air, de la terre et des eaux, de la matière et de la vie.

Fille d'Ukko, le dieu suprême irrévélé, et mère de Waïnamoïnen, le dieu créateur, elle est la seconde personne de la trinité finlandaise :

> Ukko,
> Luonnotar,
> Waïnamoïnen.

A peine est-elle née du germe primitif, qu'elle vient flotter sur les eaux, ainsi que toutes les vierges créatrices de l'Inde, de l'Égypte, de la Judée, de la Syrie, de la Grèce et de Rome.

« La vierge de l'air, dit M. Léouzon-Leduc, qui nous a révélé l'admirable épopée finnoise du *Kalévala,* descend des hauteurs éthérées au milieu de la mer ; la tempête la berce sur les flots, le souffle du vent féconde son sein ; durant sept siècles, elle porte son lourd fardeau, exhalant ses plaintes et ses gémissements, et invoquant le secours d'Ukko, le dieu suprême.

« Un aigle [1] qui plane dans les nues aperçoit à la surface de l'eau le genou découvert de la vierge de l'air, il le prend pour un tertre de gazon, et y bâtit son nid dans lequel il dépose sept [2] œufs et se met à les couver.

« La vierge de l'air secoue tout à coup son genou, les œufs roulent dans l'abîme, se brisent, et de leurs débris se forment le ciel, la terre, le soleil, les étoiles et les nuages.

« La vierge de l'air poursuit ses créations et donne naissance à Waïnamoïnen, le Runoïa éternel. »

Voilà bien la vierge mère de la nature, et l'œuf primitif des Indous...

A chaque pas, de l'orient au couchant, du sud au nord, nous retrouvons la même tradition.

Dans l'Inde, Nari, de son sein fécondé, laisse échapper le germe de tous les êtres, mais c'est Viradj, son fils, qui donne la forme, qui couvre les terres de plantes et d'animaux.

En Finlande, même tradition, Luonnotar crée et féconde, Waïnamoïnen répand le germe divin sur la nature entière.

Écoutez le chant du vieux barde :

*
* *

« Waïnamoïnen dirigea ses pas à travers l'île située au milieu de la mer, à travers la terre dépouillée d'arbres.

*
* *

« Il vécut de longues années sur cette île sans nom, sur cette terre stérile.

1. L'aigle joue ici le rôle du pigeon chez les Syriens.
2. Le nombre fatidique dans toute l'Asie.

*
* *

« Et il pensa dans son esprit, il médita dans son cerveau :
Qui viendra maintenant ensemencer le champ, qui le remplira
de germe fécond?

*
* *

« Pellervoinen [1], le fils des champs, Sampsa [2], le jeune gar-
çon, voilà celui qui ensemencera le champ, qui le remplira de
germes féconds.

*
* *

« Et soudain il se mit à l'œuvre; il versa la graine sur les
plaines et sur les marais, sur les talus de la terre molle et sur
les espaces rocailleux.

*
* *

« Il sema les pins sur les collines, les sapins sur les hauteurs,
les bruyères sur les grèves; il planta les vallées de jeunes
arbrisseaux.

*
* *

« Puis il remplit les lieux humides de bouleaux, les lieux
sablonneux d'aunes, les endroits frais de putiers, les terres
arrosées de saules, les terres sacrées de sorbiers, les terres
mouvantes d'osiers, les champs arides de genévriers, le bord
des rivières de chênes.

*
* *

« Et les germes poussèrent; on vit les branches se déployer
avec leurs cimes fleuries, les pins avec leurs couronnes touf-
fues, les bouleaux et les aunes avec leur verdure; on vit les

---

1-2. Noms de Waïnamoïnen, comme protecteur des champs.

putiers et les genévriers s'élever et se couvrir de beaux et
savoureux fruits... »

(Deuxième runo du Kalévala.)

Heureux les peuples du Nord qui peuvent encore remonter
à leurs ancêtres par la tradition religieuse et poétique! Chez
nous la légende chrétienne a étouffé la légende druidique.

CHAPITRE VIII.

HERTA.

LA DÉESSE DES GERMAINS.

Herta, déesse de la terre, comme son nom l'indique, fut chez les Germains la représentation de la force créatrice par excellence.

Mère de l'univers animé et inanimé, reine des sphères célestes, elle était cette *matrice d'or* chantée par les védas et Manou, dans le sein de laquelle prirent naissance les dieux, les hommes et tous les êtres.

Elle était adorée dans toute la Scandinavie et la Germanie.

Le centre de son culte était l'île de Rugen, dans la Baltique, et la forêt hercynienne. Longtemps on conserva dans ces deux contrées le char monumental sur lequel, une fois l'an, la statue de la déesse était promenée dans toutes les tribus soumises à sa loi, par les bardes et les prêtresses chargées des cérémonies qu'on accomplissait en son honneur.

Le culte qu'on lui rendait ne nous est point parfaitement connu ; l'origine indoue des tribus scandinaves et germaines, filles de l'émigration de Iodah et de Skandah, nous permet cependant de penser qu'il devait peu s'éloigner de celui que leurs pères rendaient à la mère universelle.

CHAPITRE IX.

DÉA.

LA DÉESSE DES GAULOIS.

Aucun monument écrit druidique ne nous est resté. Le vandalisme chrétien y a mis bon ordre. Pas un livre, pas une inscription n'a pu échapper, en Gaule, aux absurdes édits des empereurs romains. Les derniers livres sacrés des druides furent détruits en Irlande par saint Patrick, en Écosse par saint Colomban, et c'est ainsi que la fureur religieuse de quelques sectaires rompt périodiquement les anneaux les plus importants de la grande chaîne des traditions qui relie entre eux et les siècles et les races.

Et ce qu'il y a de plus extraordinaire, c'est de voir tour à tour les descendants de ces fondateurs de religion qui ont supprimé le passé, proscrit les croyances, profané les tombes des ancêtres, jeté à pleines mains l'ombre et l'oubli sur la science... se vanter d'avoir conservé la civilisation !

Ce que nous savons de nos pères nous a été conservé par fragments par les auteurs latins. Il est certain que les Gaulois possédaient des signes pour fixer leurs connaissances religieuses et scientifiques : sont-ce les caractères runiques que l'on retrouve dans les pays scandinaves? aucune réponse sérieuse ne peut être faite à cette interrogation...

Les druides reconnaissaient un dieu suprême du nom de Dia ou Déa, pourvu d'une double nature mâle et femelle comme le Swayambhouva des Indous. Il n'est pas inutile de remarquer que Swayambhouva reçoit aussi les noms de Brahma, Zyaus, Narayana, Déva, et que le celte Dia ou Déa n'est autre que le samscrit Déva.

On sait du reste que le celte est un dérivé du samscrit.

L'union du principe mâle et du principe femelle de Déa donne naissance à l'univers.

Les druides étaient les prêtres de Déa générateur.

Les druidesses, les prêtresses de Déa créatrice.

Au-dessous de ces deux principes divins, et probablement issu d'eux, se trouvait Hésan (Hésus) — *l'ancien des âges*, qui paraît avoir joué un rôle secondaire dans la création.

La trinité druidique se trouve donc ainsi constituée :

> Déa, principe générateur.
>
> Déa, principe mère créateur.
>
> Hésan, le produit immortel de cette union.

Tous les autres dieux, Teutates, Belenus, Hercule Ogmius, Mars et Jupiter, sont évidemment d'importation étrangère.

Là ne s'arrêtent pas les similitudes des croyances indoues et gauloises.

Les druides croyaient :

A l'immortalité de l'âme, et à un passage de l'âme et du corps dans un autre monde ;

Au mérite et au démérite, à la récompense et à la punition ;

A la métempsycose ;

Ils s'adonnaient, comme les sannyassis, les vanaprasthas et les fakirs, leurs ancêtres des forêts de l'Inde, à la divination, à la magie et à l'étude des sciences occultes ;

Il possédaient une science avancée de l'astronomie ; enseignaient à leurs adeptes un système de géographie basé sur leurs croyances religieuses ;

23

Et pratiquaient la médecine.

De tout cela rien ne nous est resté, et ce ne sont ni les Huns! ni les Goths! ni les Vandales, ni aucun de ces peuples que l'on flétrit, par habitude d'école, du nom de barbares, qui ont détruit les derniers vestiges du culte rendu à

L'immortelle Déa.

CHAPITRE X.

INA.

LA VIERGE MÈRE OCÉANIENNE.

Jhoiho, le dieu océanien, quand il voulut sortir de son repos et rendre l'existence à l'univers, divisa son corps en deux parties :

L'une mâle : Taaroa,

L'autre femelle : Ina.

De l'union de ces deux parties, mâle et femelle, naquit Oro.

Ne dirait-on pas une traduction pure et simple du texte de Manou que nous avons déjà si souvent cité ?

Ina fut donc, en Polynésie comme dans l'Indoustan, la matrice primitive où s'est formé le germe de tous les êtres ; à ce titre elle mérite, elle aussi, le nom de

Mère universelle

des litanies brahmaniques et égyptiennes. Son culte nous est inconnu. Il a disparu sans doute avec le grand continent polynésien sur lequel il s'était épanoui, et Ina laissa, pour la représenter dans les îles et sur les récifs où quelques-uns de ses fidèles avaient été sauvés, son fils Oro, dont il ne restera bientôt... pas même un souvenir.

Nous avons donné, dans la première partie de cet ouvrage,

tout ce qui reste des traditions de cette contrée, livrée maintenant aux anglicans, évangélistes, presbytériens, quakers, protestants orthodoxes ou libéraux, et jésuites...

Si au moins tous ces gens-là pouvaient s'accorder entre eux.

Puisse le jour se lever bientôt, où le bon sens triomphant
une bonne fois de la superstition religieuse, toutes les nations
se réuniront dans un intérêt de science, pour conserver les ar-
chives de l'humanité et défendre à tous les missionnaires de
tous les cultes :

Le bris des statues, la destruction des inscriptions et des
livres.

N'y a-t-il pas des gardes pour cela dans les musées?

CHAPITRE XI.

IZA.

LA VIERGE JAPONAISE.

Tous les pays de l'extrême Orient, Birmanie, Siam, péninsule malaise, Annam et Cochinchine, Thibet, Chine et Japon, lorsque les bouddhistes furent chassés de l'Inde par les brahmes, se rallièrent peu à peu à la réforme de Sakya-Mouni, c'est-à-dire de Bouddha, réforme dont l'île antique de Ceylan fut le berceau. Il est donc à peu près impossible aujourd'hui de trouver des documents authentiques sur les primitives croyances religieuses de ces peuples.

Il est indéniable cependant que le brahmanisme ancien avait pénétré dans ces contrées si rapprochées de son centre d'expansion, et qu'il composa le fonds commun des traditions de l'ancienne Asie. Le bouddhisme n'est du reste qu'un rameau du brahmanisme, ce qui explique la facilité avec laquelle il s'est imposé à des nations qui, adorant Brahma sans être soumises à l'unité religieuse imposée dans l'Inde par la domination des brahmes, ont dû trouver peu de différence entre les deux croyances.

Il est une chose dont on semble fort peu se douter en Europe, où chaque savant prend à tâche de se spécialiser dans l'étude d'une époque, d'une contrée, d'une croyance, et de faire prédominer cette époque, cette contrée, cette croyance, sur toutes les autres, en accumulant les aperçus ingénieux, les traductions habiles, où l'un tient pour les Touraniens, l'autre pour les Accades, l'autre pour les Summériens, les Égyptiens, etc...

Il est une chose, disons-nous, dont on ne se doute pas, c'est que le bouddhisme, dans son essence, dépouillé de toutes les superstitions dont il s'est revêtu en se répandant dans les masses, n'est autre chose que le brahmanisme des hautes classes et des initiés des pagodes, le brahmanisme pur en un mot.

La renonciation à tous les biens de ce monde, la répression des sens, la contemplation constante de la divinité, la méditation, la prière, les jeûnes continuels, pour parvenir au mokcha, c'est-à-dire à l'absorption dans l'Être suprême, tel est l'enseignement religieux que Manou donne à chaque page, à chaque sloca, aux adorateurs de Swayambhouva, la grande cause universelle *existant par elle-même*.

N'est-ce pas là également toute la doctrine bouddhiste?

Gautama, le premier Bouddha réformateur, n'a fait que prêcher au peuple les croyances réservées aux prêtres et aux initiés, sans rien tirer de son propre fonds ; de là est venue la haine des brahmes pour cet audacieux novateur qui donnait à tous le même culte, abolissait les castes, et soulevait les esclaves contre leurs oppresseurs.

De même que dans la nature physique les mêmes faits engendrent fatalement et toujours les mêmes phénomènes, de même dans l'ordre intellectuel et social, les mêmes institutions, les mêmes superstitions, les mêmes despotismes engendrent dans tous les temps et chez tous les peuples les mêmes révolutions, les mêmes bouleversements religieux et sociaux.

Le peuple était las de la domination des brahmes, las de son servage. Gautama-Bouddha a été l'incarnation des idées de réformes sociales et religieuses de son temps, comme le furent plus tard, à des degrés différents, les apôtres du christianisme, Mahomet et Luther.

Nous aurons occasion bientôt, dans une étude spéciale sur le brahmanisme et le bouddhisme, de prouver qu'il n'est pas une maxime, pas un enseignement moral, pas une croyance mystique du culte de Bouddha qui ne se trouve dans Manou.

Ce qui fait la force de l'Inde dans toutes les questions ethnographiques, ce qui prouve sa maternité universelle, son antiquité, c'est que l'on rencontre dans ses livres et sur son sol, toutes les lois, toutes les traditions, toutes les croyances de la plupart des peuples qui couvrent aujourd'hui le globe, que ses langues, samscrit et menagueri (tamoul), ont formé toutes les autres, et que si cette vieille terre n'était pas l'ancêtre, l'*alma parens*, il faudrait admettre que tous les peuples, les anciens comme les nouveaux, auraient détaché des parcelles de leur civilisation pour former la sienne, que l'Inde en un mot, ce qui serait absurde, se serait approprié, au fur à mesure de leur apparition, toutes les coutumes et croyances de l'Égypte, de la Grèce, de Rome ancienne, de la Polynésie océanienne, de la Finlande, de la Slavie, de la Scandinavie, de la Germanie et de la Gaule...

Il y a cependant des gens capables, en haine de la raison et du bon sens, de soutenir de pareilles thèses...

Parmi toutes les contrées où le bouddhisme plus ou moins transformé règne aujourd'hui, et chez lesquelles, ainsi que nous le disions plus haut, il n'est pas facile de rencontrer de sérieux documents touchant leurs primitives croyances, il en est une cependant — le Japon — où se trouve une secte religieuse indépendante du bouddhisme, qui a conservé des traditions religieuses qui paraissent avoir été puisées aux mêmes sources disparues, d'où sont sorties les croyances génésiques de l'Inde ancienne et de la Polynésie.

D'après la doctrine du Sinsyou, appelé aussi *Kami no mitsi,
la voie des dieux, l'échelle progressive des êtres,*

Du sein du chaos primitif, un dieu suprême, qui n'a eu ni commencement ni cause et n'aura pas de fin, se révéla pour la création. Son nom composé indique son éternité et sa puissance :

Ame-no-mi-naka-nusino-kami.

Comme le Zyaus de l'Inde et le Jhoiho de la Polynésie, ce dieu n'est pas le créateur direct ; il divise son corps en deux parties, l'une mâle qui reçoit le nom

d'Iza-na-gino-mikoto ;

l'autre femelle qui se nomme :

Iza-na-mino-mikoto.

Ces noms composés indiquent également les qualités particulières de ces deux divinités chargées de la création.

Iza-nagi dit à sa compagne Iza-nami :

« Vois l'immense étendue des eaux qui s'agitent autour de nous, il faut en faire sortir la terre habitable. »

Le dieu ayant alors plongé dans l'abîme, souleva avec sa lance d'or des masses de boue et d'eau, et fit sortir successivement les différentes îles qui forment le Japon.

Suivant la légende, la première qui apparut au bout de la lance du dieu fut le Kiousiou actuel, appelé primitivement Onok-oro-sima ; les autres n'émergèrent que plus tard, à des intervalles inégaux.

Une foule de légendes japonaises, relevées par Siebold, représentent le Nippon, la plus vaste de toutes les îles japonaises actuelles, comme n'étant, aux époques primitives, qu'un petit îlot qui se serait agrandi considérablement lors du dernier cataclysme diluvien.

Ce serait le même événement qui, dans notre hypothèse presque certaine, aurait submergé le continent polynésien en le séparant de l'Asie : l'océan restituait *ici* ce qu'il prenait *là*.

Iza-nagi s'unissant ensuite à Iza-nami, ils donnèrent naissance à tous les êtres animés et inanimés dans l'univers.

Nous ne suivrons pas cette fable mythologique dans tous
ses développements, disons seulement que les premiers
hommes étant devenus mauvais et ayant oublié leurs créateurs, Iza-nagi, le principe mâle de la divinité, s'incarna dans
le sein d'une femme mortelle et vint gouverner le Japon, sous
le nom de Zin-mouten-woü.

Il fonda le culte primitif des Japonais, donna un code de
lois, fit refleurir sur la terre l'honnêteté et toutes les vertus
aimées des dieux, et sa mission terminée, il vint rejoindre sa
compagne aux cieux. Il avait laissé un fils sur la terre qui fut
l'ancêtre des mikados ou chefs religieux du Japon.

Comme on le voit :

La doctrine du Sinsyou est basée sur l'unité dans la trinité,
la révélation et l'incarnation divine. Elle admit également un
principe femelle dans la divinité, une mère universelle, dont
le sein fécondé donna naissance à tous les êtres :

Iza-na-mino-mikoto.

Le culte d'Iza s'est conservé dans toute sa pureté. Le feu
est son emblème, et depuis les temps antéhistoriques jusqu'à
nos jours, les lampes sacrées sont gardées dans le temple
d'Isye par un collége de prêtresses présidé par une des filles
du mikado qui porte le titre de Saï-Kou, *souveraine
céleste*.

CHAPITRE XII.

LA MÈRE NATURE.

Les peuples primitifs ont disparu ; les Indous, les Égyptiens, les Grecs, après avoir joué leur rôle civilisateur, s'en sont allés rejoindre leurs ancêtres.

Les dieux de l'Olympe dorment mutilés au milieu des ruines de leurs temples.

On ne voit plus dans Jeovah et le Christ que des figures symboliques tirées des mythes de l'Orient.

La raison, qui est le vrai, s'est substituée à la foi qui est l'erreur.

De toute part l'œuvre despotique du prêtre s'écroule dans le monde.

On ne croit plus aux vierges du ciel, ni aux rédempteurs de la terre.

Mais l'amour de l'humanité, pour la sublime figure de Nari et d'Isis, pour la mère universelle, pour la matrice d'or, germe de tous les êtres, n'en est ni moins fervent, ni moins enthousiaste, quoiqu'il ne s'abreuve plus qu'aux sources de la science.

C'est encore par elle, c'est en étudiant les phénomènes auxquels elle préside, en lui ravissant chaque jour quelques-uns de ses secrets, que l'homme peu à peu recule les bornes du *connu* et s'avance avec énergie vers un but ignoré.

Nari, Mouth, Isis, Ina, Luonnotar, Anadyomène, Astarté, Herta, Déa, Iza n'ont été chez les peuples anciens que la figure symbolique de ce que les modernes appellent

La Nature.

C'est-à-dire l'ensemble des êtres animés et inanimés, et des lois qui régissent ces êtres.

N'oublions pas que la devise de Nari était :

Je suis *Tout* et dans *Tout.*

Et celle d'Isis :

Je suis tout ce qui a été, tout ce qui est, tout ce qui sera.

Nari et Isis portaient un voile que le monde moderne déchire de plus en plus chaque jour.

La mère-nature ne cache plus son visage derrière l'autel.

Le sphinx sacerdotal a été vaincu par la raison.

La révélation, par la science.

CONCLUSION.

Nous venons de fouiller à nouveau et plus profondément encore dans ce mystérieux passé des antiques civilisations de l'Orient. Nous conclurons par ces paroles du poëte indou Vina-Snati :

« Depuis mille et mille milliers d'années les heures, les jours et les nuits tombent sur la terre habitée par les hommes.

« Depuis mille et mille milliers d'années les fleuves roulent leurs eaux vers la mer, et la mer est le réservoir immense des eaux.

« Depuis mille et mille milliers d'années le soleil éclaire l'espace et donne la vie à tout ce qui existe sur ce globe.

« Depuis mille et mille milliers d'années l'homme tombe et se relève, meurt et renaît aussi promptement que les heures et les jours.

« Les fleuves, la mer, le soleil sont inconscients de leur œuvre, mais l'homme se souvient de la route parcourue par ses ancêtres, il conserve le nom de son père.

« Il ne revient pas plus en arrière que la jeune fiancée qui se rend à la maison de son époux, il va tout droit croyant qu'il arrivera.

« Ou ? Il n'en sait rien, mais il marche toujours. »

VINA-SNATI.

FIN.

TABLE DES MATIÈRES

PREMIÈRE PARTIE.

LES GENÈSES DE L'HUMANITÉ.

ÉTUDE SUR LE PEUPLE PRIMITIF ANCÊTRE DES INDOUS.

*

CHAPITRE XII.

CHAPITRE XIII.

CHAPITRE XIV.

CHAPITRE XV.

CHAPITRE XVI.

CHAPITRE XVII.

CHAPITRE XVIII.

CHAPITRE XIX.

CHAPITRE XX.

CHAPITRE XXI.

CHAPITRE XXII.

CHAPITRE XXIII.

CHAPITRE XXIV.

CHAPITRE XXV.

CHAPITRE XXVI.

CHAPITRE XXVII.

CHAPITRE XXVIII.

CHAPITRE XXIX.

CHAPITRE XXX.

CHAPITRE XXXI.

CHAPITRE XXXII.

CHAPITRE XXXIII.

CHAPITRE XXXIV.

CHAPITRE XXXV.

CHAPITRE XXXVI.

CHAPITRE XXXVII.

CHAPITRE XXXVIII.

CHAPITRE XXXIX.

CHAPITRE XL.

DEUXIÈME PARTIE.

LES VIERGES CRÉATRICES.

CHAPITRE PREMIER.

CHAPITRE II.

CHAPITRE III.

CHAPITRE IV.

CHAPITRE V.

CHAPITRE VI.

CHAPITRE VII.

CHAPITRE VIII.

CHAPITRE IX.

CHAPITRE X.

CHAPITRE XI.

CHAPITRE XII.

FIN DE LA TABLE DES MATIÈRES.

Imprimerie Eugène Heutte et Cⁱᵉ. à Saint-Germain.